BABEL / SINDBAD

Dame merveille et autres contes d'Egypte, n° 326.
Roman de Baïbars
Les Enfances de Baïbars, n° 327.
Fleur des Truands, n° 328.
Les Bas-Fonds du Caire, n° 329.
La Chevauchée des fils d'Ismaïl, n° 330.
Jacques Berque, *Les Arabes* suivi de *Andalousies*, n° 250.
Hanan El-Cheikh, *Histoire de Zahra*, n° 378.
Hanan El-Cheikh, *Le Cimetière des rêves*, n° 535.
Mohammed Dib, *Au café*, n° 210.
Mohammed Dib, *Le Talisman*, n° 256.
Edouard Al-Kharrat, *Alexandrie, terre de safran*, n° 291.
Naguib Mahfouz, *Le Voleur et les Chiens*, n° 209.
Naguib Mahfouz, *Récits de notre quartier*, n° 374.
Naguib Mahfouz, *Matin de roses*, n° 464.
Naguib Mahfouz, *Le Mendiant*, n° 522.
Naguib Mahfouz, *L'Amour au pied des pyramides*, n° 543.
Tayeb Salih, *Saison de la migration vers le Nord*, n° 230.

SINDBAD
est dirigé par Farouk Mardam-Bey

L'ISLAM EN QUESTIONS

ISBN 2-7427-3762-6

Illustration de couverture :
Calligraphie coufique : Muhammad

ALAIN GRESH
TARIQ RAMADAN

L'ISLAM EN QUESTIONS

Débat animé et présenté
par Françoise Germain-Robin

Nouvelle édition

BABEL

PRÉFACE DE LA NOUVELLE ÉDITION

Lorsque la première édition de ce livre est parue, en octobre 2000, une des choses qui nous semblaient les moins satisfaisantes était son titre : *L'Islam en questions*. Il nous paraissait à la fois réducteur et un peu accusateur.

Réducteur, car le débat que j'ai animé entre Alain Gresh et Tariq Ramadan abordait bien d'autres questions importantes comme la situation au Proche-Orient ou la mondialisation. Accusateur, car cette formule lapidaire pouvait laisser penser que l'islam se trouvait dans la position du prévenu sur le banc des accusés. Mais nous n'avions pas trouvé mieux. Un titre est par définition court, donc elliptique. Les journalistes savent bien que le titre est souvent ce qu'il y a de plus difficile à faire dans un article. Dans un livre aussi.

Finalement, comme certains vins, le titre s'est bonifié avec le temps. Les événements lui ont donné une pertinence qui n'était pas évidente au départ : force est de constater que l'islam est bien "en questions". Jamais on n'a autant publié d'ouvrages, d'analyses, de prospectives à propos de l'islam et du monde musulman. Jamais ils n'ont donné lieu à tant d'émissions, de débats, d'interrogations.

Les attentats du 11 septembre 2001 contre le World Trade Center à New York et le Pentagone à Washington, la guerre qui a suivi contre les talibans en Afghanistan et contre les réseaux créés par Oussama Ben Laden auraient, selon certains, changé le monde. Rien n'est moins sûr et l'on constate que les problèmes et les conflits qui existaient avant cette date perdurent ou se sont aggravés. En tout cas, ils ont ouvert le IIIe millénaire sur le fracas des armes et l'incertitude des lendemains. Sommes-nous entrés dans cette "guerre des civilisations", celle de "l'Occident contre l'islam" qu'avait prophétisée l'Américain Samuel Huntington après la chute de l'URSS et du mur de Berlin ?

Quelle que soit l'appréciation qu'on en a, ces événements nous contraignent à nous poser de nouvelles questions. Avons-nous été aveugles en sous-estimant cette "internationale islamiste" qui vient de jaillir de sa boîte à la face du monde, avec les réseaux créés par Oussama Ben Laden et ses acolytes ? Quelle est la dimension réelle de l'organisation Al-Qaida, cette "base" dont la plupart des gens ignoraient jusqu'à l'existence ? Comment les musulmans dans le monde réagissent-ils ? Quelles questions nouvelles ces événements dramatiques leur posent-ils ?

Autant de questions qui s'ajoutent à celles qu'évoquaient déjà dans la première édition mes deux interlocuteurs. Leur histoire est singulière, comme le montrent les portraits qu'ils tracent d'eux-mêmes au début de ce livre. Tariq Ramadan, professeur d'islamologie à l'université de Fribourg, en Suisse, où il est né dans une famille d'exilés politiques égyptiens, est tout entier engagé dans la cause d'un islam réformiste qui veut penser le monde moderne et le changer. Son père était le disciple préféré et le gendre d'Hassan al-Banna, fondateur du mouvement égyptien des Frères musulmans, assassiné en 1949 et qui a inspiré nombre de mouvements islamiques et islamistes dans le monde.

Alain Gresh, rédacteur en chef du *Monde diplomatique*, est un intellectuel laïque, militant tiers-mondiste passionné. Lui aussi est lié à l'Egypte. Son père – un de ses deux pères, aime-t-il dire – est Henri Curiel, fils d'une grande famille de la bourgeoisie égyptienne et fondateur du mouvement communiste égyptien. Il fut cet "homme à part" dont Gilles Perrault a raconté les combats contre le colonialisme et pour le droit des peuples à disposer d'eux-mêmes. Lui aussi fut assassiné, en 1978, à Paris, et l'on ne sait toujours pas par qui.

Voilà des personnalités, des parcours qui laissaient présager un débat passionné. Il le fut. Et même parfois enflammé, quand nous abordions l'histoire de l'Egypte, dont ils ont une vision divergente, ou la question du Proche-Orient. Ou encore à propos du rôle des Etats-Unis : machiavélique selon Tariq Ramadan, simplement opportuniste selon Alain Gresh.

Le plus étonnant, c'est que malgré tout ce qui les sépare – histoire personnelle, engagement philosophique, culture, religion –, ils se retrouvent sur un terrain commun : l'avenir du monde dont l'un et l'autre sont profondément inquiets. L'un plus que l'autre, peut-être. J'ai été surprise par le pessimisme profond qu'exprime Tariq Ramadan. Il est vrai que le monde musulman va mal, ce que l'on savait déjà, mais que les derniers événements ont encore confirmé. Peut-être s'en sortirait-il mieux si la plupart des sociétés musulmanes ne mettaient à l'écart la moitié de leur population et réservaient un meilleur sort aux femmes. Sur ce point, les explications de Tariq Ramadan sur la spécificité du "féminisme musulman" ne m'ont pas convaincue.

D'une manière générale apparaît dans ce dialogue une vraie difficulté à entrer dans l'univers culturel de l'autre, malgré la volonté d'écoute et d'échange. Avec, chez Tariq Ramadan, un fort sentiment de rejet du monde musulman par l'Occident. Contrairement à l'image que l'on a souvent d'un islam agressif et menaçant, en ressort plutôt celle d'un monde musulman divisé, déboussolé, en souffrance. En quête de compréhension et de reconnaissance auprès de ceux qui, persuadés comme Berlusconi de la "supériorité de la civilisation occidentale" (même s'ils n'osent pas le dire), ont un comportement méprisant, voire hostile.

C'est l'un des buts de ce livre que de briser clichés et amalgames, et de rappeler les liens entre des civilisations dont on oublie qu'elles ont le même berceau et les mêmes racines, mais aussi un avenir forcément commun. Plutôt le bâtir sur le dialogue que le détruire par la guerre.

FRANÇOISE GERMAIN-ROBIN

I

RÊVES D'ÉGYPTE

FRANÇOISE GERMAIN-ROBIN. – *Alain Gresh et Tariq Ramadan, deux intellectuels liés à l'Egypte. L'un y est né, l'autre y a ses ancêtres. Tous deux y ont leurs racines. Que représente pour vous ce pays ?*

TARIQ RAMADAN. – Je suis né en Suisse mais toute mon enfance a baigné dans la réalité égyptienne. Mon père, Saïd Ramadan, est arrivé en Suisse en 1958. Toutes les discussions à la maison étaient liées à la réalité du pouvoir nassérien, rejeté et critiqué en permanence et, bien sûr, du monde arabe et musulman. Mon père avait quitté l'Egypte en avril 1954, trois mois après les premières arrestations, au moment du changement de stratégie de Gamal Abdel Nasser : une année et demie après la révolution de juillet 1952, qui a mis fin à la royauté, Nasser se retourne contre les Frères musulmans, dont il avait été un membre, et commence à les emprisonner. Mon père venait alors d'être choisi comme secrétaire général de la Conférence islamique de Jérusalem. Au moment où il partait en mission, il a appris la reprise des arrestations massives. Il a emmené ma mère, mes deux grands frères et a quitté l'Egypte pour ne plus y revenir. Il s'est d'abord rendu en Syrie où il est resté deux ans, puis au Liban et il est donc arrivé en Suisse en 1958. Il s'y est installé et a fondé le Centre islamique de Genève. Il avait été désigné comme le responsable des Frères musulmans en exil. Autour de moi, qui suis né en 1962, il y avait donc une pensée et une parole de musulmans vivant en Europe mais totalement baignés dans la réalité du monde musulman, arabe mais également indo-pakistanais. C'était tellement vrai que la plupart des connaissances de la famille étaient arabophones ou anglophones et que mon père, vivant à Genève, n'a jamais parlé le français couramment. Il s'exprimait en arabe et en anglais.

Vous avez donc été élevé en arabe ?

T. R. – Ma langue maternelle est l'arabe, à la maison nous parlions le dialecte égyptien.

Et l'école ?

T. R. – L'école genevoise tout à fait classique et donc bien sûr francophone.

ALAIN GRESH. – C'est étonnant. Moi qui suis né en Egypte en 1948, j'ai eu pour langue maternelle le français. J'ai vécu au Caire, au centre de la ville, rue Soliman-Pacha, dans une famille copte, même si ma mère était d'origine juive russe. Une famille égyptienne donc, depuis "la nuit des temps" – certains coptes disent qu'ils sont les descendants des pharaons –, mais où l'on s'exprimait en français, comme souvent dans la bourgeoisie chrétienne. Très tôt je me sens à la fois profondément attaché à ce pays et à cette ville où je vais grandir et dans le même temps étranger. L'arabe, bien que je le parle, n'a jamais été ma langue maternelle ; et ma culture est française. On touche là à quelque chose de singulier, symptomatique de la politique menée par les puissances coloniales, la France et la Grande-Bretagne : une partie des minorités religieuses, chrétiennes et juive, ont plus ou moins mis au second plan leur culture arabe.

Dans cette société égyptienne coexistaient des centaines de milliers de personnes de nationalité italienne, grecque, etc. C'était la conséquence de la politique dite des "capitulations" : jusqu'en 1936, la puissance occupante, la Grande-Bretagne, s'est réservé "la protection des étrangers et des minoritaires", qui ne sont donc pas jugés par des tribunaux locaux – après cette date fonctionneront, pendant encore douze ans, des tribunaux mixtes anglo-égyptiens pour tout ce qui concerne les étrangers. Ce statut offrait des avantages considérables et il servait à diviser la population selon sa religion. De nombreuses personnes possédaient un passeport italien, on les appelait les "Italiens de Livourne" ; la mairie ayant brûlé et les archives ayant été détruites, il était relativement facile d'obtenir des certificats de naissance dans cette ville !

Dans le même temps, cette diversité était une très grande richesse. Au lycée français, dans ma classe, il y avait des juifs, des musulmans et des chrétiens. Je n'ai jamais senti la moindre tension due à ces différences. Et j'ai été éduqué dans ce milieu cosmopolite, ouvert sur le monde, mais à une époque marquée par la lutte anticoloniale.

Comment s'est passé le départ d'Egypte ?

A. G. – Ma famille est partie à la suite de l'adoption, par le gouvernement de Nasser, des "lois socialistes" en 1961-1962. Mon père avait une petite entreprise de construction électrique, qui fut nationalisée comme beaucoup d'autres. A l'époque, mon frère – mon aîné de trois ans – et moi approuvions ces mesures. Nous étions très jeunes mais déjà très politisés. Le Proche-Orient était en ébullition, l'Algérie se battait pour son indépendance. Nous avons vécu le coup d'Etat des "Officiers libres" de juillet 1952, la guerre de Suez (1956), la création et la fin de la République arabe unie (1958-1961), etc. La politique était dans toutes les têtes. Nous avons vécu la fin de l'emprise occidentale sur l'Egypte et pour tous les Egyptiens la fierté d'être devenus vraiment indépendants. Avec le recul, il semble évident que le colonialisme était un phénomène "passager" ; au début du XXe siècle, au contraire, il apparaissait éternel et inébranlable.

Ma famille n'avait pas l'intention de demeurer en Egypte. Notre départ, pour faire des études en

France, était programmé depuis longtemps ; les mesures de nationalisation ont simplement avancé l'échéance. Nous avons vécu durant ces quelques mois qui ont précédé et suivi notre départ une situation difficile : ma mère a été empêchée de quitter le pays pendant plusieurs mois, nous avons subi des contrôles policiers, mais curieusement, cela n'a pas modifié notre vision positive du pouvoir nassérien.

Et vous, Tariq Ramadan, comment avez-vous découvert l'Egypte ?

T. R. – Cela s'est passé beaucoup plus tard car nous vivions la réalité de l'exil politique, il était impossible de retourner au pays sous peine d'emprisonnement. Mon père, par ailleurs, n'est jamais rentré si ce n'est, après de multiples tractations, dans son cercueil, en août 1995. Pour moi, jusqu'à seize ans, l'Egypte, c'est un univers imaginaire, ce sont des images et des histoires que l'on me raconte. La possibilité de "rentrer", c'est comme cela que je l'ai vécu intimement, s'offre à moi sous le règne du président Anouar al-Sadate, après sa tentative d'ouverture politique à l'égard des Frères. C'était en 1978. Je dois dire que j'ai été extrêmement surpris par ce que j'ai découvert alors. Au fond, cela a été une grande déception. En Suisse, je vivais dans un univers très actif intellectuellement et très militant : mon père, ma mère (qui est la fille de Hassan al-Banna, restée jusqu'à l'âge de quinze ans à ses côtés) et tous ceux qui nous rendaient visite entretenaient une attitude religieuse et politique très engagée. Dans mon esprit, l'Egypte, c'était le mythe de la rencontre avec l'univers concret et réel de l'engagement total porté par d'autres militants. Quand j'arrive en 1978, c'est une autre réalité politique que je découvre. J'avais toujours rêvé de retourner en Egypte, car pour moi c'était retourner à mes racines, l'Egypte était intimement, profondément, "mon" pays. Je ne me sentais suisse ni dans mes préoccupations politiques ni dans mes préoccupations religieuses. J'ai certes retrouvé des racines avec lesquelles je me suis tout de suite senti en harmonie, mais j'ai saisi, malgré ma jeunesse, un discours politique bien plus frileux, fade, voire moins élaboré, que celui de mes parents. Le discours de mon père était profondément spirituel, politiquement complexe et très élaboré, au-delà de l'opposition au projet nassérien.

Quand je reviens en Egypte néanmoins, j'ai l'impression que c'est bien là ma place. C'est là que j'ai envie de m'engager, c'est le sens de ma religion, de ma langue, du combat que j'ai envie de mener. Il faut dire qu'en Suisse j'avais commencé à militer dans des associations tiers-mondistes. Je retrouve en Egypte une attitude intellectuelle dont je sais qu'elle participera à mon avenir et à ma lutte. Très tôt, il y a l'idée de continuer un travail de résistance au nom de certaines valeurs fondamentales et il est vrai que mon éducation m'avait transmis, avant même de me construire intellectuellement, l'idée que nous étions dépositaires d'un héritage, de valeurs. Très vite, je m'aperçois que ce sera difficile parce que les gens ont changé et que nos vies ne se ressemblent pas. Ceux qui étaient jeunes au moment où a commencé l'engagement social et politique des Frères – quand Hassan al-Banna meurt à quarante-deux ans, il est majoritairement entouré de gens qui ont entre vingt et trente-cinq ans – avaient entre-temps connu dix, voire quinze ou dix-huit ans de prison, qui les avaient soit changés, soit profondément perturbés, vieillis et parfois brisés. Le souffle et la flamme qui caractérisaient les premières années avaient laissé la place à une réalité plus terne, à un devoir de composition politique très mesuré : en quelques semaines, j'étais passé du discours sur la rigueur de l'un à la vision de la réalité de l'autre. Pas facile.

A. G. – C'est bien souvent ce qui arrive aux exilés. Je pourrais citer d'autres exemples de militants, espagnols ou chiliens, qui ont connu ce genre de déception. On vit dans l'exil avec un surinvestissement dans la politique, on "idéalise" ce que sera le retour. Et puis, après, on rentre, dans un pays qui a changé, avec tous ceux qui veulent oublier le passé, tourner la page, etc.

Mais je veux revenir à la manière dont l'Egypte m'a marqué. Ce que j'ai vécu là-bas, je ne veux ni ne peux l'oublier. C'est quelque chose qui est difficile à expliquer en France ou en Europe et cette différence de perception crée parfois un fossé entre intellectuels occidentaux et arabes. J'ai grandi dans un pays qui a été occupé, colonisé, humilié. J'ai des souvenirs de l'agression anglo-française de 1956. L'école était fermée, nous devions mettre du papier bleu foncé sur les fenêtres pour que la lumière ne soit pas visible et que les avions ne puissent atteindre leurs cibles. Nous vibrions en entendant les nouvelles de la résistance égyptienne à Port-Saïd, en écoutant les discours de Nasser.

En Occident, la mémoire est très sélective. Nous avons tourné la page du colonialisme et de ses crimes avec une aisance qui me déconcerte. Je voudrais rappeler un épisode de l'histoire égyptienne que j'ai appris au lycée, dans les premiers manuels d'histoire écrits après 1952. Cela se passe en 1906 dans un petit village du delta égyptien, Denshway. Des officiers britanniques vont à la chasse. Ils tirent sur des pigeons, pas des pigeons sauvages, mais d'élevage. Deux ou trois pierres sont lancées contre eux par des paysans en colère, une maison brûle, un des officiers court chercher de l'aide et il meurt d'une crise cardiaque. Arrivent des renforts. Un "procès" est organisé. Quatre paysans sont condamnés à mort et sont exécutés devant leurs familles et tout le village rassemblé. D'autres sont condamnés à quinze ans de prison, d'autres encore sont fouettés sans pitié. Cette affaire relance le mouvement national en Egypte, tant elle est le signe d'une incroyable barbarie, barbarie imposée au nom de la "civilisation". Il faut toutefois rappeler aussi que s'organisa alors à Londres un fort mouvement de protestation. Le dramaturge George Bernard Shaw écrira : “Imaginons une minute que, dans la campagne britannique, cinq soldats chinois commencent à tirer sur les dindes sous prétexte de chasse. Comment est-ce que nous réagirions ?” Quelques députés britanniques posent des questions au Parlement, sont insultés par la presse, mais, finalement, obtiennent l’ouverture d’une enquête. Lord Cromer, le proconsul britannique en Egypte depuis 1882, est obligé de démissionner “pour raisons de santé”. Mais quel symbole du mépris de la puissance coloniale pour le colonisé !

Or ce mépris, on l’oublie trop souvent, est consubstantiel au colonialisme. J’ai lu récemment un livre intitulé *Exterminez toutes ces brutes**. L’auteur y explique que c’est dans ce colonialisme qu’il faut trouver les origines d’une pensée génocidaire. Il cite, parmi tant d’autres, le philosophe libéral Herbert Spencer, qui écrit, en 1830, que l’impérialisme a servi la civilisation : “Les forces qui font aboutir le projet grandiose du bonheur parfait ne tiennent nullement compte de la souffrance d’ordre secondaire, et exterminent ces sections de l’humanité qui leur barrent le passage. Qu’il soit être humain ou brute, l’obstacle doit être éliminé.” Et il y a eu passage à l’acte. A l’heure où se multiplient les repentances, comment expliquer que les

* Sven Lindqvist, *Exterminez toutes ces brutes. L’odyssée d’un homme au cœur de la nuit du génocide européen*, Le Serpent à Plumes, Paris, 1998.

crimes colonialistes soient passés aussi facilement par pertes et profits ? Un article d'août 2000 du *Monde diplomatique* rappelait que des "zoos humains", où l'on exposait des spécimens de "peuplades coloniales", ont existé jusque dans les années trente en France.

Avez-vous été confronté à ce genre de faits ?

A. G. – Non, pas directement, puisque j'ai grandi avec l'accession à la véritable indépendance et le départ des Britanniques. Mais les souvenirs de ces humiliations restaient vifs. Par exemple, nous qui appartenions à la bonne bourgeoisie, nous fréquentions le Gézirah Sporting-Club, un club pour privilégiés mais qui, jusque dans les années trente, avait été interdit même à la bourgeoisie égyptienne. Le rejet des Britanniques et du colonialisme transcendait les différences de classe – et la diversité confessionnelle.

Précisément, l'un et l'autre vous appartenez à un milieu plutôt privilégié économiquement et socialement. Donc cet engagement tiers-mondiste que vous avez eu ne va pas forcément de soi.

A. G. – J'ai grandi dans une "atmosphère" communiste. Ma mère, d'origine russe, était une militante et nombre de ses amis étaient de gauche. J'ai aussi connu, certes très jeune, une période d'incroyables bouleversements. L'engagement était quelque chose de naturel, d'autant que j'étais confronté à la misère insupportable de l'Egypte. Quand j'arrive en France, j'ai quatorze ans et j'adhère à la jeunesse communiste. Cela allait de soi, il ne s'agissait nullement d'une révolte contre mon milieu.

T. R. – Pour moi aussi, cela allait de soi. Tout ce que j'ai entendu à la maison allait dans ce sens. Mon père a été formé par mon grand-père maternel, Hassan al-Banna. Il l'a connu à l'âge de quatorze ans environ et il l'a suivi jusqu'à ce qu'il soit assassiné, en février 1949. Le discours politique que j'ai entendu, on l'appellerait aujourd'hui "tiers-mondisme". En fait il s'agit d'une lecture des principes religieux qui, sur les plans social et politique, se traduit par la résistance à la colonisation et à la présence britannique, et un engagement sans faille pour la justice sociale. La figure de mon grand-père m'a toujours été présentée comme celle d'un être d'une profonde spiritualité et, dans le prolongement, d'un résistant dévoué aux êtres humains. Mon père, tel que je le voyais et que je l'entendais quotidiennement, était aussi un résistant actif, avec une intelligence particulièrement vive, presque fougueuse.

Pour répondre plus précisément à la question, il est vrai que je ne suis pas représentatif de la réalité de l'émigration musulmane en Europe. J'ai eu un exil privilégié aux plans social et culturel. Mon père a dû développer des relations avec des Etats pour pouvoir survivre à l'extérieur de l'Egypte : certains dignitaires en Arabie Saoudite, alors en conflit avec l'Egypte, l'avaient aidé en le laissant libre de ses choix tant qu'il s'en prenait à Nasser. A partir des années soixante-dix, les choses ont changé et l'Arabie Saoudite conditionna son soutien à l'expression d'une claire allégeance politique, mais mon père refusa sa mainmise sur le Centre islamique. A cette époque, et cela m'a beaucoup marqué, nous avons été coupés de tout soutien financier, nous n'avions pas d'argent ; je me souviens que je ne pouvais pas quitter le pays, on avait très peu de ressources et pas de papiers, j'ai eu cinq à six nationalités de circonstance au gré des relations politiques. Cela m'a laissé le souvenir de quelque chose d'extrêmement perturbant et de douloureux.

Mon père refusait toute compromission. Dès les années soixante, comme lorsqu'il établit des liens avec Malcolm X, il prône l'indépendance et la non-compromission politiques. L'idée qui m'habite d'aller jusqu'au bout de mon engagement, quelles qu'en soient les conséquences économiques, vient sans doute de cette époque. Mais cela n'a pas été facile. J'ai le souvenir d'un très grand isolement. Les quinze dernières années de sa vie, mon père les a passées très seul.

L'importance des pères dans votre formation politique et idéologique à tous deux me paraît déterminante. Est-ce que le déterminisme familial est total ? Est-ce que, si vous étiez né dans la famille d'Alain Gresh, vous penseriez comme Alain Gresh et vice versa ?

T. R. – Difficile à dire. Ce que je sais, c'est que j'ai vécu toute mon enfance avec l'image de mon grand-père assassiné : "*al-imâm ash-shahîd* Hassan al-Banna". Tous ceux que je rencontrais m'en ont parlé avec déférence et l'ont magnifié à mes yeux. Souvent on me répétait : "Cet homme sortait tout à fait de l'ordinaire." Mon père, son gendre, l'évoquait comme le réformiste musulman le plus marquant de notre siècle, celui qui avait développé la compréhension la plus profonde de l'islam et dont l'apport en matière sociale et politique avait été, dans les faits, phénoménal : deux mille écoles créées, mille cinq cents organismes de type "centres sociaux", une multitude de petites, moyennes et grandes entreprises, un engagement concret pour la réforme agraire et la promotion sociale des femmes, etc. Son impact sur son entourage, et en particulier sur mon père, fut impressionnant. Sa dimension historique ne fait pas de doute et sa pensée était quotidiennement présente à la maison. Ma mère portait aussi, très profondément, cet héritage : elle était l'aînée des enfants de Hassan al-Banna mais de plus, jusqu'à quinze ans et demi, elle fut très proche de lui et elle fut très imprégnée par son rayonnement spirituel. A travers elle, j'ai pu approcher les qualités particulières de mon grand-père, comme homme, comme père : il a eu cinq filles et un fils. Hormis ma mère, qui n'a pu poursuivre de longues études à cause de son mariage très rapide et surtout de l'exil, ses autres filles ont étudié : mes tantes furent respectivement professeur d'économie familiale, pédiatre, ingénieur, professeur d'économie islamique et mon oncle avocat. Telle était sa vision éducative pour les femmes dans les années trente et quarante déjà.

Quant à moi, je suis le dernier enfant d'une famille de six. Tous les six avons été marqués, même si l'engagement des uns et des autres n'est pas le même. Néanmoins, nous tous, la sœur et les cinq frères, portons d'une façon ou d'une autre une part et le sens de cet héritage spirituel et social.

Si je devais définir cet héritage, je dirais que c'est d'abord une foi et un enracinement spirituel. J'ai eu un père qui n'oubliait jamais la spiritualité. Je n'ai pas connu chez lui l'idée d'une instrumentalisation du religieux, mais plutôt d'un engagement politique par le spirituel. Chez beaucoup de gens que j'ai rencontrés par la suite, j'ai constaté un renversement de cette attitude. Je m'interrogeais souvent : "Attention, est-ce qu'il ne s'agit pas là d'une utilisation des références religieuses à d'autres fins ?" Il y avait chez ma mère la même spiritualité, le même dévouement mais avec en plus une très grande douceur, beaucoup de calme et de paix, malgré les difficultés et les tempêtes que nous traversions en exil.

Deuxième élément important : il faut savoir que tout le monde appelait mon père en Egypte "Le petit Hassan al-Banna". Mon grand-père l'envoyait parler dans les régions les plus reculées d'Egypte alors qu'il n'avait que seize ans. J'ai donc eu devant moi un être humain dont la puissance intellectuelle était, dirais-je, particulièrement “massive”. Cela explique aussi ma déception quand je suis retourné en Egypte. Les analyses politiques que j'ai pu y trouver étaient souvent autrement simples, voire simplificatrices.

Troisième élément : la solidarité avec la résistance du tiers-monde pauvre et l'engagement social de mon grand-père, son travail avec les classes laborieuses, particulièrement avec les paysans égyptiens, étaient pour moi un patrimoine immédiatement perceptible. J'ai eu l'exemple d'une pensée du peuple beaucoup plus que d'une pensée du pouvoir. Quand je reviens en Egypte, dans les années soixante-dix, je trouve, au contraire, une pensée orientée vers le pouvoir. L'image que j'ai de mon grand-père est celle d'un homme au service de Dieu et du peuple. Et mon père, qui représentait le lien spirituel et intellectuel avec mon grand-père, a toujours tenu ce type de discours. Il parlait de l'amour de Dieu et de la fraternité des hommes : tous les jours, en toutes circonstances. Je me suis nourri intellectuellement de cette spiritualité et de ces sentiments : dès l'origine, l'expression de la foi qui m'est transmise est fondamentalement spirituelle et humaniste. C'est d'ailleurs comme cela que j'ai été éduqué.

A. G. – Chez moi aussi, les pères et la mère ont un rôle important, mais pas au même moment de mon itinéraire. En Egypte, mes parents sont séparés. Je vis avec ma mère dans un milieu qui n'est pas vraiment cette famille copte, assez traditionnelle, dont je porte le nom. Parenthèse : j'ai fait ma première communion à onze ans, je suis devenu athée à treize ans et je le suis resté. Mais c'est une forme d'athéisme très différente de celle que je peux rencontrer ici, en France, avec cette dimension anticléricale propre à une partie de la gauche française qui m'est étrangère.

Ma mère, dans les années quarante, est communiste. Elle a fait des choses extrêmement courageuses. Notre maison avait deux entrées, donnant sur deux rues parallèles. Des militants s'en servaient pour semer les policiers. Puis ma mère, pour des raisons personnelles, arrête de militer mais le petit milieu dans lequel elle vit est de sensibilité communiste. Ce qui va me "former", c'est à la fois ce milieu – le premier roman dont je me souviens est un roman soviétique, *Et l'acier fut trempé*, archétype du roman stalinien – mais aussi les secousses de l'Egypte. L'Union soviétique pour les Egyptiens n'est pas seulement un allié face aux Etats-Unis et à la Grande-Bretagne, mais aussi un modèle pour échapper au sous-développement : c'est l'époque du lancement du premier satellite soviétique *Spoutnik* (1957), du premier être vivant dans l'espace, la petite chienne Laïka, du premier homme dans l'espace (Gagarine, 1961). L'URSS semble offrir une voie originale de développement. On n'imagine plus ce que cela a pu représenter pour les Egyptiens. Ils ont le sentiment, bien qu'ils soient peu sensibles au discours communiste, qu'il y a une autre voie possible que celle de l'Occident. Dans un de ses films, Youssef Chahine montre cela très bien : comme jeune cinéaste, il est rejeté par Hollywood mais accueilli au Festival mondial de la jeunesse à Moscou. Cette expérience égyptienne m'a toujours fait percevoir l'Union soviétique d'une manière différente. Il est évident que je n'aurais pas eu cette vision si j'étais né en France, même dans un milieu communiste.

Durant mes années égyptiennes, Nasser reconnaît la Chine populaire, ce qui provoque la colère des Etats-Unis. Nous assistions aux projections de films chinois exaltant la résistance contre les Japonais durant la Seconde Guerre mondiale. Nous baignions dans une atmosphère particulière. J'avais dix ans et je préparais ma première communion. Un jour, au catéchisme, la bonne sœur m'explique que le christianisme est en faveur des pauvres, qu'il faut partager les richesses, etc. Et je lui réponds en toute naïveté : “Alors, c'est comme le communisme !” Elle a immédiatement téléphoné à ma mère pour lui demander où j'avais bien pu acquérir de si mauvaises pensées.

Puis, à quatorze ans, quand j'arrive en France, je rencontre Henri Curiel. Il vient de sortir de prison, où il a été enfermé pour son aide au Front de libération national algérien. A l'époque, je ne sais pas encore que c'est mon père. Je ne l'apprendrai qu'assez tard. Mais il va jouer dans ma formation un rôle majeur. Il concilie des traits contradictoires. C'est d'une part un militant communiste, stalinien en partie, pour lequel la référence à l'Union soviétique est intouchable ; de l'autre, il s'est engagé dans l'aide aux mouvements de libération nationale – d'abord au FLN, puis à tous ceux qui en avaient besoin – avec un étonnant pragmatisme et une absence totale de sectarisme. Il réunit autour de lui des gens venus d'horizons très divers et il aide des organisations de toutes tendances – mais il rejette le terrorisme. La place des chrétiens dans le mouvement qu'il a créé, Solidarité, est centrale. Henri renforce ma vision non sectaire, du moins je l'espère, de la religion. Dans ma pratique politique, j'ai toujours trouvé d'importantes convergences avec des croyants. Au nom même de leur foi –, et non pas en dépit de leur foi, ils se sont engagés dans de courageux combats. La "théologie de la libération" n'est qu'un exemple parmi d'autres de cet engagement au nom de la foi, d'une certaine compréhension du message des Evangiles.

Ces hommes et ces femmes défendent aussi des principes moraux, qui dépassent les calculs politiques ou politiciens. Ce point de vue moral, ou plutôt l'incapacité d'adopter ce point de vue, est l'une des raisons majeures, à mon sens, de l'échec de l'expérience communiste. Au nom de l'idéal communiste, nous étions capables de justifier, plus ou moins explicitement, les pires atrocités.

J'ai su qu'Henri Curiel était mon père en 1976, c'est-à-dire deux ans avant son assassinat en 1978. En fait, j'ai eu la chance d'avoir deux pères. Un qui m'a élevé comme son propre fils, sachant que je ne l'étais pas ; et l'autre qui m'a formé politiquement et m'a aidé à comprendre le monde. J'ai pu avoir des conflits avec chacun d'eux : je rejetais chez mon père son côté "bourgeois", je combattais chez Henri une vision stalinienne de l'URSS, au nom de l'"eurocommunisme". Mais les deux m'ont profondément marqué. Un des principaux enseignements que m'a laissés Henri concerne le tiers-monde – il existe des pays dominants et des pays dominés – et la force du sentiment national et anticolonial. Il racontait comment, en 1942, alors que les armées de Rommel avançaient vers Le Caire, que les communistes étaient engagés corps et âme dans le combat antinazi, les Egyptiens attendaient les troupes allemandes comme des libérateurs. L'organisation communiste qu'il dirigeait diffusait des tracts non pour défendre la présence britannique en Egypte, mais pour expliquer : "L'impérialisme allemand n'est pas meilleur que l'impérialisme britannique." Comme vous le savez, Henri Curiel a été assassiné par des "inconnus", le 4 mai 1978 ; on n'a toujours pas découvert les assassins, les crimes politiques sont rarement élucidés en France ! Mais je n'oublierai jamais que ce crime a été l'aboutissement d'une campagne de calomnies lancée par l'hebdomadaire *Le Point* et Georges Suffert.

Donc, dans les deux cas des pères et mères déterminants. Tout à l'heure, Tariq Ramadan a dit un mot qui m'a accrochée, le mot "dépôt". Est-ce que vous vous sentez dépositaires d'un héritage ? Est-ce que vous vous sentez comptables à l'égard de vos pères et mères, responsables de continuer une œuvre qu'ils ont commencée ?

T. R. – Pas consciemment. Je ne me suis jamais dit : "Il faut que je continue." Mais je comprends que, de l'extérieur, les choses soient perçues ainsi. En revanche, spirituellement, affectivement, sentimentalement, cette mémoire du grand-père, cette présence du père et de la mère existent bel et bien. Il est un moment dont je me souviendrai toute ma vie, c'est mon premier voyage dans la ville natale de mon père. Quand les gens ont su que j'étais le fils de Saïd Ramadan, beaucoup m'ont dit, les yeux noyés par l'émotion : "Il faut que tu saches qu'il a changé notre vie." Aujourd'hui, je comprends que je continue quelque chose qui m'avait précédé. Je sais et je répète souvent que je n'ai aucun mérite dans ma construction intellectuelle car j'ai très tôt baigné dans un univers très favorable dont l'influence même m'a appris à appréhender la complexité. Mon grand-père avait un jour noté, sur la marge d'un ouvrage qu'il était en train de lire, cette phrase : "Rien n'est plus dangereux que les gens qui ne voient les choses que sous un seul angle !" Ce regard nuancé, cette recherche de la profondeur sont peut-être la source du dépôt dont vous parlez.

Une chose doit être claire néanmoins : je n'ai vécu absolument aucune contrainte. Pendant de nombreuses années de ma jeunesse, le rapport à la religion et à la prière, par exemple, n'avait pas une place essentielle dans ma vie quotidienne. Mon père, que j'ai interrogé à ce propos, m'a répondu : "Si je t'avais obligé, tu te serais éloigné." Mes parents m'ont laissé une grande liberté et c'est peu à peu que j'ai fait mes choix. Les faits sont là pour montrer que je poursuis quelque chose qui a été commencé avant, mais que je porte de façon convaincue. C'est la fusion avec une cause, celle du témoignage de la foi, du service de l'humanité et de la justice. A vrai dire, j'ai le sens d'une dette dans mon rapport à la spiritualité. Je dispose aussi en Occident d'une liberté de parole qui me permet de poursuivre la dénonciation des dictatures. Ma dette est donc également politique. Dénoncer l'horreur est une obligation de conscience que mon père a portée jusqu'aux derniers jours, jusque dans sa solitude et sa tristesse. J'ai vu tellement de souffrances et de déchirements, j'ai vu mon père terminer sa vie seul, et tant et tant de gens qui, pour de l'argent, ont démissionné, que je sens naturellement l'exigence de continuer cette dénonciation politique. Le contexte s'est modifié : je tiens compte de tout cela sans trahir mes principes et je reste ainsi fidèle à mon héritage : on ne m'a jamais appris à imiter et à copier, mes parents m'ont incité à réfléchir, à chercher, à innover, à construire, avec foi et toujours avec humilité. Le fait de vivre en Europe a forcément modifié la donne, la fidélité m'interdisait la stagnation, la répétition et l'imitation simplistes et aveugles.

J'ai étudié en profondeur la pensée de Hassan al-Banna et je ne renie rien de ma filiation. Sa relation à Dieu, sa spiritualité, son mysticisme, sa personnalité en même temps que sa pensée critique sur le droit, la politique, la société et le pluralisme restent des références pour moi, de cœur et d'intelligence. Son engagement aussi continue de susciter mon respect et mon admiration : contrairement au portrait qu'ont voulu en dessiner les colonisateurs britanniques (qui, en Egypte ou ailleurs, ont toujours attribué à leurs opposants les pires violences et les plus horribles crimes), il n'a jamais ni tué ni commandité d'assassinat politique. Les recherches sérieuses en la matière, dont celle, en français, d'Olivier Carré*, le confirment : Hassan al-Banna refusait la violence et n'a admis l'usage des armes qu'en Palestine pour résister à la colonisation sioniste. Dans les années quarante, il s'était borné à menacer le colonisateur : "Si vous ne quittez pas notre pays, nous serons en droit de prendre les armes", mais cela n'eut pas lieu (ce fut d'ailleurs la position doctrinale des Frères après l'assassinat d'Al-Banna : le refus de la violence est resté un principe si fort que ceux qui y ont eu recours, dès les années soixante, ont dû quitter bon gré mal gré l'association).

De cette pensée et de cet engagement, je me sens proche : être avec Dieu, chercher à rester fidèle à Ses enseignements, promouvoir l'éducation, fonder des écoles, être solidaire des êtres humains,

* Olivier Carré et Gérard Michaud, *Les Frères musulmans (1928-1982)*, Gallimard-Julliard, Paris, 1983.

lutter pour la justice sociale… tel est mon héritage et le sens de ma filiation spirituelle et intellectuelle.

Je replace cependant Hassan al-Banna dans son époque, sa société, son contexte et je fais la part des choses quant à l'analyse de ses objectifs et des moyens qu'il a mis en œuvre pour les réaliser. J'ai appris très tôt, dans la proximité de mon père d'ailleurs, à avoir une approche critique et à inscrire la fidélité au réformisme dans le fait même d'évoluer, de critiquer, de promouvoir une pensée originale et d'innover en matière de rapport au contexte. C'est ce que je n'ai cessé de faire avec la pensée d'Al-Banna comme de tout autre penseur : étudier, comprendre, contextualiser, sélectionner, adapter, etc. Il y a des opinions auxquelles j'adhère, d'autres que je ne partage pas, d'autres que j'adapte en m'appliquant à une lecture profonde de ma réalité, de mon époque et de mon environnement.

J'ai aussi développé une profonde attitude critique à l'égard de ceux qui se sont présentés souvent comme les seuls disciples et les garants de la pensée de Hassan al-Banna. J'ai gardé de nombreux contacts, bien sûr, et essentiellement par le truchement des relations de famille, mais je n'ai pas de lien organique et organisationnel avec les Frères musulmans. Ma pensée est indépendante et ne s'élabore pas dans le cadre de leurs structures, dont je ne suis pas et que je ne représente pas, contrairement à ce que continuent à diffuser divers services de police en Europe.

Certains leaders ou membres des Frères pourront dire qu'ils se reconnaissent, en tout ou en partie, dans mes élaborations théoriques mais aucun n'affirmera que je "représente" les Frères, doctrinalement, organisationnellement ou même stratégiquement ni dans le monde, ni en Europe. Certains d'entre eux d'ailleurs me critiquent avec véhémence parce que "je n'aurais pas compris" !

Que les choses soient claires, mon engagement, en Europe ou ailleurs, est indépendant et aucune structure n'en dicte l'orientation : à partir de mes références musulmanes, de mes expériences, et en interaction avec les responsables du tissu associatif musulman, toutes tendances confondues, se construisent une vision, un projet. Ma pensée se nourrit de l'interaction et du dialogue avec toutes les tendances et je m'efforce de proposer une élaboration théorique qui tienne compte de cette diversité en associant les réformistes (des Frères comme des autres groupements), les soufis, les rationalistes et jusqu'aux traditionalistes *salafî* et aux *Tablîgh**. Ma position de principe est le respect et la collaboration active, loin de tout sectarisme, en connaissant les convergences autant que les divergences. Et j'ai des divergences de vues réelles et profondes avec la pensée des Frères, avec la façon dont sont gérées leurs structures et dont ils conçoivent leur engagement sur le terrain.

La bonne interprétation de la pensée d'Al-Banna ne m'appartient pas du seul fait que je suis son

* Association née en Inde qui insiste essentiellement sur la pratique rituelle, la transmission du message islamique et refuse, par principe, toute implication politique.

petit-fils et elle m'intéresse dans l'exacte mesure où elle ne trahit pas l'enseignement islamique et où elle représente un moyen, parmi d'autres, d'y rester fidèle. Je ne sacralise rien de cette pensée : j'opère par sélection en retenant ce qui demeure intéressant et judicieux, en écartant ce qui relève du contexte et de la stratégie d'une époque ou encore en écartant toutes sortes d'appréciations auxquelles je n'adhère pas. Toute stagnation de la pensée, toute imitation aveugle est une trahison et l'on trouve ces deux déficiences dans de nombreuses structures qui se présentent comme les seules garants de la pensée de Hassan al-Banna. Je n'ai cessé d'en faire la critique et il faut dire que les choses semblent évoluer grandement : peut-être faut-il aller au bout d'une période de transition durant laquelle doit s'enraciner la prise de conscience que les contextes ont bien changé et que les objectifs et les méthodes doivent être revus.

A. G. – Avons-nous reçu un dépôt de nos parents ? Sans doute, comme tout le monde. Un peu plus peut-être dans la mesure où nos pères se sont engagés et où leur engagement est allé jusqu'au sacrifice de leur vie. Dans cet héritage très lourd, je fais aussi la part de ce que j'assume et de ce que je rejette. L'engagement, la solidarité, l'internationalisme sont pour moi des valeurs essentielles, même si je n'accepte plus les termes dans lesquels elles ont pu se traduire dans la pratique communiste. Et puis il y a cette dimension égyptienne. Je suis, je l'ai déjà dit, de culture française et j'ai le sentiment profond que la France est ma patrie et que j'ai eu l'immense privilège de choisir ma nationalité ; dans le même temps, je ne peux oublier mes années égyptiennes. J'ai des souvenirs de la guerre de juin 1967 en France ; nous vivions dans un climat d'hystérie antiarabe. J'en pleurais, de l'incompréhension autour de moi, de la difficulté à expliquer que les choses n'étaient pas ce que l'on disait à la radio, ce que l'on montrait à la télévision.

Avant d'aborder sur le fond le chapitre de la politique égyptienne, revenons à votre formation. Alain Gresh, après votre arrivée en France, qu'avez-vous fait ?

A. G. – J'arrive en 1962, j'ai quatorze ans, je suis en troisième. Je termine mes études au lycée puis je commence une année de mathématiques supérieures, au lycée Louis-le-Grand, mais j'abandonne assez vite. Je passe une maîtrise et un diplôme d'études approfondies de mathématiques. Les mathématiques m'intéressaient, mais moins que la politique. Rapidement, je milite activement aux étudiants communistes. En 1972, je deviens "permanent". C'est à cette époque aussi que s'effectue mon premier "retour" en Egypte, après dix ans d'absence. Nasser est mort en 1970 et Sadate est devenu président. Il y a une certaine "dénassérisation" et je peux voyager avec mon passeport français. Je ne ressens aucun choc lors de ce retour, puisque je n'avais pas de regrets d'avoir quitté l'Egypte, mais je renoue avec la langue arabe que j'avais abandonnée pendant dix ans. Je m'inscris aux Langues orientales où je passe un diplôme. Entre 1976 et 1978, je pars deux ans à l'étranger pour préparer le Festival mondial de la jeunesse (une année à Budapest, une année à Cuba). C'est une période très formatrice, puisque je côtoie des responsables des pays socialistes, du tiers-monde, de la social-démocratie. Je prends conscience de l'extrême complexité du monde, y compris du monde communiste. Je me forme à la diplomatie.

En 1978, l'année où Henri est assassiné, je reviens en France et je deviens permanent du parti communiste. Pendant cinq ans, je serai responsable du secteur Afrique du Nord Proche-Orient de la "Polex", la section de politique extérieure du PCF. C'est un ironique retournement de l'histoire, une revanche posthume pour Henri, puisque c'est cette même section qui l'avait persécuté pendant des années, le dénonçant comme un dangereux déviationniste. Mais je commence à avoir nombre de divergences avec le parti communiste. Je décide de reprendre des études et je passe une thèse à l'Ecole des hautes études sur l'OLP et sa conception de l'Etat palestinien.

Votre formation idéologique est donc communiste.

A. G. – Oui, dès quatorze ans aux jeunesses communistes, puis à l'UEC qui va traverser des crises successives en 1964-1965 : une scission “pro-italienne” (qui se réclame du Parti communiste italien) puis une autre trotskiste, et enfin une dernière maoïste. Des centaines de départs. Moi je reste. Une des raisons, c’est mon attachement à l’Union soviétique, acquis en Egypte ; à l’époque, je me sens assez proche de la ligne tiers-mondiste que représentent le Viêtnam ou la Chine. Mais je ne peux accepter l’idée que l’URSS représenterait un Etat “social-impérialiste”. Je traverse les événements de Mai 1968, avec un petit groupe d’étudiants communistes, à l’université des sciences de Jussieu. Notre principale activité était de vendre les œuvres de Marx, d’Engels, de Lénine et les affiches de la révolution d’Octobre. Nous vivions dans une situation de “siège”, car les groupes d’extrême gauche étaient puissants et notre influence limitée. Il est vrai que le PC à l’époque avait accumulé les bourdes ; il n’a pratiquement rien compris au mouvement étudiant, même si certaines de ses critiques n’étaient pas totalement infondées.

Pourtant, dès la rentrée 1968, le climat commence à changer. Je me souviens de l’adhésion dès le mois de septembre d’un des principaux cadres des maoïstes de la faculté à l’UEC. En quelques années, l’UEC devient la principale organisation politique étudiante. A partir de 1971-1972, nous sommes aidés par la dynamique du programme commun des partis de gauche. Il se dessine aussi au PC une politique d’ouverture, notamment en direction des intellectuels. La perspective d’une victoire de la gauche, d’un changement de la société française, apparaît crédible.

Mais pendant toute cette période, bien que membre de la direction nationale de la jeunesse communiste, j'ai toujours gardé plus d'intérêt pour le tiers-monde, et notamment pour le conflit israélo-arabe, que pour les affaires françaises. Je suis ce qu'Henri Curiel fait dans ce domaine. A partir du milieu des années soixante-dix, avec la chute de l'empire colonial portugais et la fin des dictatures en Espagne, au Portugal et en Grèce, Solidarité, l'organisation créée par Henri, et qui aidait concrètement les mouvements en lutte contre le colonialisme et le fascisme, est arrivée au bout de sa mission (à l'exception, notable, de l'Afrique du Sud). Henri se consacre de plus en plus au conflit israélo-arabe et aux contacts entre la gauche arabe et la gauche israélienne. Après la guerre de 1973, il veut organiser des rencontres entre l'OLP et des représentants de la gauche israélienne. Il est à l'origine de ce que l'on a appelé les "conversations de Paris", d'abord secrètes, auxquelles participent les Palestiniens Issam Sartawi, qui sera assassiné par le groupe Abou Nidal, et Sabri Jiryes, et les Israéliens, Ouri Avnery, Matti Peled, etc.

Ce sont les débats avec Henri à cette époque qui m'ont donné envie de faire ma thèse sur l'OLP et sur la conception que les Palestiniens avaient de leur Etat, d'étudier la manière dont ils étaient passés d'un objectif de "libération totale de la Palestine" – impliquant la destruction de l'Etat d'Israël – à l'acceptation du principe du partage de la Palestine. Je me plaçais dans une perspective internationaliste et de combat commun des peuples. Ces débats et la situation au Proche-Orient sont vitaux pour moi ; or, pour le PCF, ce sont des questions secondaires, qui s'inscrivent avant tout dans une politique nationale – cela ne l'empêche pas d'avoir pris des positions courageuses, notamment d'appui aux Palestiniens. Mais cela crée un décalage entre mon travail de permanent et mes convictions.

Comment s'est produite la rupture ?

A. G. – J'ai cessé d'être permanent en 1983, mais la rupture remonte à l'appui donné par le PCF à l'intervention soviétique en Afghanistan (1979), puis à la proclamation de l'état d'urgence en Pologne (1980) et, enfin, à l'incroyable sectarisme qui se développe durant ces années et qui amène la direction du PCF à appeler, en sous-main, à voter pour le candidat Valéry Giscard d'Estaing à l'élection présidentielle de 1981. Cette rupture a été très dure sur le plan personnel. On pourrait sans doute la comparer à une crise religieuse. Pour moi, l'engagement dans le communisme transcendait le PCF, et ma rupture ne se limitera pas au PCF, elle englobera toute l'expérience de ce que l'on appelait le camp socialiste. Une période de ma vie arrive à son terme. Mais je n'en ai gardé, après quelques mois assez rudes, aucune amertume. J'ai le sentiment d'avoir beaucoup appris et je ne renie pas les combats que nous avons menés contre le colonialisme, contre la guerre du Viêtnam ou en faveur des droits des Palestiniens. Je dois aussi au PCF une prise de conscience de l'importance de la question sociale en France. Nous côtoyions des militants de milieux divers, nous mesurions ce qu'étaient la pauvreté, la misère, l'exploitation. Dans une société française où, notamment depuis les années quatre-vingt, les exploités sont devenus "invisibles", où les smicards n'intéressent pas les médias, il est important de s'en souvenir.

Si je n'ai pas d'amertume de cette rupture, j'ai quand même le sentiment d'un immense gâchis humain – même si le mépris pour les êtres humains est malheureusement souvent partagé par tous les appareils politiques –, en pensant aux dizaines de milliers de personnes qui ont été meurtries par leur "passage" au PCF. On a du mal à réaliser à quel point le PCF a pu être un pôle de référence. On se situait pour ou contre, mais toujours par rapport à lui. Aujourd'hui, c'est encore, parfois, un pôle de résistance, mais plus du tout une référence intellectuelle.

Quelle forme a prise par la suite votre engagement ?

A. G. – Il a d'abord fallu trouver du travail, ce qui n'est pas évident quand on a été dix ans permanent du PCF. J'ai fait des piges ici et là, j'ai fait des reportages au Proche-Orient et, en 1985, j'ai été embauché par *Le Monde diplomatique*. Ces années quatre-vingt ont été une période de réaction intense en France. La "découverte" un peu tardive par de nombreux intellectuels, dans la seconde moitié des années soixante-dix, du Goulag avait amené à une sorte de rejet de toute idée de changement, à une campagne contre le tiers-monde, à une célébration de l'Amérique de Reagan. Il faut reconnaître que, parmi les rares à résister, se situaient nombre d'organisations chrétiennes, comme le Comité catholique contre la faim et pour le développement (CCFD). Elles ont continué à se battre, à manifester leur solidarité avec le tiers-monde et à dénoncer l'exploitation du Sud.

Le journalisme est-il une forme d'engagement ?

A. G. – Je le pense. Nous avons une responsabilité importante à l'égard de nos lecteurs, d'autant que nous avons toujours, que nous en soyons conscients ou non, un "point de vue", une "vision du monde". Quand nous décrivons une situation, nous le faisons toujours à partir de présupposés. Il vaut mieux qu'ils soient clairement affichés, connus par les lecteurs. Pendant de nombreuses années, j'ai fondé mon engagement sur une vision marxiste assez étroite, pour ne pas dire sectaire. Mais il avait aussi une dimension humaniste, le refus des inégalités, des injustices, de la résignation.

C'est une sorte de foi ?

A. G. – Je dirai plutôt, encore une fois, une "vision du monde". Il existe deux types d'attitude face aux inégalités, aux injustices. On peut les refuser, les combattre, même si l'on sait que c'est un combat sans cesse recommencé. Ou alors on les accepte, sous divers prétextes, on s'en accommode, on explique que les inégalités ont toujours existé, que le monde a toujours été comme cela. Le choix entre ces deux positions est un choix philosophique fondamental. Prenons l'exemple de la prostitution et du débat sur sa légalisation ; on entend dire : elle a toujours existé, il vaudrait mieux la légaliser pour pouvoir la réglementer. C'est, pour moi, une position inacceptable. Je ne défends pas une vision moraliste, mais un point de vue sur la dignité humaine : accepter que les femmes – et aussi les hommes – puissent vendre leur corps, c'est accepter une conception de l'humain absolument dégradante. Et pourquoi ne vendrait-on pas son sang, ses reins, ses yeux ?

T. R. – Nous nous retrouvons sur ce thème de la conviction. Il y a une période très importante dans mon engagement, c'est celle où j'ai commencé à enseigner. J'avais tout juste dix-huit ans. J'enseignais le français, et même les maths pendant quelques années. J'ai alors participé au travail associatif, avec une préoccupation tiers-mondiste. C'est un engagement que j'ai traduit, dans les années quatre-vingt, par l'élaboration d'une "pédagogie de la solidarité" dans les institutions scolaires. Nous travaillions dans deux directions : contre la marginalité et l'exclusion dans la société genevoise et en direction du tiers-monde, en mettant sur pied des voyages et des projets humanitaires. C'est alors que j'ai œuvré avec de nombreuses associations de solidarité comme ATD quart-monde, Médecins sans frontières (MSF) ou Terre des Hommes. J'étais sur le terrain avec les communautés de base en Amérique du Sud où j'ai travaillé avec des prêtres ouvriers, avec dom Helder Camara, ou encore en Afrique, avec Sankara, ou en Inde. Je me suis retrouvé très tôt sur le terrain avec des chrétiens et des humanistes agnostiques ou athées et sur ma route il y avait l'abbé Pierre, le père Guy Gilbert, sœur Emmanuelle ou mère Teresa ; il y avait également Edmond Kaiser, Albert Jacquard, Hubert Reeves, Jean Ziegler ou René Dumont et tant et tant d'autres.

J'étais très critique à l'égard du système scolaire et mon idée était d'amener les jeunes à développer des préoccupations humaines et sociales et à s'engager. Ce qui m'a très tôt marqué, c'est la disparition brutale d'un élève, Thierry, que j'ai accompagné pendant trois ans et qui est mort d'overdose. Nous avions fait ensemble un voyage au Mali. Ce décès a provoqué chez moi une grande réflexion. Pendant ces années, je vivais une conviction religieuse que je n'affichais pas pour des raisons professionnelles. Je me suis alors retrouvé "doyen" d'établissement secondaire supérieur, à vingt-cinq ans. A la fin des années quatre-vingt s'est effectuée une prise de conscience : j'étais en train de proposer aux jeunes de reconnaître les autres cultures et de les respecter ; mais, dans le même temps, on m'imposait presque de nier la mienne et, malgré le fait que je n'en avais jamais fait cas, les rumeurs allaient bon train. La suspicion était grande. J'avais cette impression dérangeante que, pour pouvoir être reconnu par mes pairs, je devais très souvent me justifier et, somme toute, m'amputer de ce qui faisait la spécificité de ma conviction. J'ai finalement démissionné de mon poste de doyen d'établissement parce qu'en tant que membre d'une direction, je ne pouvais pas avoir un engagement à connotation religieuse et j'ai également abandonné, à la même époque, la présidence de l'association scolaire de solidarité que je dirigeais. J'avais envie d'être plus libre et, finalement, de travailler de l'intérieur à la compréhension mutuelle entre les religions et les cultures. J'avais envie d'expliquer autant que faire se peut l'islam.

Qu'est-ce qui a provoqué ce déclic ?

T. R. – Mon histoire familiale m'accompagnait à l'état latent. Puis il y a eu la révolution iranienne qui, dès 1979, a terni l'image de cette religion dont on parlait de plus en plus négativement. Ensuite les évolutions en France avec, en 1989, la première affaire du foulard à Creil. Tous ces éléments ont joué, je pense, mais la maturation s'est faite lentement. Je me disais en silence : Ce qu'on dit de ce que je suis n'est pas ce que je vis. La lisibilité et la visibilité de l'islam étaient perçues au travers du prisme de ce qui se passait en Iran. Le foulard, c'était le tchador. La pratique religieuse, c'était la tentation fondamentaliste. Je décide alors d'aller suivre une formation islamique au Caire, dont les portes étaient à nouveau ouvertes pour nous. Je voulais aussi que mes enfants connaissent leurs origines, leur langue, leur religion. Je suis entré dans cet univers avec le bagage de mon passé. Tout mon discours actuel d'Européen de confession musulmane est certes fondé sur les références et la tradition musulmane, mais il est aussi fortement lié à ces dix ans où j'ai côtoyé la réalité du catholicisme et du protestantisme engagés, et celle du militantisme humaniste. Un de ceux qui m'ont accompagné dans ma formation intellectuelle est Pierre Dufresne, qui fut un catholique engagé pour les droits de l'homme. C'est quelqu'un qui m'a énormément marqué, sans qu'il en ait eu toujours bien conscience d'ailleurs. C'était un ami.

A-t-il compris cette évolution ?

T. R. – Non seulement il l'a comprise, mais il l'a défendue et il m'a défendu contre les tentatives de diabolisation de ma personne qui se sont développées à partir du moment où j'intervenais comme musulman. C'était en 1992. En six mois, mon statut a été bouleversé : après avoir été une référence dans le travail de solidarité à Genève, je suis devenu un épouvantail. En 1990, les journalistes genevois m'avaient élu et désigné comme l'un des dix Genevois de l'année pour la nature de mon engagement avec les jeunes dans le cadre de la promotion de la solidarité. Quelques mois plus tard, j'étais devenu un être suspect, retors, dangereux, car j'avais osé me présenter comme musulman. Mon discours n'avait pas changé, mes critiques pédagogiques, sociales et politiques étaient les mêmes, mais ce qui était reconnu et respecté à l'intérieur du champ des références connues était critiqué et rejeté dès lors que l'on y apposait l'étiquette "musulman". Cela a été difficile mais j'ai beaucoup appris, notamment que la route du dialogue équitable serait longue et que les compagnons des causes humanitaires sont trop souvent des "amis de surface".

A. G. – Dans ce dialogue, la guerre du Golfe (1990-1991) a marqué un tournant. Les Arabes, les musulmans ont été présentés comme l'ennemi, on les a diabolisés.

T. R. – Il est vrai qu'elle fut un événement qui a rajouté à la difficulté, même si très tôt Pierre Dufresne m'a appelé pour m'associer à l'"appel de Genève" qui dénonçait la guerre et ses méthodes. Ce fut, ponctuellement, un moment important mais les choses se sont compliquées par la suite. Cette évolution a donc duré plus de dix ans : 1979-1992, entre la révolution iranienne et la guerre du Golfe, c'est la période qui a vu la maturation de ma prise de conscience. Deux voies étaient prioritaires : j'avais eu le privilège de vivre dans un milieu culturellement très dense et très riche et j'ai pensé qu'il fallait absolument construire un discours pour les musulmans d'Europe, parce que bien souvent ceux-ci sont dépossédés de la parole, la majorité de cette population étant pauvre. La foi est pour moi primordiale et il n'y a pas de foi sans combat pour la justice. Mon expérience passée m'avait beaucoup enrichi. Il fallait donc, c'était l'autre volet du renouveau du discours, s'engager sur le plan social, à tous les niveaux. Au début, mon discours a beaucoup étonné les musulmans en Europe, surtout en France. Beaucoup d'entre eux s'étaient positionnés dans une attitude identitaire musulmane presque exclusivement "anti-occidentale". Or, je cherchais à promouvoir l'idée d'alliances possibles, dans le combat pour la justice, avec des gens qui ne partagent pas la même foi. Certains musulmans se sont même demandé si je n'étais pas trop "occidentalisé". Il faut reconnaître que mon origine familiale m'a parfois protégé de cette étiquette. Mais cette expérience du combat social partagée avec des hommes et des femmes d'autres convictions religieuses, humanistes et athées est fondatrice du discours que je tiens aujourd'hui au nom de mes références musulmanes.

En résumé, dans mon cheminement, les choses se sont complétées : la source familiale, l'apport de mon expérience et de mon engagement et également ma formation universitaire en philosophie et en littérature française. Mes premières recherches, en philosophie, furent rédigées sur Nietzsche et l'athéisme nietzschéen : le premier mémoire s'intitulait *La Notion de souffrance dans la philosophie de Nietzsche*, puis la recherche de thèse *Nietzsche, historien de la philosophie*. C'est aussi cela mon terreau. L'intersection de tous ces apports est finalement une proposition simple et fondatrice : loin de toute idée de culpabilité, l'être humain porte une responsabilité devant Dieu.

A. G. – Rendre des comptes à Dieu, c'est presque plus facile : un être suprême fixe des lois et il faut les respecter. Pour un non-croyant, ces règles ne sont pas "extérieures", ce sont les êtres humains qui les fixent, elles évoluent en fonction des sociétés, de l'histoire. Quelles sont donc les règles que nous acceptons ? Elles dépassent, en tous les cas, les intérêts immédiats des individus. Elles correspondent à des principes – dont certains ont été fixés par les grandes religions – qui vont de "tu ne tueras point" à une solidarité entre les êtres humains. Mais nous y reviendrons dans le chapitre VII.

Finalement, si on cherche la différence dans votre engagement, elle est dans cette responsabilité devant Dieu ou devant soi-même, devant sa propre conscience.

A. G. – On peut dire cela, mais il faut savoir aussi que ces grands principes peuvent être interprétés de manières bien différentes. Il suffit de penser aux positions de l'Eglise catholique tout au long de l'histoire. Ils peuvent aussi parfois servir à masquer des pratiques contestables. Prenons un exemple qui concerne l'islam politique. En 1985, en Cisjordanie, j'ai rencontré un militant des Frères musulmans. Il m'a tenu en substance le discours suivant : "Nous avons l'éternité devant nous. Notre problème aujourd'hui, ce n'est pas la lutte contre l'occupation israélienne, mais de transformer notre propre société. Nous devons redevenir des bons musulmans." On le sait, le gouvernement israélien, à cette époque, aidait en sous-main les Frères parce qu'ils étaient un contrepoids à l'OLP, qui menait la lutte pour l'indépendance nationale. Donc, à partir d'une conviction religieuse, ce militant tenait un discours pour le moins ambigu. Le fait de croire en des principes ne définit pas automatiquement une ligne ou une pratique politique.

T. R. – Vous avez raison et il est vrai que notre engagement dans la temporalité diffère selon que l'on croit en Dieu ou pas, mais l'idée de l'au-delà ne peut à mon sens autoriser et justifier des dérogations aux principes d'honnêteté et de justice ici-bas. La fin, même outre-tombe, ne justifie pas les moyens : je dirais que je veux suivre une voie qui exige le respect des principes, quels qu'ils soient, humains, sociaux ou politiques. Quant au fait de postuler : “Rendre des comptes à Dieu est presque plus facile”, je n’adhère pas à cette approche qui, avec Dostoïevski, Camus ou Sartre, détermine ce qui est plus “facile” : je ne crois pas que l’on puisse comparer les cheminements du cœur et de la conscience selon ce paramètre. Cela n’a pas de sens : il existe des actes de foi portés dans la douleur et des athéismes vécus dans l’inconscience. Par ailleurs, les responsabilités qui naissent de l’acte de foi devant Dieu ne sont pas plus faciles à porter que les questions que cherche à résoudre la conscience athée : on n’est pas “courageux” parce que l’on assume son humanité sans transcendance ; on est courageux à mon sens si l’on fait face à tous les défis qui nous séparent de l’harmonie et de la cohérence. C’est “difficile” pour tout le monde.

II

L'OMBRE DE NASSER

On l'a vu transparaître dans le récit que vous venez de faire, vous n'avez pas le même point de vue sur le rôle de Nasser. Son influence sur l'histoire récente de l'Egypte et de toute la région est-elle, selon vous, positive ou négative ?

A. G. – Pour comprendre, il faut d'abord poser quelques jalons dans l'histoire récente de l'Egypte. On peut partir de la Première Guerre mondiale. L'aspiration à l'indépendance s'affirme et se crée en Egypte un mouvement qui s'appelle le Wafd, c'est-à-dire "la délégation", dirigé par Saad Zaghloul. Il revendique l'indépendance de son pays dès 1918. Saad Zaghloul sera déporté à Malte par les Britanniques mais, en Egypte, se bâtit un extraordinaire mouvement pour l'indépendance. Le Wafd se transforme en parti, mais il est plus que cela, il représente, à l'époque, l'ensemble de la nation, hommes et femmes unis, qui se lève pour son indépendance. Il regroupe toutes les couches de la population, musulmans, chrétiens et juifs. Il s'exprime dans des actions d'insurrection et de désobéissance civile et aboutit à un des premiers reculs de l'impérialisme britannique après la période du colonialisme triomphant : dès 1922, l'indépendance est accordée à l'Egypte de manière unilatérale. Certes, les restrictions sont importantes et Londres se gardait une place à part, notamment dans "la défense de l'Egypte" et la protection des intérêts des minorités et des étrangers. Mais, au moins sur le plan symbolique, l'Europe conquérante reconnaissait le droit des nations soumises à leur indépendance.

En 1936, nouveau pas en avant. Les troupes britanniques sont regroupées dans la zone du canal de Suez. D'autre part, sont abolies les "capitulations", particulièrement humiliantes, puisqu'elles laissaient aux puissances étrangères le droit de "protéger" leurs ressortissants et les "minorités" sur le territoire égyptien.

Durant la Seconde Guerre mondiale s'affirme, parmi les Egyptiens une sympathie pour l'Allemagne, au nom du principe : "Les ennemis de nos ennemis sont nos amis." Pour la comprendre, il faut mesurer la haine pour la puissance occupante. Inquiète de la politique ambiguë du roi Farouk, Londres agit : en février 1942, les chars britanniques entourent le palais royal et contraignent le roi à rappeler… le Wafd au gouvernement : il est vrai que le Wafd est antiallemand, mais il est aussi devenu plus malléable, plus corrompu. Le roi Farouk se soumet au diktat des canons, mais il discrédite ainsi la monarchie.

Dernière étape, 1950. Le Wafd, un moment éliminé, revient aux affaires. Il décide d'abroger le traité qu'il a signé en 1936 avec la Grande-Bretagne et veut obtenir le départ des troupes britanniques de la zone du canal de Suez. Des actions armées s'engagent, la mobilisation anticoloniale et antimonarchique est à son faîte. Elle se brise lors de l'incendie du Caire en janvier 1952. La loi martiale est proclamée et le Wafd exclu du pouvoir. En juillet 1952, un groupe de militaires, les "Officiers libres", s'en empare.

Si l'on doit retenir une leçon de ce survol rapide, c'est la profondeur du sentiment national en Egypte, de la haine pour l'occupant britannique. Dans ces luttes, la nation s'est affirmée et s'est unie.

T. R. – Il est erroné de dire que l'expérience britannique de la décolonisation a commencé avec l'Egypte. Les Britanniques ont déjà expérimenté la réalité du discours réformiste depuis 1870 avec Jamal ad-Din al-Afghani* : ils savent très bien de quoi il retourne et ils feront tout pour mettre un terme à son agitation, jusqu'à l'extrader. Muhammad 'Abduh vivra la même expérience pour s'être engagé aux côtés des officiers de 'Urâbî. Le discours des réformistes musulmans leur est connu

* Jamal ad-Din al-Afghani (1839-1897), penseur et militant musulman, considéré comme le fondateur du courant réformiste contemporain.

et ils s'y confrontent depuis un demi-siècle au moins.

Sur le plan des idées et de la mobilisation politique en Egypte, il est une profondeur historique, bien avant 1922, qui me paraît extrêmement importante et qu'il convient de ne pas oublier. Il faut savoir que Saad Zaghloul est sur le plan intellectuel, et il se reconnaît lui-même comme tel, un disciple du réformiste musulman Muhammad 'Abduh. De ce réformisme symbolisé par 'Abduh émergeront deux tendances : celle qui va amener, sur le plan politique, la naissance du Wafd de Saad Zaghloul, cela est vrai, mais également la tendance du réformisme musulman représenté par cet autre disciple qu'est Rachid Rida (mort en 1935). Ce deuxième courant, sur le plan des idées, est également anticolonial et clairement indépendantiste, mais sa lecture des causes du déclin de l'Egypte, de la réalité coloniale et des objectifs de la lutte de libération est différente.

Deux lectures différentes se dessinent ainsi à partir d'une même opposition à la présence britannique et d'un objectif commun, l'indépendance. Pour le Wafd, le combat est essentiellement politique et l'indépendance est d'abord celle de l'Etat et de l'autorité politique gouvernant l'Egypte. Pour les disciples de Rida, et au premier chef Hassan al-Banna et les Frères musulmans, l'enjeu est certes politique, mais il est aussi religieux, culturel et de civilisation : très tôt, ils parlent de "référence islamique", de "société musulmane" et de “modèle islamique d’organisation sociale et politique*”.

Rachid Rida, puis Hassan al-Banna reprennent la dimension essentiellement religieuse et culturelle qui existait chez ‘Abduh, mufti d’Egypte. Richard P. Mitchell, dans son ouvrage sur les Frères musulmans**, a raison de mettre en évidence le fait que, très tôt, Hassan al-Banna sent le danger de l’occidentalisation au-delà de la seule question politique et, en cela, il est bien l’héritier de ‘Abduh. L’Egypte, dans ce domaine de la résistance culturelle, est en avance sur tous les autres pays musulmans, voire peut-être sur ceux du tiers-monde dans son ensemble.

En 1919, Hassan al-Banna, très jeune puisqu’il n’a que treize ans, participe au mouvement de protestation populaire, qui est massif et unanimement antibritannique. Vous avez raison de rappeler la profondeur du rejet qui traversait toutes les couches de la société égyptienne. Reste à identifier les causes, objectives ou symboliques, de cette résistance à la colonisation. Dès 1927, dans la ville d’Ismailiyya, Hassan al-Banna constate la

* Les textes de Rida, dès 1905, mais également les premiers écrits de Hassan al-Banna, dès 1929, montrent clairement cette orientation. Lire Tariq Ramadan, *Aux sources du renouveau musulman. Cent ans de réformisme islamique, d’Al-Afghani à Hassan al-Banna*, Bayard-Centurion, Paris, 1998.

** Richard P. Mitchell, *The Society of Muslim Brothers*, Oxford University Press, 1968.

réalité d'une colonisation qui est, pour l'Egyptien, une dépossession de soi, de son être, de son cœur, de sa langue. Il parle de décolonisation intérieure : il a conscience de la nécessité d'une réforme et d'un processus de libération très profonds et il va orienter son action en ce sens. Il fonde l'association des Frères musulmans en mars 1928, de façon d'abord presque informelle. Vingt ans plus tard, elle comptera près de un million et demi de membres à travers tout le pays (elle s'installera également dans les pays avoisinants, au Soudan, en Syrie et en Palestine, par exemple). Dès l'origine, le projet réclame l'accès à l'indépendance mais cette lutte est doublée d'un effort d'alphabétisation et d'éducation qui devient le maître mot de l'association des Frères musulmans : éduquer, c'est décoloniser les cœurs et c'était déjà le message de 'Abduh après que celui-ci fut déçu des menées strictement politiques de Jamal ad-Din al-Afghani soldées par autant d'échecs, dont le plus retentissant fut celui du mouvement de protestation des officiers menés par 'Urâbî en février 1882, exigeant l'instauration de la république.

Les Britanniques ont très tôt réalisé qu'il leur serait beaucoup plus facile de collaborer avec ceux qui avaient un engagement strictement nationaliste qu'avec ceux qui manifestaient une démarche et un ancrage religieux et culturels. Dès les années trente – notamment quand la question palestinienne devient un enjeu plus important –, les Britanniques ont conscience que les résistances les plus farouches à leur présence sont les mouvements qui s'appuient sur l'islam comme référence unitaire et libératrice. Alors que ceux-ci, et en particulier les Frères musulmans, ont une base populaire très large et qu'ils interviennent sur le terrain politique, s'engage un mouvement de diabolisation. Hormis un ou deux groupuscules, très marginalisés, comme Misr al-Fatât (Jeune Egypte, qui désire faire alliance avec les Allemands et les Italiens), il n'y avait pas dans les années trente d'actes de terrorisme ou d'organisations politiquement radicalisées comme ils apparaîtront dans les années soixante, mais déjà on cherche à discréditer les Frères. Henri Laoust, grand spécialiste français de l'islam, dénonce en 1930 cette lecture tronquée et très idéologique qui insiste sur la violence et le terrorisme imputés aux mouvements musulmans. On a très vite compris, dans les pays colonisateurs, comment, d'une façon ou d'une autre, on pouvait utiliser le radicalisme islamique.

Entre 1922 et 1940 se dessine une convergence en Egypte sur l'indépendance. Mais le courant islamique est réticent à l'égard du nationalisme. Pour Hassan al-Banna, c'est une idée importée par le colonisateur et ses propos sur l'expression du nationalisme en Europe sont sans équivoque : les slogans du national-socialisme allemand, du fascisme italien ou ceux à la gloire de l'Empire britannique sont perçus comme l'expression d'une perversion et d'un racisme. Se battre contre le colonisateur au nom de la seule nation, pour la nation, c'est emprunter, pense Hassan al-Banna, une notion et une catégorie du discours colonial lui-même. Ainsi, les différences entre la gauche et les Frères ou les réformistes dans leur ensemble ne datent pas de l'arrivée de Nasser au pouvoir. Les divergences existent en amont.

L'idée de nation est-elle rejetée par les Frères musulmans ?

T. R. – Non, pas du tout. Hassan al-Banna tient un discours très articulé sur la nation, le patriotisme et la citoyenneté dans plusieurs textes dont en particulier une épître intitulée *L'Organisation du pouvoir (Nizâm al-hukm)*. La nation est nécessaire sans être la seule finalité. A la fin de 1941, Hassan al-Banna, à la suite d'une conférence dans laquelle il dénonce les Britanniques pour leur colonisation et leur politique en Palestine, est mis en prison, il y restera un mois. En 1942 s'engage la répression contre les Frères. C'est à ce moment que leur stratégie change et que leur résistance s'organise : on se prépare même à une possible résistance armée, mais celle-ci n'aura pas lieu et les Frères ne s'engageront dans cette voie qu'en Palestine. Bref, en considérant tous ces éléments, on peut mettre en évidence trois données : il y a eu une conjonction d'intérêts et d'objectifs entre deux courants, dont l'un prônait la seule indépendance politique et l'autre y ajoutait la priorité de la référence religieuse et culturelle ; la nation, notion utilisée par les deux courants, ne recouvrait pas les mêmes réalités selon que l'on se situait dans l'un ou l'autre camp ; enfin, le colonisateur a très vite pris la mesure des acteurs politiques disposés aux plus grands compromis. En Occident, ceux qui ont lutté pour la décolonisation, notamment parmi les militants de gauche, n'ont pas toujours été à même de comprendre la position et le discours des mouvements islamiques de l'époque… trop "religieux" donc forcément réactionnaires, en tout cas pas "progressistes". En revanche, le discours des nationalistes égyptiens était immédiatement audible par l'Occident. Nasser a eu l'intelligence de comprendre cela et il a parfaitement su l'utiliser.

A. G. – Nous ne sommes pas d'accord sur cette vision de Nasser et l'Occident, mais j'y reviendrai. Sur les origines du mouvement nationaliste en Egypte, il s'est affirmé, à la croisée des siècles, fin XIXe et début XXe, un réformisme dont la figure de proue est Muhammad 'Abduh. Il s'interroge sur les rapports entre Islam, religion et modernité. Il innove réellement. Mais ce mouvement, dont on aurait pu penser qu'il allait opérer la liaison entre décolonisation politique et culturelle, entre modernité et identité, s'est petit à petit figé pour se réduire à un discours de résistance défensif, fermé, qui met en avant la pratique religieuse, l'observation minutieuse des dogmes mais se révèle incapable de répondre aux vraies questions de la société.

Comment pouvez-vous affirmer que la puissance d'occupation a très vite compris avec qui elle pouvait discuter et a privilégié l'un ou l'autre parmi les différents protagonistes de la vie politique égyptienne ? Sa tactique a varié selon les moments et elle n'a jamais engagé une lutte à mort contre les Frères musulmans. Ceux-ci ne se définissent pas comme un parti au sens traditionnel. Ils sont pourtant une organisation politique, avec des stratégies pragmatiques – c'est-à-dire d'alliances et de compromis : ils tissent ainsi des relations avec le Palais, mais aussi avec les Britanniques. Dans le même temps, ils développent un discours de suspicion à l'égard de la politique et affirment même qu'ils ne sont pas une organisation politique. Cette contradiction, les Frères ne vont jamais la résoudre. Par exemple, ils ont été favorables au parti unique. Ils ont même proposé au roi Farouk de dissoudre les partis. Et quand Nasser crée un parti unique, ils ne sont pas contre l'idée mais contre la conception que les "Officiers libres" en ont. De manière sous-jacente est posée la question aux Frères musulmans comme aux organisations islamistes : peut-il y avoir un autre parti que "le parti de Dieu" ? Y a-t-il un espace politique indépendant de l'espace religieux ?

Sous le règne de Farouk (1936-1952), il existe un certain pluralisme, quelques libertés syndicales, un zeste de liberté de la presse, avec des hauts et des bas selon les périodes. Mais la vie politique a été manipulée par les Britanniques et l'idée de démocratie est discréditée. Les jeux parlementaires déçoivent les Egyptiens, tant ils apparaissent comme une couverture à la domination coloniale et à celle des grands propriétaires fonciers. Le dirigeant des "Officiers libres", Gamal Abdel Nasser, va pouvoir liquider les "libertés formelles", sans rencontrer tellement de résistance. Les Frères ne sont pas loin de partager ces analyses.

T. R. – Votre analyse vient de la réduction, voire parfois de la méconnaissance du discours des Frères dans les années quarante. Quelle est la nature des propos de Hassan al-Banna entre 1940 et 1948 ? Il parle, dès 1941, d'une nation de citoyens (incluant notamment les musulmans comme les coptes), il rappelle les acquis importants de la Constitution égyptienne de l'époque, il parle de la nécessité de s'engager dans une réforme agraire (en 1943 déjà, bien avant Nasser), de respecter le principe d'élection et de représentation pour l'organisation du gouvernement et il cite comme modèle l'organisation parlementaire.

Quant au multipartisme, il n'est pas exact de dire qu'Al-Banna s'y oppose par principe. Nous disposons au moins de trois articles où il traite de la question : dans le premier, il s'oppose effectivement au multipartisme mais il explique que la forme que celui-ci avait en Egypte était une manipulation des colonisateurs qui s'en servaient pour diviser les Egyptiens, "comme un chat s'amuse à exciter deux souris". Dans un autre article, il propose effectivement au Premier ministre de former un parti unique ou un conseil pour unifier les rangs des Egyptiens contre les manœuvres des colonisateurs. Enfin, Al-Banna s'exprime pour un possible multipartisme dès lors que celui-ci est l'expression de la diversité des opinions et non l'alibi de la manipulation : il présente son avis comme une opinion circonstanciée, non comme une position de principe. Il est par ailleurs inexact de dire que les Frères soutiendront le parti unique après la révolution de 1952 : l'une des pommes de discorde entre la direction des Frères et les officiers, comme le rappelle Olivier Carré, est que les Frères attendent que le pouvoir soit remis aux civils au plus vite.

Qu'il y ait eu des contradictions dans les positions des Frères sur leur rôle dans la société, cela est vrai et ils vont en pâtir jusqu'à se diviser. Il reste qu'il ne faut pas mélanger les niveaux de lecture. Les Frères ne se sont pas présentés comme "parti de Dieu", et à l'origine ils composaient avec la réalité politique plurielle de leur société. C'est plus tard que certaines postures vont se figer, après ce qu'ils considèrent comme l'échec de la révolution de 1952 et la répression. Hassan al-Banna dialogue et discute avec toutes les composantes du paysage politique des années quarante, il est en contact soutenu avec les chrétiens (qu'il veut faire entrer dans les structures décisionnaires des Frères), avec les membres du parti Wafd et avec d'autres. En 1941, quand Al-Banna est appelé par le Premier ministre qui lui annonce que les Britanniques le menacent de destitution s'il laisse celui-ci se présenter aux élections législatives, il préfère se retirer "afin de préserver l'unité des Egyptiens contre les colons usurpateurs". Les règles du jeu vont changer par la suite et, face à la nouvelle donne, en particulier sous Nasser, les Frères vont avoir beaucoup de mal, c'est tout à fait exact, à déterminer une position claire.

On a dit de Nasser qu'il avait été membre des Frères musulmans mais aussi qu'il avait été communiste. Or, il va très vite réprimer les deux mouvements.

A. G. – En fait, parmi les "Officiers libres" égyptiens qui prennent le pouvoir en 1952, toutes les tendances sont représentées, des Frères musulmans aux communistes. Dans les milieux communistes, on disait que Nasser avait appartenu au mouvement. Mais ce qui a prévalu, en dernière instance, c'est la solidarité des officiers. Et cet esprit de corps a permis à l'armée de devenir une force politique autonome. L'Egypte ouvre la voie aux coups d'Etat militaires, qui se multiplieront au Proche-Orient dans les années cinquante et soixante. Qui étaient ces "Officiers libres" égyptiens ? En 1936, un décret du gouvernement wafdiste ouvre les académies militaires aux jeunes de familles modestes, souvent paysannes, dont c'est la seule possibilité d'ascension sociale. Nasser et ses compagnons y seront formés. C'est là qu'ils forgeront leur vision du monde – marquée notamment par une connaissance réelle des campagnes – et que se forge une solidarité de groupe qui transcende les divisions idéologiques et l'appartenance politique.

La question qui se pose aux officiers en 1952-1953, c'est de savoir s'ils garderont le pouvoir. Après d'âpres débats, ils décident qu'il n'y aura pas de retour des civils aux affaires et ils instaurent un parti unique. Ils vont donc casser toute opposition, les Frères musulmans, les communistes qui sont beaucoup plus faibles, les partis traditionnels. Durant ces années 1953-1954, le pouvoir devient impopulaire. D'autant qu'il signe, en 1954, un traité avec la Grande-Bretagne sur l'évacuation du canal de Suez, un traité qui contient des clauses que tous les nationalistes égyptiens avaient refusées, notamment le droit pour Londres de réoccuper la zone du canal de Suez, en cas de conflit mondial. C'est l'époque où la rue égyptienne brocarde Nasser, sous le sobriquet de "colonel Jimmy".

Mais l'Occident exige plus. Nous sommes en pleine guerre froide et la guerre de Corée a mis le monde au bord d'un affrontement planétaire. Dans ce contexte, les dirigeants américains, et notamment la nouvelle administration Eisenhower, qui arrive aux affaires en janvier 1953, ne peuvent accepter la moindre idée de "neutralité". Pour eux, tout se résume à ce précepte : "Qui n'est pas avec nous est contre nous." Le dirigeant iranien modéré

Mossadegh sera renversé en 1953 par un coup d'Etat financé et organisé par la CIA.

C'est l'époque où les Etats-Unis veulent enserrer l'Union soviétique dans un réseau de pactes militaires. En février 1955 est signé le pacte de Bagdad, entre l'Irak et la Turquie. Les deux pays seront rejoints par l'Iran, le Pakistan et la Grande-Bretagne, mais les Etats-Unis, simplement associés, en sont les inspirateurs. Washington essaie d'entraîner Nasser dans cette alliance, au moment même où la tension monte entre l'Egypte et Israël. Nasser refuse : l'Union soviétique, répond-il en substance, ne nous menace pas alors qu'Israël nous agresse. Il se rend, en avril 1955, à la conférence de Bandung, acte de naissance du tiers-monde et de l'affirmation du "neutralisme positif". En 1955, il achète des armes tchèques, ce qui est considéré par Washington comme une déclaration de guerre. "Nous frapperons Nasser aux dents avec un bâton de missionnaire, pour faire un exemple qui servira à d'autres neutralistes en herbe", s'exclame Allen Dulles, le puissant chef de la CIA. Sous la pression des Etats-Unis, la Banque mondiale décide de retirer son offre de financement du haut barrage d'Assouan, un projet gigantesque qui devait permettre de réguler les eaux du Nil et que Nasser considérait comme emblématique de sa volonté de développement du pays.

Les attaques israéliennes, le refus du prêt, l'étroitesse de vues des dirigeants américains poussent Nasser dans la voie qui va en faire le dirigeant le plus populaire de l'Egypte et du monde arabe. Le 26 juillet 1956, dans un immense éclat de rire, le "colonel" annonce la nationalisation du canal de Suez, symbole de la présence coloniale, construit, comme on le dit au Caire, "avec notre sang et notre sueur". Il faut avoir vécu en Egypte à ce moment pour sentir l'impétueuse vague qui soulève le pays. J'ai lu, bien plus tard, la presse française de l'époque, du *Monde* au *Canard enchaîné*, de la presse socialiste à celle de droite (à l'exception de celle du parti communiste), et on ne peut qu'être stupéfié par l'esprit colonial qui y règne. La récupération d'une richesse nationale devient un crime de lèse-majesté. Guy Mollet dénonce "un Hitler au petit pied" : on peut mesurer la profondeur de la mer qui sépare, à l'époque, les pays européens de ceux du sud de la Méditerranée.

Cette nationalisation est parallèle à la réforme agraire et aux réformes sociales entreprises par le régime. Elles profitent aux petits paysans, à la toute petite bourgeoisie dont elle favorise l'ascension sociale. Nous avons vécu cela concrètement : dans chaque immeuble du Caire bourgeois, il y avait des *baouabs*, des portiers, souvent originaires de Haute-Egypte ; leurs fils ont commencé à entrer à l'université, et ils en parlaient avec une fierté évidente. Le départ d'un grand nombre d'"étrangers", Italiens, Grecs, juifs, etc., crée aussi de nombreuses occasions de promotion pour les Egyptiens. Ceci a contribué à consolider le régime, même si cette "homogénéisation" nationale a eu bien des aspects négatifs.

T. R. – L'organisation de votre exposé est à mon sens tout à fait symptomatique. La figure de Nasser est très vite associée à la figure du résistant à l'ordre imposé par les Etats-Unis. Il est celui qui, dès 1955, devient le symbole du non-alignement de Bandung. Je ne nie pas la réalité de cette histoire mais je ne saurais réduire la politique nassérienne à ces hauts faits épiques. Ce que l'on connaît des années qui ont précédé la révolution de 1952, c'est le rôle joué par les Etats-Unis avec lesquels Nasser a des liens dès la fin des années quarante. Les Frères qui ont vécu cette époque reconnaissent leur naïveté et le fait d'avoir été trompés par celui qui se présentait comme l'un de leurs membres. Dès 1954, Nasser signe effectivement un pacte avec les Britanniques, et les Frères comprennent qu'il est lié avec l'Occident et qu'il n'agit pas seul. A la sortie d'une rencontre avec un ambassadeur britannique, à la fin de 1953, Hudaybi, alors guide des Frères, est étonné de la position et du "jeu" de Nasser : il réunit le bureau de l'association, exige désormais la plus grande prudence devant ce qu'il sent être un piège et s'oppose à toute participation au gouvernement (opinion que ne suivront pas certains membres des Frères, qui par conséquent quitteront l'organisation). En 1954 a lieu une tentative d'assassinat contre Nasser, qui impliquerait les Frères et qui va justifier leur arrestation et les premières exécutions. Or, cette tentative fut un montage : en 1983, Olivier Carré, dans son ouvrage sur les Frères, avance cette hypothèse après une étude des documents de l'époque qui prouvent que la thèse du montage est la plus plausible. En 1996, un officier égyptien a écrit un livre dont un chapitre est consacré à l'événement : il affirme avoir assisté en personne, et en présence de Nasser, à une réunion avec des conseillers américains qui avaient pensé la mise en scène d'un assassinat permettant tout à la fois d'augmenter la popularité de Nasser, encore faible, et de discréditer les Frères qui avaient alors la base populaire la plus large et la plus efficiente. La suite de son règne sans partage vient plutôt confirmer qu'infirmer ces pratiques. Cet événement met en marche la mécanique répressive à l'intérieur du pays : pendaisons, tortures, exactions sont le lot quotidien de ceux qui osent s'opposer au "libérateur".

L'œuvre de Nasser est autrement moins noble que ce que vous en dites. Il a d'abord négocié, composé, joué avec les Etats-Unis, la Grande-Bretagne et l'URSS pour asseoir son pouvoir et il n'a pas hésité à écraser toute opposition à cette soif de pouvoir. Son intelligence politique l'aidera à saisir les occasions qui lui feront tirer bénéfice tant des frustrations de son peuple en politique extérieure, et particulièrement par rapport au conflit avec Israël, que des soutiens des milieux de gauche en Occident qui saluent sa résistance à l'impérialisme. C'est à mon sens une lecture tronquée, aveugle, et qui n'a pas tenu compte des dynamiques de la société égyptienne et des forces politiques et populaires qui la constituaient. C'est à partir de cette époque que les milieux "progressistes de gauche", anti-impérialistes, ont commencé à lire de façon bien réductrice la réalité des sociétés musulmanes, utilisant des grilles de lecture propres aux dynamiques en Europe mais qui étaient en décalage complet avec le monde musulman. Quant aux gouvernements colonisateurs, de la Grande-Bretagne à la France, ils connaissent l'islam militant et les Frères musulmans depuis bien longtemps, ils ont expérimenté leur détermination et leur volonté de ne pas se compromettre depuis les années trente en Egypte et en Palestine et ils n'ont pas pu oublier les antécédents d'Al-Afghani et les expressions de résistance identitaire, déjà musulmane, en Algérie ou au Maroc dans les années vingt et trente. Ils ne les découvrent pas en Egypte.

A. G. – Les Britanniques ne les découvrent pas et ils sont tout à fait capables de les utiliser. On peut le voir dans le cas de l'Arabie Saoudite, dont l'orientation religieuse n'a jamais empêché l'alliance avec Londres d'abord, avec Washington ensuite. Contre Nasser, les Frères musulmans sont, dans les années soixante, avec l'Arabie Saoudite dans le même camp que les Britanniques. Au cours de l'histoire, ni Londres ni Washington n'ont hésité à utiliser l'islam militant. D'où ce discours d'une partie de la gauche en France, qui tend à réduire l'islamisme à une création des Etats-Unis. Il s'appuie sur la guerre d'Afghanistan et le rôle de la CIA dans l'organisation de la résistance à l'invasion soviétique. Je refuse cette vision simpliste, qui relève de la théorie du complot. La politique de Washington, comme celle de Londres, est assez pragmatique. En Arabie Saoudite, comme au Pakistan, ils peuvent s'allier avec des régimes fondamentalistes, mais ils peuvent aussi les combattre en Iran ou au Soudan. Pour les Britanniques, dans les années cinquante, le problème était le contrôle du canal de Suez. Si Hassan al-Banna leur avait donné le canal de Suez, ils l'auraient soutenu.

T. R. – Mais ils savaient qu'il ne le leur donnerait pas, ni lui, ni ceux qui l'ont suivi. Je suis d'accord avec vous sur le pragmatisme politique. Les alliances ne se sont pas faites de façon forcément identique et avec les mêmes alliés stratégiques. Vous avez en ce sens dit une chose très importante sur le lien entre les Américains et l'islamisme : je suis en effet persuadé qu'ils ont utilisé et utilisent (comme d'ailleurs les Français ou les Britanniques selon les régions) certaines tendances islamiques, au premier rang desquelles, paradoxalement, on trouve les tendances les plus conservatrices, les traditionalistes apparemment les moins “politiques”, voire les plus radicaux. L'Afghanistan me paraît un très bon exemple. Mais l'analyse historique montre que la tendance réformiste, la plus engagée dans le paysage politique des différents pays musulmans, a été la moins utilisée et la moins compromise sans doute. Une étude pays par pays, en Algérie, en Egypte, en Turquie, au Maroc ou en

Inde, le montrerait aisément. Raison pour laquelle il faut absolument, au cas par cas, identifier les tendances, connaître le paysage politique, sérier les enjeux stratégiques pour savoir de quoi l'on parle et de quoi il retourne : la mouvance "islamiste", présentée sans nuances, maintenue dans un brouillard confus, sert les Etats occidentaux qui en tirent profit.

D'autre part, l'idée d'une indépendance et d'une collaboration Sud-Sud est déjà présente chez les réformistes musulmans et elle est formulée chez Afghani. Dans les années qui nous occupent, l'idée du refus de l'alignement sur une quelconque puissance du Nord, qu'elle soit d'abord coloniale puis américaine ou russe, est un leitmotiv de la pensée des mouvements islamiques de l'Algérie d'Ibn Badis à l'Inde d'Abou al-Hassan an-Nadawi (décédé en décembre 1999 et qui a marqué la pensée islamique du continent asiatique) et cela, les grandes puissances le savent. Certes, l'analyse politique a souvent été réduite à une schématisation de type binaire "monde islamique-Occident", qui l'a énormément appauvrie, je suis le premier à le reconnaître, mais cela ne doit pas nous faire négliger des positions de principe de refus de la tutelle du Nord. Elles s'exprimaient déjà, dans les années quarante, selon le principe du non-alignement qui prendra ses lettres de noblesse à la faveur de la naissance des deux blocs américain et soviétique. Les Frères en Egypte, en Syrie, au Soudan, en Palestine, la Jamâ'a islamiyya au Pakistan et les divers mouvements islamistes, très réformistes ou plus radicalisés, en Tunisie, Algérie, Turquie, Malaisie, etc., développent très tôt l'idée d'une indépendance du Sud fondée sur des synergies transnationales et ils saluent tous les événements politiques qui leur semblent aller dans ce sens. Il faut, vous le voyez, faire la part des choses. L'évaluation des événements à partir d'une grille de lecture globale qui soit autrement plus complexe que le rapport "Islam-Occident" fait souvent très cruellement défaut et c'est ce qui explique qu'il y a eu des alliances politiques de l'Occident pour le moins douteuses avec l'Arabie Saoudite, l'Irak de Saddam Hussein ou le Soudan de Gaafar Nemeiri.

Le monde musulman est complexe et exige une analyse précise, profonde et différenciée : il se peut qu'une même tendance, instrumentalisée dans tel pays par les Etats-Unis, soit au contraire combattue ailleurs pour de pures raisons stratégiques. Ces manipulations sont anciennes et les musulmans en étaient conscients. En 1946 déjà, Hassan al-Banna envoie une missive aux Britanniques – j'ai la copie du document – pour leur dire : si vous continuez à gérer ce pays comme vous le faites, les Américains prendront votre place. L'assassinat d'Al-Banna est l'œuvre concertée des Britanniques, des Français et des Américains. A la fin des années quarante, les Américains sont déjà présents en Egypte et ils sont en contact avec Nasser.

A. G. – Bien sûr, les Etats-Unis sont là ! Ils ont des contacts avec les “Officiers libres”. Ils ne sont pas vraiment surpris du coup d’Etat. Il faut dire qu’à l’époque, les Etats-Unis ne sont pas perçus comme une puissance coloniale, mais plutôt comme un allié potentiel des mouvements de libération.

T. R. – Sur un plan plus général, je dois dire que je suis quelque peu étonné par votre analyse. Tout se passe comme si cette période, qui va de 1948 à 1955, devait disparaître dans l’oubli sous prétexte que Nasser, à partir de 1955, va devenir le “défenseur de la nation arabe”. Or, on doit reconnaître que s’il est arrivé au pouvoir, c’est en s’appuyant sur la popularité des Frères pendant au moins cinq ans. Olivier Carré a raison de le souligner. Nasser s’est servi de la base populaire des Frères. Les Américains ont pensé qu’ils tenaient, avec Nasser, la personne qui pourrait le mieux défendre leurs intérêts. Cela me paraît évident jusqu’en 1955. Vous montrez que la politique américaine a poussé Nasser à prendre les positions qu’il a prises par la suite. Je veux bien. Mais on doit reconnaître qu’il devient cette fameuse “figure” sur le plan international après avoir utilisé le mouvement populaire à ses propres fins et à sa gloire personnelle et après avoir, de surcroît, exercé une répression intérieure d’une violence inouïe. Les tortures et les exécutions ont été le lot de ses opposants politiques pendant les deux décennies de pouvoir sans partage. Il organise enfin un complot avec les Américains qui lui donne une popularité et voilà que tout à coup il se fait le champion de la cause arabe ! Et il trouvera des alliés en Occident.

A. G. – Quand vous dites : Il trouve des alliés en Occident, il faut relire la presse de l'époque. Il faut voir comment elle se déchaîne, en particulier en France. Guy Mollet, je l'ai dit, compare Nasser à Hitler. Il n'y a pas de grand mouvement de soutien, même pas chez les intellectuels, à sa politique. Cela ne changera que dans les années soixante. Votre vision des relations de Nasser avec la gauche relève aussi de la mythologie. N'oublions pas que Nasser a durement persécuté les communistes en 1953-1956, puis en 1958-1961.

T. R. – Oui, mais cela ne change rien à la réalité historique et ce que vous dites pour les années soixante confirme ce que j'avance : considérons les faits. Dès 1949, Nasser se fait l'ami des Frères et avec eux du mouvement populaire de protestation alors qu'il entretient des contacts avec les Américains opposés à la politique britannique. Il finit par se retourner contre ses alliés sur lesquels il s'était appuyé pour réussir son coup d'Etat : il les arrête, fait exécuter les figures de proue, signe dès 1954 un accord sur le départ des troupes britanniques d'Egypte, mais à des conditions humiliantes, se retourne contre les Américains, joue la carte russe puis se présente comme totalement indépendant et résistant à l'impérialisme, ce qui effectivement lui vaudra, dès la fin des années cinquante, le soutien des milieux de gauche en Occident. Il a joué la carte occidentale contre les mouvements qui étaient ses alliés dans la lutte pour l'indépendance. Au fond, il n'a pas hésité à trahir sa parole et à répandre la terreur intérieure, dès lors que son image sur la scène internationale était protégée. C'est cela que j'aimerais vous voir condamner.

A. G. – J'ai relu l'ouvrage d'Olivier Carré, *Les Frères musulmans (1928-1982)*. C'est un livre iconoclaste et stimulant. Il éclaire effectivement d'un jour sinistre la réalité des camps et de la répression menée par Nasser, pas seulement contre les Frères, je le répète, mais aussi contre la gauche et les communistes. Mais je ne crois pas, contrairement à ce qu'il écrit, que Nasser tire l'essentiel de sa popularité et de sa force en 1952-1953 des Frères musulmans. Comment expliquer alors la facilité avec laquelle il s'en débarrasse ? En fait, l'émergence de Nasser, je l'ai déjà dit, projette l'armée sur le devant de la scène politique en Egypte et bientôt dans de nombreux pays du Proche-Orient. Cette armée est autonome des partis politiques et, dans une certaine mesure, de la société elle-même. Et le fait que Nasser ait eu des contacts avec les Etats-Unis n'en fait pas un pion américain. Pas de simplisme !

T. R. – Une étude de la réalité de la société égyptienne montre la place des Frères et leur popularité : Nasser n'a de cesse qu'il ne montre en public avec le juge ‘Abd al-Qâder ‘Awda, Frère musulman très populaire et très respecté, qu’il n’hésitera pas à faire exécuter en 1955. Dès après la révolution, Muhammad Néguib, Nasser et les officiers se rendent sur la tombe d’Al-Banna, et l’événement et les propos élogieux sont transmis à la radio nationale et relatés dans tous les journaux. Néguib, avant et après avoir été écarté, reconnaissait ce tribut. Nasser a fait tuer ou emprisonner les responsables et les cadres et l’effet de surprise fut réel : c’est pour cela qu’il a réussi à les écarter de sa route. Par ailleurs, j’aimerais bien savoir pourquoi vous faites cette différence : lorsque les Etats-Unis utilisent des tendances islamiques, on parle de “pions stratégiques”, alors que dans le cas de figure de Nasser, qui a passé avec eux une alliance qui lui a tout de même permis de prendre le pouvoir, vous refusez l’idée qu’il ait été un pion américain.

A. G. – Je n’ai jamais dit non plus que les talibans ou la résistance afghane étaient des “pions” américains. La meilleure preuve, c’est qu’à un certain moment, ils se sont retournés contre Washington. Je rejette ces théories du “complot”, si chères à de nombreux observateurs. Il peut se former à un moment donné des alliances de circonstance sur un objectif donné. Les Etats-Unis s’opposent à ce moment-là à la Grande-Bretagne et Nasser de son côté cherche des appuis du côté des Etats-Unis – à l’époque, c’est inimaginable pour lui de regarder vers l’Union soviétique de Staline. Ceci ne veut pas non plus dire que le rôle des Etats-Unis a été majeur dans le succès du coup d'Etat de juillet 1952. Ces tactiques relèvent du pragmatisme. Cela ne signifie pas une convergence d'intérêts fondamentale. Les Etats-Unis ne sont pas opposés au départ des Britanniques d'Egypte, mais leur calcul est le suivant : les nouveaux dirigeants, apaisés par le départ de la puissance coloniale, rallieront le camp antisoviétique. Pour Nasser, il s'agit d'éviter un affrontement avec l'ensemble du camp occidental – de jouer sur les "contradictions secondaires", comme on disait à l'époque –, mais sans devenir un pion des Etats-Unis. Et d'ailleurs, il ne le deviendra pas.

T. R. – Mais vous avez vous-même reconnu que ce revirement est dû à la politique américaine elle-même. Ce sont les Etats-Unis qui le poussent dans les bras de l'URSS.

A. G. – Oui, il est possible que dans un autre contexte, il ait pu faire d'autres choix, mais pas des choix qui auraient remis en cause l'indépendance du pays. L'étroitesse de vues des Etats-Unis, réduisant leur analyse du monde à un affrontement entre le communisme et le capitalisme et sous-estimant le facteur national et l'aspiration des peuples à leur indépendance, ne lui a pas laissé de choix. D'autant que le conflit israélo-arabe et les différences d'analyse entre Le Caire et Washington sont un sujet permanent de frictions. Peut-être que le Proche-Orient serait différent si les Etats-Unis avaient pris d'autres orientations stratégiques. Réfléchissons un moment à ce que serait devenu l'Iran si la CIA n'avait pas renversé Mossadegh. Il n'y aurait pas eu de révolution islamique ! Ce qui émerge en 1955 avec Bandung, c'est le "non-alignement", on n'est pas obligé de choisir entre l'Est et l'Ouest. Cela, les Etats-Unis auraient pu l'accepter. Mais ils ont préféré l'affrontement, la division, le combat contre le "non-alignement" et contre le communisme. Ils ont fini par gagner, mais cette politique a été catastrophique pour le Proche-Orient, qui continue à en payer le prix.

T. R. – Cela, je veux bien l'admettre mais il demeure que vous avez de la peine à reconnaître que Nasser a été utilisé et qu'il fut, même durant une courte période et de façon circonstanciée, un "pion" américain. Les talibans, quel que soit le revirement qui a pu suivre, ont été utilisés par les Américains pour défendre leurs intérêts économiques et politiques dans la région et ont clairement été leurs "alliés". On peut difficilement nier cette réalité même si les choses ont évolué. Les alliances sont finalement toujours ponctuelles selon la nature et la fluctuation des intérêts. Je persiste à penser que Nasser a été de ces figures avec lesquelles les Américains ont pensé qu'ils pourraient composer. Et ils ont effectivement composé avec lui un certain nombre d'années. Même si, à partir de 1955, il a articulé un discours très audible pour les mouvements de gauche et les mouvements anticoloniaux en Occident.

A. G. – Non, c'est faux. En France, le parti communiste, en 1956, est très isolé dans son soutien à la nationalisation du canal. Il faut attendre au moins les années soixante pour que la figure de Nasser devienne acceptable par la gauche.

T. R. – Le parti communiste, c'est bien ce que j'appelle "les mouvements de gauche", avec ce que représentait le parti à cette époque et que vous avez vous-même rappelé. Je pense que le soutien à Nasser commence dès les années qui suivent, c'est-à-dire à la fin des années cinquante déjà. Sans vouloir faire cas de ces divergences de datation, il me paraît que l'essentiel n'est pas là : Nasser trouve, vous le dites vous-même, un soutien fort dans le militantisme de gauche en Occident et cela au nom de la décolonisation et de la résistance à l'impérialisme. Peut-on s'en tenir à cela ? Peut-on fermer les yeux devant la politique menée par un dirigeant au nom de sa posture internationale, prétendument progressiste ? Lorsque je vous entends, je suis tout de même très étonné de la manière dont, encore aujourd'hui, *a posteriori*, vous mettez entre parenthèses un certain nombre de principes fondamentaux. Tous ceux qui ont été des "libérateurs" musulmans, idéalisés sur le plan international, s'avèrent être des autocrates féroces sur le plan intérieur et l'on fait mine d'oublier cette dernière réalité pour entretenir le mythe.

A. G. – Là-dessus, je vous rejoins tout à fait. Si je fais une "autocritique" sur ma position d'il y a vingt ans, elle porte sur cela. Je n'accepte plus un discours du type : "Il a libéré le pays, donc la répression intérieure n'a pas d'importance." Or, cette répression est à l'origine de l'impasse actuelle. Mais, plutôt que de nous interroger sur le fait de savoir si Nasser a été ou non un pion américain, nous devrions nous demander pourquoi, trente ans après sa mort, il est aussi populaire, pourquoi il reste une référence pour des millions d'Egyptiens qui ne l'ont pas connu et qui sont certainement contre les camps et la torture. Au fond, ce qui explique l'aura dont Nasser est entouré dans le monde arabe, c'est qu'il a donné aux gens un espoir, l'espoir de l'indépendance et d'un monde meilleur.

T. R. – Loin de moi l'idée de nier le charisme de Nasser comme d'ailleurs d'un certain nombre de "libérateurs" de cette période. Qu'est-ce qui explique aujourd'hui la résurgence de ces figures ? Il y a la réalité d'une situation qui n'a fait qu'empirer. Nasser a représenté, pendant une courte séquence historique, celui qui résistait à l'Occident. Il faut donc tenir compte des frustrations qui s'approfondissent dans le monde arabe. On se dit : "Lui, au moins, il résistait." Et puis Nasser est aussi utilisé par le pouvoir actuel, il représente la figure historique que le gouvernement égyptien accepte de mettre en avant comme pour établir un lien de reconnaissance posthume et, de fait, de filiation politique. Le président Moubarak a intérêt à laisser cette figure historique, qui n'est désormais pas dangereuse, catalyser les frustrations de son peuple. Dans l'impasse actuelle, la figure de Nasser est l'alibi du pouvoir, et l'exutoire des frustrations populaires.

Ma question au militant de gauche que vous êtes est la suivante : a-t-on véritablement donné, à travers ces figures de libérateurs comme Nasser, la possibilité aux peuples arabo-musulmans, ou musulmans dans leur ensemble, d'affirmer un véritable pluralisme ? Finalement, les positions de la gauche, durant cette période de l'histoire, sont non seulement graves mais finalement éminemment dangereuses. Ce type de soutien presque aveugle à des hommes qui tenaient un tel discours a provoqué des drames. On doit le regretter aujourd'hui. Et ma seconde question est celle-ci : Nasser, dans la réalité du monde arabo-musulman, qu'a-t-il apporté au juste ? Qu'est-ce qui peut être mis à son crédit ? Ce qui m'intéresse, c'est de savoir avec qui travailler dans le monde musulman pour accéder à la démocratie.

A. G. – Il y a eu à cette époque en Egypte, je l'ai dit, une sorte de rejet de la démocratie à partir de l'expérience des années trente et quarante, très manipulée par le Palais et par les Britanniques. C'est un rejet auquel participaient toutes les forces politiques, y compris les Frères musulmans.

T. R. – Attention! Il faut être précis. Al-Banna fait une différence entre une position de principe et une prise de position conjoncturelle. Quand il intervient contre le multipartisme, il explique très clairement que c'est parce que les Britanniques colonisateurs jouent les différents partis les uns contre les autres. Il y avait d'ailleurs ceux que l'on appelait "les partis du Palais" *(ahzâb al-qasr)*.

A. G. – Mais Nasser dit exactement la même chose !

T. R. – C'est vrai, sauf que les Britanniques ne sont plus là. La position d'Al-Banna reste qu'il faut un Conseil national réunissant toutes les forces politiques. Avec le recul et en tenant compte des circonstances et du caractère transitoire de la situation, il avait peut-être raison.

A. G. – Je ne pense pas. Le système des partis était manipulé et il avait de multiples défauts. Mais on sait aussi sur quoi débouche la limitation des libertés, du droit d'expression, des droits de la personne, au nom de la "révolution", de l'indépendance, ou au nom de quelque autre raison. L'expérience de Nasser de ce point de vue est très parlante. En fait, les années trente et quarante, qui étaient celles du colonialisme, ont connu un essor de la mobilisation politique alors que les régimes nationalistes, qu'ils soient révolutionnaires ou militaires, ont vu s'effondrer l'intérêt pour la chose publique. L'Occident porte aussi une responsabilité importante. En 1880-1882, à la veille de l'invasion britannique, s'est affirmé un mouvement de réformes dirigé par ‘Urâbî Pacha. Il a un authentique programme démocratique et défend le multipartisme, une presse libre, le droit d’expression. Les Britanniques n’en ont que faire, leur but n’est pas la démocratie mais la conquête de l’Egypte. Au Proche-Orient, toutes les avancées démocratiques ont été combattues par les Occidentaux.

T. R. – Néanmoins, le multipartisme en période coloniale, comme ce fut le cas en Egypte, exige une analyse différenciée. Si on fait l’économie d’une étude approfondie de cette période, il y a de grandes chances que l’on échoue à reconnaître les forces vives du monde musulman actuel. Il faut donc se demander “où est l’erreur”. La réalité est que la démocratie dans ces pays n’a jamais intéressé les grandes puissances. Ce qui les intéressait, alors qu’il fallait faire face à l’inévitable et établir le choix du moindre mal, c’étaient les forces politiques qui pouvaient les aider à gérer la décolonisation. Du côté des militants de gauche, on n’a pris en compte que les forces nationalistes et on a salué la décolonisation. Or, je suis bien obligé de constater que l’histoire se répète. Les mêmes qui ont soutenu des forces qui combattaient pour l’indépendance – l’attitude était noble alors – tiennent un discours sur le monde musulman qui revient pratiquement à légitimer à nouveau des dictatures. C’est le cas des propos que l’on entend sur la situation algérienne des années quatre-vingt-dix, et aujourd’hui tunisienne.

A. G. – Ce n'est pas mon discours, et vous le savez. Mais il faut aussi rappeler que la responsabilité de la gauche occidentale dans ce qui s'est passé en Egypte, en Irak ou en Syrie n'est pas décisive. Elle porte, peut-être, une responsabilité plus importante pour l'Algérie, mais de toute façon, elle n'est un élément déterminant ni dans l'installation ni dans la survie de ces régimes.

III

LE PROCHE-ORIENT PÉTRIFIÉ

Le problème palestinien constitue le cœur du conflit du Proche-Orient. Comment, l'un et l'autre, voyez-vous la solution de ce conflit après l'échec du processus d'Oslo ? Croyez-vous à la faisabilité de la solution de deux Etats prévue dès 1947 par l'ONU ?

T. R. – On ne peut pas, quand on aborde ce sujet, évacuer une position de principe : cet Etat qui, en 1948, s'installe en Palestine est le résultat d'une entreprise coloniale et représente une profonde injustice, de principe et de fait. Toute solution passe par la reconnaissance de cette injustice. Sur cette base, on peut soit accepter l'existence de l'Etat israélien, soit, comme certains le veulent encore, continuer à demander sa disparition. Cette dernière position n'est, à mon sens, pas tenable. A terme, il faudra aboutir à l'édification d'un Etat unique, projet pour lequel il faut préparer le terrain en critiquant la politique discriminatoire d'Israël envers les Palestiniens. Cet Etat devra donner à chacun, juif, chrétien, musulman et humaniste, un statut égal de citoyen et la possibilité de voir son appartenance religieuse équitablement respectée dans les faits comme dans les lieux sacrés. Difficile de définir la nature exacte de cet Etat. Il faut procéder par étapes, en commençant par analyser les structures en présence, israélienne et palestinienne, et faire une étude très précise de la réalité des discriminations inscrites dans les textes de loi. A terme, il faudra, notamment avec l'accroissement démographique des populations israéliennes arabes et non juives, questionner, selon la formule de Claude Klein, "le caractère juif de l'Etat d'Israël". Le temps obligera d'ailleurs forcément à des réformes sur le plan légal à moins de cautionner *ad æternam* des discriminations inacceptables. Nous sommes loin de cela et la nécessité de la résistance à l'oppression demeure impérative. Le traitement auquel sont soumis les Palestiniens est injuste, inique, et il appartient à la communauté internationale de faire pression sur l'Etat d'Israël pour que cesse ce déni de droit caractérisé. La résistance politique aux visées expansionnistes des dirigeants israéliens doit continuer. La même attitude critique doit être maintenue face aux dérives autocratiques de l'Autorité palestinienne. L'avenir passe par un Etat de droit et le pluralisme. On ne peut se satisfaire de la démocratie pour les Israéliens et de la dictature pour leurs voisins.

Si l'on élargit le champ de l'analyse, on constate que le fait israélien permet de comprendre l'évolution des pays environnants. Ce que l'on a présenté comme un "processus de paix", avec les accords de Camp David en 1978 puis avec ceux d'Oslo de 1993, n'est pas soutenu par la majorité des populations arabo-musulmanes dans la région, ni en Egypte ni ailleurs. Cette opposition explique le refus d'avancées démocratiques : les populations, si elles avaient leur mot à dire, ne suivraient pas les politiques mises en œuvre par les Etats. Le débat interne reste ouvert en Israël mais inexistant dans les pays arabes. Nous avons affaire à une paix imposée, à des faits accomplis, à des concessions successives. Tout observateur objectif ne peut que le reconnaître, les Palestiniens sont laissés pour compte, leurs aspirations à la justice bafouées. Cette impasse justifie d'une part l'absence de démocratie dans le monde arabe et d'autre part la politique répressive et autoritaire à laquelle le peuple palestinien est soumis.

Comment résister ? Mettre des bombes dans les bus est inacceptable. Mais il faut aussi critiquer le terrorisme d'Etat auquel se livre Israël lorsqu'il fait sauter des maisons ou qu'il légitime la "torture de basse intensité" à l'encontre des Palestiniens. On ne met pas suffisamment de tels faits en avant. En Occident, les condamnations sont presque toujours unilatérales : on dénonce la bombe qui a tué des innocents sur un marché ou dans un bus, et l'on s'en émeut, mais on ne fait pas état, ou si peu, de ces humiliations répétées et quotidiennes, du racisme et de ses discriminations flagrantes qui, en amont, ont provoqué ce geste : la politique israélienne ne fait pas non plus de nuances dans la répression.

A. G. – Ma position de principe sur le conflit israélo-palestinien part d'une constatation : il y a aujourd'hui sur la terre de la Palestine mandataire deux peuples, un peuple palestinien et un peuple israélien. Chacun d'eux a droit à l'autodétermination et à son propre Etat. Mais cette constatation doit être doublement nuancée. L'un de ces peuples, celui d'Israël, a, depuis plus de cinquante ans, son Etat pleinement souverain, et l'autre non. D'autre part, le sionisme a été un mouvement de colonisation, marqué par une politique de refoulement des Palestiniens. Il existe donc, à l'origine pas si lointaine du drame, une injustice subie par les Palestiniens que l'on ne peut occulter. Cette iniquité – notamment la politique d'expulsion des Palestiniens menée en 1948-1949 – a été longtemps niée mais elle est maintenant avérée. Ceux que l'on appelle les "nouveaux historiens" israéliens ont confirmé ce que les Palestiniens clamaient, souvent dans le désert, depuis longtemps. C'est important du point de vue moral mais aussi politique, car il ne peut y avoir réconciliation entre les deux sociétés s'il n'y a pas acceptation par Israël de sa responsabilité dans la création du drame des réfugiés palestiniens. Dans les négociations, les Palestiniens demandent la reconnaissance du principe du droit au retour, un principe adopté par les Nations unies dans la résolution 194 (1948) de son Assemblée générale, mais aussi la reconnaissance de cette implication d'Israël dans le tort qui leur a été fait. L'opinion israélienne elle-même a évolué : un sondage du mois de décembre 1999 montre que 40 à 45 % des juifs israéliens reconnaissaient, à des degrés divers, cette responsabilité.

Pour comprendre les drames en Palestine, il faut aussi, bien évidemment, prendre en compte la persécution des juifs en Europe, l'arrivée au pouvoir d'Hitler en 1933 puis le génocide. Ces supplices et ces crimes ont favorisé une émigration massive vers la Palestine. Le mouvement sioniste a toujours été minoritaire parmi les juifs, même parmi ceux qui se réfugiaient en Palestine. A partir de 1933, c'est parce qu'il n'existe aucun havre pour eux – les Etats-Unis se ferment à l'immigration –, plus que par conviction sioniste, que de nombreux juifs gagnent la Palestine. Le génocide des juifs est un des événements les plus terribles de ce siècle et il a renforcé, notamment en Occident, un mouvement de sympathie à l'égard d'Israël. Cette souffrance juive est un facteur de la situation politique au Proche-Orient ; elle explique la peur que ressentent beaucoup d'Israéliens, leur sentiment d'insécurité, en partie manipulé mais néanmoins réel. Et cela, alors que la supériorité militaire, politique et économique d'Israël par rapport à son environnement arabe est écrasante. La pire façon de réagir à ces alarmes, c'est, comme le font certains intellectuels arabes, de nier le génocide ou de le minimiser, d'accorder une importance aux travaux pitoyables de quelques négationnistes ou de réserver un accueil triomphal à Roger Garaudy. Les Arabes en général et les Palestiniens en particulier ne sont aucunement responsables de ce qui s'est passé en Europe ; mais la mise en cause de la réalité du génocide des juifs est moralement indéfendable et politiquement contre-productive. Cela renforce la société israélienne dans ses angoisses, et contribue à son refus de s'ouvrir à son environnement régional – une autre face de ce refus est le fait qu'Israël se vit comme un avant-poste de l'Occident et qu'une partie de sa population maintient une vision que l'on peut qualifier de coloniale des Palestiniens et du monde arabe.

T. R. – Il existe aujourd'hui dans le monde musulman, et parfois jusqu'en Europe et en France, un discours de type antisémite qui cherche à tirer sa légitimité de certains textes de la tradition musulmane et qui se sent conforté par la situation en Palestine. Ce discours n'est pas uniquement le fait de jeunes désœuvrés, mais il est également véhiculé par des intellectuels ou des imams qui à chaque écueil, au détour de chaque revers politique, voient la main manipulatrice du "lobby juif". Des voix musulmanes, trop rares, se sont fait entendre pour se démarquer de ces propos et attitudes. On a parfois expliqué ces phénomènes par la frustration et un profond sentiment d'humiliation. Cela peut être mais il faut néanmoins être honnête, le sentiment d'humiliation n'est pas la seule cause.

Les musulmans, au nom de leur conscience et de leur foi, se doivent de prendre une position claire en refusant les dérives parfois racistes, parfois antisémites. Rien dans l'islam ne peut légitimer la xénophobie et le rejet d'un être humain par le seul fait de sa religion, de sa race ou de son appartenance. Ce qu'il faut dire avec force et détermination, c'est que l'antisémitisme est inacceptable et indéfendable. Le message de l'islam impose le respect de la religion et de la spiritualité juives considérées comme la noble expression des "gens du Livre". Dans les premiers temps de son installation à Médine, avant les conflits d'alliance, le prophète Muhammad avait menacé : "Celui qui est injuste envers un contractant (les chrétiens et les juifs de Médine), je témoignerai contre lui le jour du Jugement dernier." Plus tard, en pleine période de conflit, huit versets du Coran furent révélés pour innocenter un juif qu'un musulman cherchait à faire injustement accuser à sa place. Muhammad n'a cessé d'enseigner le respect des êtres dans leur différence : il se leva un jour alors qu'une procession funèbre passait non loin de lui ; on lui annonça qu'il s'agissait d'un juif, à quoi il répondit : "Ne s'agit-il pas d'une âme humaine ?"

On ne peut négliger cet enseignement et continuer à alimenter des représentations pour le moins troubles concernant les juifs. C'est la responsabilité des intellectuels et des imams de diffuser un message sans ambiguïté sur les profonds liens entre l'islam et le judaïsme, sur la reconnaissance islamique de Moïse et de la Torah, sur la contextualisation nécessaire de certains textes équivoques, sur le respect mutuel et le refus de toute forme d'antisémitisme explicite ou larvé. Cela veut dire également qu'il faut reconnaître l'horreur que fut le génocide, en étudier la portée et respecter la blessure et la souffrance qui ont façonné la conscience juive au XXe siècle. On ne peut nier ce qui s'est passé en Europe et il faut reconnaître cette souffrance, cela ne fait aucun doute. C'est, comme vous le dites, une nécessité morale. Mais vous devez accepter qu'il existe chez certains intellectuels ou politiciens israéliens, ou plus largement sionistes, une manipulation de cette histoire et de cette souffrance.

A. G. – Tout à fait. Cette manipulation, des intellectuels israéliens en ont rendu compte. Ainsi le livre de Tom Segev, *Le Septième Million**, qui retrace l'attitude du Yishouv (les juifs de Palestine) à l'égard des juifs de la diaspora, ou le film *Itzkor* d'Eyal Sivan, où l'on entend notamment le philosophe israélien Yeshayahu Leibowitz, illustrent cette instrumentalisation. Mais soyons attentifs à la façon d'en parler. Il est normal pour une communauté qui a subi un traumatisme d'une telle ampleur de ne pas l'"oublier". Il est normal qu'elle exige une reconnaissance de la souffrance subie.

Par ailleurs, et malheureusement, le fait d'avoir été victime d'une oppression n'empêche pas de

* Tom Segev, *Le Septième Million. Les Israéliens et le génocide*, Liana Lévi, Paris, 1998.

devenir, à son tour, oppresseur. Prenons un exemple. Le gouvernement à majorité tutsie du Rwanda peut dénoncer, à juste titre, la passivité de la communauté internationale lors du génocide de 1994. Il peut refuser, à juste titre, que l'on tourne la page. Il peut demander, à juste titre, des réparations morales et matérielles. Mais les souffrances des Tutsis ne peuvent, en aucun cas, justifier les politiques de massacres menées contre les Hutus. La conclusion de l'ouvrage de Tom Segev que j'ai cité appelle à la réflexion. Elle affirme que l'on peut tirer deux enseignements contradictoires du génocide des juifs. Le premier est que personne n'a le droit de "rappeler aux Israéliens des impératifs moraux tels que le respect des droits de l'homme", car les juifs ont trop souffert et les gouvernements étrangers ont été incapables de leur venir en aide. Ou, poursuit Tom Segev, on peut, au contraire, penser que le génocide "somme chacun de préserver la démocratie, de combattre le racisme, de défendre les droits de l'homme". Ces deux attitudes existent dans la société israélienne, comme dans toute société qui a connu un tel traumatisme.

Est-ce que, comme je le pense personnellement, la deuxième Intifada palestinienne, qui a éclaté en septembre 2000, est le résultat de l'échec des accords d'Oslo, dont je rappelle qu'ils auraient dû, selon les textes, aboutir à la création d'un Etat palestinien au plus tard en 1999, et de l'immense frustration qui s'est ensuivie chez les Palestiniens ?

T. R. – Pour moi, j'ai toujours pensé que les accords d'Oslo ne permettaient pas réellement d'arriver à une paix et à une reconnaissance légitime des droits des Palestiniens. Certes, ils contenaient leur reconnaissance de principe, mais concrètement, ils ont amené à un étouffement total des populations palestiniennes. Les gouvernements israéliens les ont utilisés de façon opportuniste pour gagner du temps. Il était évident qu'on allait à l'échec et je l'ai exprimé dans les mois qui ont suivi et après la lecture attentive des textes.

A. G. – Il faut remonter un peu dans le temps pour comprendre ce qui s'est passé. En mai 1999, Ehoud Barak remplace Benyamin Netanyahu. Il gagne les élections avec une très forte avance et constitue un gouvernement qui déclare vouloir faire la paix. Ehoud Barak commet une première erreur en se concentrant uniquement sur les négociations avec la Syrie, en laissant de côté le volet palestinien. D'autre part, il refuse de mettre en œuvre les dispositions en suspens des "accords intérimaires" avec les Palestiniens, pourtant signées par Netanyahu. On comprend que la méfiance d'Arafat à son égard est forte quand, au printemps 2000, les négociations reprennent. En juillet 2000 se tient le sommet de Camp David entre Yasser Arafat, Ehoud Barak et Bill Clinton. Barak dira après l'échec de la rencontre : "Nous avons fait une offre généreuse et elle a été rejetée par les Palestiniens."

Nous devons nous arrêter à cette version, car elle sera adoptée par l'opinion publique israélienne, par les intellectuels et par pratiquement tout le camp de la paix. L'opinion israélienne est désormais convaincue, surtout après le déclenchement de la seconde Intifada en septembre 2000, que Yasser Arafat a, pour reprendre une formule de Barak, "dévoilé son vrai visage", montré qu'il ne voulait pas la paix. Or, on sait maintenant, de sources diverses, notamment américaines, que les propositions israéliennes à Camp David étaient inacceptables par les Palestiniens et contraires au droit international. Barak offrait de rendre un peu plus de 80 % de la Cisjordanie, d'annexer 10 % et de louer à long terme quelque 6 à 8 % le long de la vallée du Jourdain. L'Etat palestinien ainsi amputé, coupé en quatre morceaux, n'aurait même pas eu le contrôle de ses frontières extérieures. Il n'aurait pas été viable.

La seule proposition israélienne positive formulée à Camp David concernait Jérusalem. Pour la première fois depuis 1967, un gouvernement israélien acceptait d'envisager le partage de Jérusalem – mais soulignons que les contours du partage étaient flous.

Le sommet échoua donc. Cela aurait pu être un simple épisode dans la longue histoire des négociations depuis Oslo. Mais la vie quotidienne des Palestiniens était devenue insupportable. La colonisation se poursuivait. L'Etat palestinien, qui aurait dû être proclamé en mai 1999, semblait plus lointain. L'exaspération de la population palestinienne était aussi dirigée contre l'Autorité palestinienne perçue comme corrompue et autoritaire. Et l'Intifada éclate. Ce n'est pas l'Autorité palestinienne qui la déclenche, même si elle va par la suite la chevaucher pour tenter de modifier les rapports de force.

T. R. – J'aimerais qu'on s'arrête un peu sur les intentions des uns et des autres. Barak a effectivement dit qu'à Camp David il avait fait la preuve qu'Arafat n'avait jamais voulu la paix. Dans votre analyse de ces accords, vous dites que ces propositions étaient effectivement inacceptables pour les Palestiniens. Cela pose une question sur l'ensemble du processus depuis les termes des accords d'Oslo, le report répété de leur application concrète et la mise sous pression du peuple palestinien et d'Arafat lui-même : au vu des tergiversations des Israéliens, qui ont duré des années, et des propositions "inacceptables" qu'ils ont faites, tout en affirmant que c'étaient les meilleures possible, je me demande si ce n'est pas le contraire qui a été dévoilé. Est-ce que du côté israélien on n'a pas mené avec Arafat des discussions qui n'étaient absolument pas destinées à apporter une paix basée sur la reconnaissance d'un Etat palestinien viable ?

A. G. – C'est une vraie question mais sur le fond, je ne suis pas d'accord. Je crois que les Israéliens vont à Camp David convaincus qu'ils font de bonnes propositions et qu'Arafat va les accepter. N'a-t-il pas consenti, au cours des années, à de nombreuses concessions ? Mais Arafat a toujours dit que ces concessions concernaient la phase intérimaire : si on lui donnait seulement 5 % des territoires alors qu'il aurait dû en avoir 15 %, ce n'était pas très important puisque de toute façon c'était provisoire. Mais à Camp David, on est dans la négociation sur la solution définitive. Arafat confirme qu'il veut récupérer 100 % des territoires occupés en 1967. N'est-ce pas ce que prévoit le droit international ? C'est un coup de tonnerre pour les Israéliens.

L'Intifada aura une face négative – elle braque l'opinion israélienne d'autant plus fortement que le discours de la direction palestinienne est flou – et une face positive, car elle modifie les rapports de force. Barak, qui avait dit à Camp David que ses propositions étaient à prendre ou à laisser, reprend les pourparlers et l'on aboutit à Taba, en janvier 2001, à une ébauche d'accord. Les Israéliens proposent de restituer 96 à 97 % de la Cisjordanie. Palestiniens et Israéliens se mettent d'accord sur un partage de Jérusalem (notons qu'en acceptant qu'Israël annexe les quartiers juifs de Jérusalem-Est, les Palestiniens démontrent qu'ils peuvent être souples). Enfin, sur la question des réfugiés, Israël reconnaît pour la première fois une part de responsabilité dans la création du problème en 1948 et accepte le principe du droit au retour, même si la mise en application de ce droit en Israël est soumise à un accord des autorités israéliennes.

Ces accords ne sont pas entérinés par Barak et Arafat parce qu'on est alors à quinze jours des élections en Israël. Barak ne veut pas signer parce qu'il a peur d'être accusé d'avoir cédé sur les intérêts vitaux d'Israël pour sauver son avenir politique. Arafat, qui a fait des concessions importantes, notamment sur le droit au retour, ne veut pas les rendre publiques puisqu'il sait que l'équipe Barak va perdre. Il s'est pourtant dessiné à Taba une solution acceptable par les deux parties, fondée sur un partage et un peu de justice. Elle reste la seule possible, à moins d'accepter cinquante nouvelles années de guerre. Elle est la plateforme de la Coalition pour la paix, créée par des responsables israéliens et palestiniens au début de 2002.

T. R. – Je persiste à penser que c'est une vision très optimiste. Ce qui se passe à Taba, à mon avis, est aussi électoraliste que la visite de Sharon sur l'esplanade des Mosquées. On est à quinze jours des élections effectivement et Barak espère qu'un accord de paix pourrait changer quelque chose dans l'opinion publique israélienne puisque les sondages le présentent défait. Arafat, à Camp David, est tout simplement mis devant une sorte de chantage. On lui fait comprendre qu'il faut accepter ces propositions, parce que l'arrivée de Sharon au pouvoir, c'est le pire qui puisse arriver aux Palestiniens. A Taba, Arafat fait face au même dilemme, les choses n'ont pas vraiment changé. Je crois que ce furent des négociations dans l'urgence, pas davantage.

A. G. – Non, pas du tout. Entériner Taba, pour n'importe quelle force politique israélienne, c'est perdre les élections. Pourtant, pour les intérêts bien compris d'Israël, c'était la meilleure solution. Une entente avec les Palestiniens lui apporte la reconnaissance palestinienne, lui ouvre les portes du monde arabe, et cela crée un Etat palestinien qui ne risque pas de menacer sa sécurité. Une fraction de la classe dirigeante israélienne pense que c'est une bonne solution, notamment celle qui veut intégrer Israël dans la mondialisation plutôt que de se plonger dans une guerre tribalo-nationale.

T. R. – C'est le centre du débat. Est-ce que, majoritairement, il existe dans la classe politique israélienne une vraie reconnaissance du droit des Palestiniens à un Etat ? Je parle d'un Etat, non d'un bantoustan. J'en doute. Il y a peut-être un courant, mais il est à mon sens minoritaire et quand j'entends ce qu'a dit Shimon Peres après le début de l'Intifada, je me dis que ce courant était très fragile dans la société israélienne. Lui, comme d'autres, ont appuyé la politique répressive : jusqu'à aujourd'hui, sa dénonciation de la politique de Sharon reste étonnamment très timide. Où est donc le camp de la paix ? Où sont celles et ceux qui se démarquent d'une majorité qui a voté aussi massivement pour un Premier ministre d'extrême droite ? Sharon est une brute sans états d'âme et il faut le critiquer pour ses horribles complicités passées et l'horreur de sa politique actuelle… Le courant israélien pour une paix juste est fragile et quasiment invisible aujourd'hui.

A. G. – Sans doute. Mais tout dépend de ce qu'on lui donne en échange. Il faut se rappeler que les deux tiers des Israéliens étaient contre la restitution de Charm el-Cheikh et du Sinaï pour faire la paix avec l'Egypte. Mais au moment où la paix se fait, les Israéliens deviennent massivement pour.

On a pu constater le même phénomène à propos du partage de Jérusalem. C'était pratiquement un sujet tabou en Israël, mais l'idée en a très vite été acceptée par une majorité.

A. G. – C'est exact. L'opinion a suivi. Mais effectivement, vous avez raison, c'est un soutien très fragile, facilement manipulable. Et la façon dont Barak a présenté le sommet de Camp David a permis de faire basculer majoritairement l'opinion israélienne : "Ils ne veulent pas la paix", désormais, c'est "eux ou nous". D'où l'escalade. La direction palestinienne a été incapable de gérer l'après-Camp David. Elle a laissé Barak donner sa version pendant des mois sans répondre. Elle a fait des déclarations intempestives sur le droit au retour. Et on a entendu des propos hallucinants du genre : Il n'y a aucun rapport entre le mont du Temple et les juifs ! Je pense aussi qu'elle a totalement sous-estimé le danger que représentait l'élection de Sharon. Elle a fait preuve, une fois encore, d'une grande incompétence politique.

Lors de la seconde Intifada, qui a commencé en septembre 2000, contrairement à ce qui s'était passé pendant la première Intifada, treize ans plus tôt, les Palestiniens ont utilisé des armes, même s'il s'agit d'armes légères, et non plus seulement des pierres. Pensez-vous qu'ils aient eu raison de le faire ? D'une manière plus générale, la résistance armée vous paraît-elle légitime, dans le cas des Palestiniens ?

A. G. – La formule utilisée par Marwan Barghouti est tout à fait correcte : "C'est une résistance légitime à une occupation illégitime." Il n'y a pas besoin de philosopher cent sept ans pour comprendre cela. Sur le principe de la lutte armée, il faut le répéter : tout peuple vivant sous occupation a le droit de résister les armes à la main. La question qu'il faut se poser est : est-ce le meilleur moyen ? La lutte armée peut avoir des conséquences extrêmement négatives sur les peuples qui la mènent. Si nous prenons les exemples de l'Algérie, du Viêtnam ou de l'Angola, le "recours au fusil" était légitime. Mais, à l'heure des bilans, il faut se rendre à l'évidence. Les sociétés ont payé très cher ce choix de la lutte armée. Rappelons d'abord les politiques de la terre brûlée menées par les puissances coloniales, que l'on songe aux conséquences persistantes des défoliants utilisés contre le Viêtnam. Ensuite, les guerres de libération ont partout entraîné la "militarisation du politique", la subordination du politique au militaire. Mao disait : "Le parti doit commander aux fusils", mais dans la réalité, c'est souvent le principe inverse qui l'a emporté. Quand le Front de libération nationale (FLN) algérien déclenche en 1954 l'insurrection contre le colonialisme français, il élimine tous les "obstacles" à son hégémonie parmi les Algériens et liquide physiquement toute dissidence. Le débat politique est réduit à sa plus simple expression au nom du combat armé : "Est-ce qu'un soldat discute les ordres ? Est-ce qu'un officier s'interroge sur ses supérieurs au cœur de la bataille ?" Ces comportements ont perduré bien au-delà de la victoire et ils expliquent en partie les difficultés qu'ont connues ces pays après les indépendances.

La résistance armée n'est pas condamnable par principe. Le Hezbollah a mené une résistance armée légitime au Liban sud contre l'armée israélienne, qui occupait une partie du territoire national. Elle était moralement inattaquable – elle n'a pas visé de civils – et de plus elle a été efficace, comme le prouve le retrait israélien du Liban. Mais en Palestine, la situation est différente. L'OLP a mené une longue lutte armée dont le bilan est plus que nuancé, même si elle a permis la reconnaissance internationale du fait national palestinien. Le droit à la résistance armée est une chose, l'efficacité en est une autre.

T. R. – Nous sommes d'accord sur la légitimité de la résistance armée : elle ne peut se justifier que face à des forces militaires. On a le droit de recourir aux armes quand des forces militaires occupent injustement un territoire, oppriment et tuent. C'est ce qui arrive en Palestine et les Palestiniens, livrés à eux-mêmes, ont le droit de défendre leur dignité face aux exactions répétées des militaires en prenant ces derniers pour cible. Au nom de quoi reprocherait-on aux Palestiniens de s'en prendre à une armée d'occupation, et je ne fais pas, contrairement à vous, une si grande distinction, quant au principe, par rapport à la situation du Liban sud.

A. G. – Je ne fais aucune différence de principe, mais la situation est radicalement distincte dans les deux cas, aussi bien politiquement que géographiquement – ainsi le Hezbollah a disposé d'une base de repli au Liban dont l'OLP n'a plus disposé depuis 1970-1971. On peut le regretter, certainement pas l'ignorer.

T. R. – Je n'en suis pas si sûr. Bien sûr, il y a des différences, le Liban n'est pas la Palestine, mais il y a dans les deux cas "occupation illégitime" et de fait la résistance est légitime. Je ne vois pas pourquoi on devrait accepter la victimisation du peuple palestinien ni pourquoi il serait condamné à se faire tuer en n'utilisant que des pierres pour se défendre. Reste une chose : quand vous dites : "C'est légitime mais je ne suis pas sûr que ce soit la bonne stratégie." Si l'on regarde l'évolution des choses de la première à la seconde Intifada, les seules fois où il y a eu une prise de conscience internationale du droit des Palestiniens, c'est quand ils ont commencé à lancer des pierres et se sont fait tuer par des soldats mille fois plus armés. Dans la deuxième Intifada, il y a une image qui a fait le tour du monde et bouleversé les consciences, c'est celle du petit Muhammad tué dans les bras de son père. Il me semble que cette image a entraîné une réflexion, en Europe mais aussi aux Etats-Unis, et un sentiment plutôt pro-palestinien. Cela prouve bien que l'Intifada a été le seul moyen de faire bouger les choses sur la scène internationale.

A. G. – En effet. Il n'y aurait jamais eu les négociations de Taba sans l'Intifada.

La question est : quelle forme de violence peut-on utiliser ? Par exemple, tirer avec un mortier sur une colonie, est-ce légitime ? Est-ce efficace ?

A. G. – Les actes de guerre contre des soldats ou contre les colonies, dont il faut rappeler qu'elles sont illégales, peuvent se comprendre et sont souvent compris par l'opinion internationale.

Une partie – très marginale – de l'opinion israélienne le comprend.

A. G. – En revanche, on sait les conséquences terribles qu'ont eues les attentats perpétrés en juin et en décembre 2001 contre des civils à Tel-Aviv, à Jérusalem et à Haïfa sur l'opinion internationale. Certains Palestiniens répondent : "Arrêtez d'évoquer l'opinion internationale, cela fait plus de trente ans que nous vivons sous occupation et elle n'a jamais été avec nous." Il faut aussi être capable d'entendre cela.

T. R. – Il n'empêche que le discours officiel en Israël consiste à dire que s'en prendre aux colonies, c'est du terrorisme. C'est à la suite d'un attentat contre des colons que Sharon met Arafat en résidence surveillée et déclenche une tempête de feu dans les territoires occupés. Je pense qu'il faut aller plus loin dans l'analyse. Il faut réfléchir à un double terrorisme : celui de l'Etat qui, effectivement, n'hésite pas à s'en prendre à des innocents, à faire sauter des maisons, ce qui constitue de mon point de vue un terrorisme d'Etat. Il s'en prend aussi à un certain nombre de leaders palestiniens, et il les tue sans autre forme de procès. Les Palestiniens de leur côté ont également tué un ministre, un véritable faucon, qui ne cessait de s'exprimer contre la présence des Palestiniens et envisageait de les expulser hors de Palestine. Cette légitime défense est-elle du terrorisme ? L'emploi et la définition du terme sont à géométrie variable et sert à qualifier le plus souvent celui que l'on veut se donner le droit de détruire.

A. G. – Le terrorisme me paraît un concept vide : à force d'être appliqué à des types bien différents de violence, dont certains, notamment sur le plan intérieur, n'ont pas de but politique, le terme a perdu de sa signification. On parle de terrorisme à propos de n'importe quelle utilisation de la violence, à propos de l'IRA, de l'ETA, d'Oussama Ben Laden, de la secte Aoun, des Palestiniens, du Hezbollah. C'est peut-être regrettable, mais beaucoup de mouvements l'ont emporté grâce à la terreur. Ce fut le cas du mouvement sioniste face à la Grande-Bretagne entre 1945 et 1947. Ce fut aussi le cas de l'ANC. Tout le monde se souvient du temps où Mme Thatcher refusait de rencontrer les dirigeants de l'ANC parce que, pour elle, c'était une organisation terroriste. On ne peut donc définir de manière globale le terrorisme ; il faut analyser des situations concrètes. Quand un peuple qui se livre à une résistance légitime contre une occupation militaire utilise des méthodes que j'estime moralement condamnables, sa lutte n'en reste pas moins légitime. D'autre part, le peuple palestinien fait face à un terrorisme d'Etat, il ne faut pas l'oublier.

Je ne pense pas que l'on puisse affirmer que le mot "terrorisme" ne veut rien dire. Concrètement, le terrorisme existe.

A. G. – Aucune définition n'en a jamais été donnée et cela fait des décennies que les Nations unies essaient de se mettre d'accord, sans succès. La définition la plus générale est : l'utilisation de la terreur contre des civils. Mais une fois que l'on a dit cela, je ne vois pas comment on fait avancer la discussion. Le FLN algérien a aussi utilisé la terreur. Parfois, je le répète, c'est grâce à l'utilisation de la terreur que des mouvements l'ont emporté. Si la guerre d'indépendance algérienne avait lieu aujourd'hui, les Etats-Unis la condamneraient-ils ? Quand Washington affirme vouloir en finir une fois pour toutes avec le terrorisme, on croit rêver. Est-ce que les *moujahidine* afghans, la Contra nicaraguayenne n'ont pas employé l'arme du terrorisme ? Qu'est-ce que ça veut dire, mener une lutte contre le terrorisme en alliance avec la Russie qui pratique elle-même le terrorisme d'Etat en Tchétchénie ?

Mais vous parlez de terrorisme d'Etat, ça veut bien dire tout de même que le mot "terrorisme" n'est pas aussi totalement vide de sens que cela.

A. G. – Encore une fois, je dis simplement qu'il faut étudier chaque cas concrètement. L'attaque d'Al-Qaida contre New York et Washington est un acte terroriste, un crime démentiel. D'autre part, je ne dis pas que la Russie est un Etat terroriste, mais qu'elle mène une politique terroriste en Tchétchénie, comme la France menait une politique terroriste en Algérie alors qu'elle était, par ailleurs, un Etat démocratique.

Est-ce que le terrorisme n'est pas l'exercice d'une violence illégitime ?

A. G. – Non, je ne suis pas d'accord. Pendant la guerre d'Algérie, la résistance du FLN était légitime mais faire sauter des bombes dans les cafés européens, ce n'étaient pas des opérations de résistance légitimes.

T. R. – Je crois qu'il y a tout de même un certain nombre de critères objectifs : quand on s'en prend à des civils, quand on s'en prend à des innocents, quand on s'en prend à des femmes et des enfants, etc., cela permet de définir le terrorisme, qu'il soit celui d'un Etat ou celui de groupuscules. Dans le cas de la résistance palestinienne, je pense qu'on peut légitimement s'en prendre à l'armée adverse et aux colons qui sont pratiquement tous armés et se font justice sans autre forme de procès. On ne peut pas s'en prendre à des innocents, comme les jeunes de la discothèque de Tel-Aviv. C'est le seul moyen d'avoir un critère objectif.

A. G. – Mais on ne peut tout de même pas mettre dans le même sac et sous le même vocable les attaques d'un Ben Laden contre le World Trade Center, que rien ne justifie, et les attentats suicide palestiniens qui sont des actes illégitimes et moralement condamnables, mais qui s'inscrivent dans une lutte légitime.

T. R. – C'est exactement ce que je dis. Un acte terroriste est illégitime parce qu'il s'en prend à des innocents.

A. G. – D'accord ! Il vaut mieux mener une lutte armée morale qu'immorale. Mais c'est tout ce qu'on peut dire et ça ne mène pas très loin dans l'analyse.

T. R. – Je crois qu'il faut se donner un critère objectif d'évaluation de la situation puis analyser chaque situation concrète en fonction du contexte. Quand les Etats-Unis frappent l'Afghanistan depuis leurs avions et tuent des centaines de civils, on parle de “guerre au terrorisme” dans laquelle il est “normal” que des civils paient. Quand les Palestiniens, qui n'ont plus rien et surtout pas de soutien de la communauté internationale, s'en prennent à des cibles civiles, on parle de “terrorisme” et on serait censé comprendre et admettre les mesures de rétorsion de l'armée israélienne qui tue également des civils. Vous avez raison sur un point : il y a le principe et il y a les faits à étudier et à mettre en perspective, et il est vrai que l'on ne peut comparer les attentats suicide contre le World Trade Center et ceux des Palestiniens qui usent de ce qu'ils considèrent comme un ultime recours parce qu'ils sont vraiment à bout. Comparer les deux, c'est faire le jeu de Sharon et de sa politique de rétorsion aveugle.

J'affirme avec force le principe de ne jamais s'en prendre aux civils et au moment où je dis cela, un trouble m'envahit en pensant aux Palestiniens : face à l'armée israélienne surpuissante, aux colonies surprotégées, à la démission de la communauté internationale, que leur reste-t-il ? Ils n'ont pas la logistique armée pour atteindre une cible militaire ennemie, ils n'ont aucun moyen d'être entendus et respectés, et c'est finalement les "attentats" qui les font vivre dans la conscience internationale. C'est triste, paradoxal, mais c'est la réalité : leur résistance légitime oubliée n'a de poids dans la communauté internationale que par des actes illégitimes spectaculaires. C'est cela ou mourir. Que faire ? Se suffire de qualifier leurs actes de terrorisme illégitime ou exiger que la communauté internationale reconnaisse vraiment, et avec toutes les conséquences que cela requiert, le caractère légitime de leur lutte ? Cela veut dire concrètement exiger que soit mis un terme au terrorisme d'Etat israélien, aux meurtres des civils palestiniens, aux colonies de peuplement (qu'il faut donc déplacer). Il faut mettre un terme à l'humiliation quotidienne de tout un peuple poussé à bout et dont de nombreux jeunes pensent qu'ils n'ont plus rien d'autre à donner que leur vie.

A. G. – Le concept de terrorisme n'offre aucune grille d'analyse pour comprendre les mouvements de lutte. C'est en ce sens que je dis que c'est un concept vide. Par exemple, il ne permet pas de comprendre le conflit israélo-palestinien.

Puisque vous venez d'évoquer Ben Laden, lui aussi affirme qu'il agit pour libérer la Palestine. Est-ce que, pour autant, cela rend ses attaques contre l'Amérique légitimes ?

A. G. – La préoccupation principale d'Oussama Ben Laden a toujours été la péninsule Arabique. L'appel aux troupes américaines en 1990, l'"occupation" de ce qu'il considère comme la terre sainte, avec les villes de Médine et de La Mecque, le font basculer dans le camp antiaméricain. Toutes les actions qu'il déploie à partir de 1993 visent les Etats-Unis et sa revendication principale est le retrait des troupes américaines de la péninsule. En janvier 2000, il propose même une trêve aux Etats-Unis en échange de leur départ d'Arabie. Aucune de ses opérations n'a visé Israël. Mais, depuis le 11 septembre 2001, il a compris que, pour obtenir la sympathie du monde arabe et musulman, la question palestinienne était plus mobilisatrice que toute autre. Il est conscient que la présence de milliers de soldats américains en Arabie ne mobilise pas beaucoup en dehors de la péninsule Arabique elle-même.

Il faut rappeler que, ce faisant, Ben Laden n'a rien inventé : Saddam Hussein avait fait la même chose en prétendant qu'il envahissait le Koweït pour aller libérer la Palestine.

T. R. – Oussama Ben Laden a son histoire, mais il est entouré de gens qui en ont une autre. Des gens qui viennent du monde arabe et qui depuis longtemps sont attentifs au problème palestinien, comme Ayman al-Zawahri, qui tient depuis longtemps un discours sur la Palestine et aussi sur la dictature égyptienne. Je pense qu'on a affaire à un homme et à un réseau qui ont une lecture de leur rapport avec l'Occident basée sur un certain nombre d'échecs ou de revers. Le premier, pour Ben Laden, c'est l'installation des Américains en Arabie Saoudite après la guerre du Golfe. Mais il y a aussi la question palestinienne qui, dans le monde arabe, est le thème le plus porteur d'émotion et le plus mobilisateur, avec la question irakienne qui perdure. Est-ce qu'il s'agit d'une simple utilisation de tout cela pour galvaniser des foules ? Je ne pense pas. Je crois que son discours correspond à la posture des éléments les plus radicaux du monde musulman aujourd'hui. C'est comme cela qu'ils regardent le monde. Leur discours n'est pas aussi manipulateur que celui de Saddam Hussein qui tout à coup s'est mis à prier en public. On peut être contre cette posture radicale, mais je crois qu'il faut reconnaître qu'il y a des gens qui estiment vraiment que la classe politique et les princes saoudiens sont totalement dévoyés et corrompus, à la solde des intérêts américains. Sur la question palestinienne, ils postulent que le monde musulman ne se réveillera qu'en luttant contre l'Etat d'Israël. Il faut savoir que leur lecture des sources musulmanes, et en particulier de certains hadiths, se réduit à cette seule réalité : notre ennemi, c'est l'Etat juif d'Israël et cette lutte apportera la solution à tous nos problèmes.

Peut-on vraiment lire cela dans les hadiths ?

T. R. – Une lecture littérale le permet. Certains textes peuvent être interprétés comme un appel à la confrontation avec les juifs jusqu'à la fin des temps. On a ici un grave déplacement de sens : alors que le principe de la résistance et de la guerre se fonde en islam sur la défense de la justice (et donc de la légitime défense), on aurait ici une légitimation de la confrontation non au nom de ce principe de justice, mais parce que l'on a affaire à des juifs. Il faut dire qu'à l'aune de cette lecture, les gens qui entourent Ben Laden sont cohérents et certains sans doute très sincères. Ils se sentent légitimes, de fait, par rapport à leur compréhension des textes et n'ont pas vraiment besoin de plaire à l'Occident ou à tous leurs coreligionnaires. C'est ce qui rend la responsabilité des musulmans très importante aujourd'hui : ce type de lecture existe et on ne peut seulement se dédouaner en disant : "Ils ne sont pas musulmans, ce n'est pas l'islam." Nous devons impérativement déconstruire leur représentation et leur lecture littérale des textes en montrant l'illégitimité de cette interprétation.

A. G. – Je voudrais rappeler que lorsqu'il combattait les Soviétiques en Afghanistan aux côtés des Américains, Ben Laden ne posait pas la question de la Palestine. Jusqu'en 1991, il vivait en Arabie Saoudite. Il avait des rapports étroits avec certains princes, notamment Turki al-Fayçal, le chef des services de renseignements, et la corruption ne le gênait pas. Le tournant s'est produit quand il a compris que les Américains allaient rester dans la péninsule. Le lendemain de l'invasion du Koweït par l'Irak, il était allé voir le prince sultan pour lui dire : Nous avons vaincu les Soviétiques, nous n'avons pas besoin des Américains pour venir à bout des Irakiens, organisons une défense populaire. Mais la dynastie a suivi une autre voie. Il est vrai qu'à l'époque, Dick Cheney, le secrétaire américain à la Défense, déclarait : "Nous ne resterons pas en Arabie Saoudite un jour de plus que nécessaire." Douze ans après, ils y sont toujours.

Quoi qu'il en soit, je rejette l'idée que si Israéliens et Palestiniens avaient fait la paix à Taba, il n'y aurait pas eu les attentats du 11 Septembre. En revanche, l'impact de cette attaque dans le monde musulman n'aurait pas été le même. Oussama Ben Laden aurait été rejeté beaucoup plus radicalement. Ne l'oublions pas, la haine à l'égard des Etats-Unis n'est pas "immanente", elle résulte avant tout de la politique américaine, notamment en Palestine et en Irak.

T. R. – Le personnage de Ben Laden est complexe. Sa relation avec les Etats-Unis, ses relations avec l'Etat saoudien, son engagement m'ont toujours posé problème. En 1998, interrogé par un journaliste, j'avais écrit que Ben Laden était "le grand mystère de l'«ennemi public numéro un» nouvellement fabriqué. Il serait soutenu par les talibans qui sont soutenus par le Pakistan et l'Arabie Saoudite qui sont eux-mêmes soutenus par les…

Etats-Unis. On ferait bien de se demander si, à long terme, l'instrumentalisation du «millionnaire intégriste» ne sert pas davantage la politique américaine qu'elle ne la met en réel danger." C'était bien avant le 11 Septembre mais pour l'essentiel, je reste sur la même interrogation. Les attentats du World Trade Center sont une horreur à condamner sans hésitation ni condition. Cela ne se discute pas. En aval, les Etats-Unis sont en train d'en tirer un avantage géostratégique conséquent en se plaçant dans la région, en Afghanistan, près des ressources de pétrole et de gaz d'Asie centrale, au Pakistan, à proximité de l'Iran. Cela, le monde musulman le voit et le comprend, au-delà de ce que représente Ben Laden.

Pourquoi la question palestinienne mobilise-t-elle tellement dans le monde musulman ? On voit comment Saddam Hussein puis Ben Laden ont tenté de l'utiliser. Est-ce parce que c'est une des dernières questions nationales non résolues ou est-ce pour des raisons religieuses ?

T. R. – C'est une vraie question religieuse. Le monde musulman est concerné par Jérusalem. On peut espérer une solution politique, mais Jérusalem a du point de vue de la religion et des sentiments, sur le plan de l'islam et de la communauté de foi, la *umma*, une dimension centrale. C'est le troisième lieu saint de l'islam. Libérer la Palestine, redonner leurs droits aux Palestiniens et aux musulmans, c'est une identité préservée, une fierté retrouvée. C'est ressenti comme cela jusqu'en Indonésie. C'est le côté positif de l'affirmation d'un droit. Mais il y a aussi le côté négatif. Jérusalem concentre un certain nombre de frustrations et la preuve d'un rapport biaisé de l'Occident avec le monde musulman. On comprend qu'il y a eu une spoliation, une entreprise de colonisation soutenue d'abord par les Européens et qui l'est toujours par les Américains. On jette donc à travers la Palestine un regard sur l'Occident qui confirme l'existence d'un conflit entre deux mondes. On y voit la preuve que, finalement, "l'Occident et les Américains sont toujours contre nous". Il y a conjonction entre une émotion positive et une émotion réactive. Comme souvent au niveau des peuples, et particulièrement dans le monde musulman aujourd'hui, il s'agit d'une mobilisation émotive plutôt que d'une démarche intellectuelle construite pour affirmer un droit, organiser une résistance et trouver des solutions.

A. G. – Il existe une mobilisation religieuse autour de Jérusalem, mais je ne suis pas sûr qu'elle soit du même niveau partout. Un certain nombre d'Etats asiatiques musulmans ont des relations avec Israël. Le jihâd, pour les groupes les plus radicaux au Pakistan, c'est le Cachemire, pas la Palestine. La dimension religieuse de Jérusalem concerne tous les musulmans, mais n'oublions pas la dimension arabe : la libération de la Palestine a concerné tous les nationalistes arabes depuis soixante ans. C'est pourquoi la mobilisation dans le monde arabe est plus forte que dans l'ensemble du monde musulman.

Quand vous parlez, en tant que musulman, de libérer la Palestine, il s'agit de Jérusalem, de la Palestine historique ou de la partie occupée depuis 1967 ?

T. R. – Il y a plusieurs conceptions. Pour beaucoup de leaders religieux musulmans, c'est toute la Palestine, avec la référence historique à Salahedin, Saladin. Pour d'autres, ce sont les lieux saints. C'est le cœur du débat dans le monde musulman sur la possibilité de deux Etats ou d'un Etat binational. Pour certains, les références religieuses ne permettent pas de l'accepter. Dire que c'est possible, comme je le fais, c'est prendre une position théologique. L'idée que ce sont les lieux saints qui doivent être libérés n'est pas acceptée par tous dans le monde musulman. Il y a débat sur ce qu'on appelle la Palestine.

Est-ce qu'on n'assiste pas, depuis l'échec d'Oslo et plus encore depuis l'Intifada, à un recul de l'acceptation de l'existence d'Israël dans le monde arabe ?

T. R. – Effectivement. Ceux qui soupçonnaient déjà qu'on n'allait pas arriver à une paix avec Oslo ont été confirmés dans leur analyse et dans leur rejet. Il y a de plus la réaction d'Israël à la deuxième Intifada. Mais il y a surtout le fait qu'Ariel Sharon, qui est pour l'opinion musulmane un criminel de guerre et un terroriste d'Etat, ait été élu si massivement par les Israéliens. Pour les Arabes et plus largement les musulmans, le fait que les Israéliens aient choisi cet homme montre qu'ils ne veulent pas la paix et que, peut-être, ils ne l'ont jamais voulue. Comme je le disais, on relève que les voix pour la paix se sont éteintes. Cela explique qu'effectivement le rejet d'Israël ait augmenté. Pour certains, il ne reste plus qu'une chose à faire : aller jusqu'au bout de la confrontation armée.

A. G. – L'escalade actuelle s'accompagne d'une montée d'une judéophobie, que l'on constate notamment dans certains médias égyptiens et arabes. C'est un phénomène extrêmement négatif, qui réduit l'affrontement à un conflit religieux. Il n'y a plus d'enfants, plus de coupables ni d'innocents. Il n'y a plus que les juifs contre les musulmans.

T. R. – C'est tellement vrai que certains m'accusent parfois d'être pro-juif parce que je fais la distinction entre la tradition juive et le sionisme. En défendant la tradition juive, je suis accusé de soutenir Israël. C'est un phénomène extrêmement dangereux que nous devons combattre. Mais nous avons une responsabilité commune : il faut, en tant que musulmans, déconstruire ce discours, mais il faut aussi que des personnes de tradition juive se livrent à une vraie critique de l'Etat d'Israël.

A. G. – Le problème, c'est qu'elles aussi se font traiter de traîtres.

Quelle est votre appréciation de la politique du mouvement Hamas qui, lui, n'hésite pas à recourir à des actions que vous définissez comme terroristes ?

T. R. – Celle-ci n'est pas monolithique. Il y a une direction politique, une branche armée, mais aussi des groupuscules épars qui sont pour la confrontation. Ils ne sont pas tous liés et pas toujours contrôlables. Les autorités israéliennes ont espéré provoquer un affrontement entre les responsables de l'OLP et le Hamas afin de diviser la résistance, cela n'a pas fonctionné. Les cadres du Hamas ont eu l'intelligence d'entamer une concertation plutôt que de tomber dans le piège de la rupture et de la surenchère violente. Tous ceux qui sont allés sur le terrain ont pu vérifier que l'étiquette de "fondamentalistes obtus" ou d'"extrémistes" que l'on collait à l'aile politique du Hamas ne correspondait pas à la réalité et que la majorité des dirigeants prônent le dialogue et n'ont jamais parlé de "jeter les juifs à la mer". L'aile politique du Hamas défend une position de principe, qui consiste à faire reconnaître le caractère colonial de l'Etat d'Israël et le droit des Palestiniens sur la Palestine (et donc aussi leur droit au retour) et des musulmans sur Jérusalem. Elle incarne une résistance que l'on doit analyser à la lumière de l'intransigeance du gouvernement israélien. L'approbation de la résistance ne signifie pas, je le répète, que je cautionne les moyens mis en œuvre par l'aile militaire du Hamas quand elle s'en prend à des cibles civiles. Je ne le fais pas et je dénonce de la même façon, je le répète également, le traitement honteux qui est réservé à la population civile palestinienne qui subit quotidiennement l'humiliation et le déni de droit.

Par ailleurs, le gouvernement israélien n'est pas totalement innocent dans l'entretien d'un climat de violence. On sait qu'il y a des infiltrations dans les mouvements les plus durs, voire des attitudes de "laisser-faire" à l'égard des actions violentes spectaculaires, pour entretenir un climat d'insécurité qui, depuis des décennies, joue en faveur d'Israël. En état de permanente "agression potentielle", la politique de fermeté se voit ainsi légitimée. A propos de l'un ou l'autre des attentats, on a pu entendre des dirigeants palestiniens affirmer que ceux-ci servaient étrangement la stratégie politique israélienne. A l'époque de Benyamin Netanyahu, notamment, ils ont permis l'arrêt des négociations ou la suspension de l'application des accords de paix.

Plus récemment, Sharon a étrangement demandé "une semaine de calme" pour recommencer les pourparlers et il a fait exécuter, entre-temps, un leader du Hamas, sachant que la réaction était inévitable. On a trop souvent tendance, dans l'analyse des faits, à oublier la politique israélienne de violence quotidienne et silencieuse en amont et à n'évaluer que les réactions violentes et spectaculaires en aval. Des innocents meurent tous les jours du côté palestinien, l'habitude ne fait plus "la une". Sharon se permet de traiter Arafat de Ben Laden et de présenter ses exactions meurtrières comme "une lutte contre le terrorisme" à l'image de l'opération américaine en Afghanistan. Cette lecture est quasiment accréditée par les Américains quand ils opposent leur veto à l'envoi d'une force internationale de surveillance et de protection dans les territoires. Il faut cesser de se jouer de mots.

Je vous ai déjà fait part de mon malaise : je dis l'illégitimité de s'en prendre à des civils, mais l'hypocrisie et le cynisme des gouvernements, américain comme arabes d'ailleurs, laissent-ils le choix aux Palestiniens ? Que doivent-ils faire pour être entendus ? Quand leurs enfants se font tuer, ils sont "sans cœur", horribles, car ils exposent l'innocence sans états d'âme pour vicieusement amadouer l'opinion internationale ; quand ils s'en prennent à des civils, ils sont toujours "sans cœur", inhumains, car ils ne respectent pas la vie : au fond, ils ont immanquablement tort et la communauté internationale trouve toujours les mots pour le leur dire… sans pourtant les soutenir. Pendant des décennies, ils n'ont pas eu recours aux attentats suicide ; depuis quelques années, acculés, ils ont fini par les utiliser comme ultime recours. Aujourd'hui, même certains membres du Fatah semblent se tourner vers ces méthodes en ne voyant pas d'autres moyens de résistance. On ne peut simplement s'arrêter à condamner ces attentats en supposant qu'un jour un dialogue s'établira entre le puissant Etat israélien et l'entité palestinienne désœuvrée, esseulée, sans pouvoir. L'éléphant ne s'assoira à la table de la souris que contraint : telle est la responsabilité de la communauté internationale.

Que proposer ? Je n'ai pas de solution toute faite. Mais je m'interroge : quel moyen est effectivement laissé aux Palestiniens pour se faire entendre sur la scène internationale, face à un "projet de paix" qui se résume à une spoliation ? C'est cela la question essentielle. Non pas seulement pour les musulmans mais pour tous ceux qui défendent les principes du droit. Les Palestiniens seuls et livrés à eux-mêmes n'ont pas les moyens de contrecarrer le projet de colonisation qu'ils subissent. En les abandonnant, on ne leur laisse que l'utilisation des armes comme dernier recours, pour ensuite les condamner de les avoir utilisées. Donc, résistance il doit y avoir, et de façon permanente et efficace, mais celle-ci doit se diversifier et venir de l'Occident, du monde musulman en général et des pays proches en particulier. A refuser de soutenir les Palestiniens, la communauté internationale finit par cautionner tout à la fois des Etats qui doivent rester non démocratiques autour d'Israël (puisque leurs peuples ne les suivent pas), un pouvoir autoritaire tel que celui de l'entité palestinienne et des groupes radicalisés qui seront utilisés pour justifier une politique répressive d'Israël. A vouloir imposer l'injustice, on produit des bombes humaines à retardement, dont le sacrifice trouve une justification dans les décennies de souffrance accumulée et dans la coupable passivité internationale.

A. G. – La situation actuelle est le résultat de l'incontestable défaite à la fois du mouvement palestinien et de ce qu'on a appelé le mouvement de libération arabe. Bien sûr, il existe des acquis – l'accès à l'indépendance politique et la persistance, malgré tous les efforts pour l'éradiquer, de "la question palestinienne". Mais le Proche-Orient est marqué par l'accumulation des problèmes économiques et sociaux, le retard de développement, des régimes dictatoriaux, une pétrification des structures. La page ouverte en 1948-1949 avec la première guerre israélo-arabe et l'essor du nationalisme arabe révolutionnaire (Nasser, le Baas, etc.) est en train de se tourner. Il faut en tirer les conséquences et ne pas continuer à rejouer le même combat, comme si rien ne s'était passé. Malheureusement, à écouter certains intellectuels arabes, nationalistes ou de gauche, on est terrifié par la pauvreté de la pensée politique et l'obstination à ressasser les mêmes discours qu'il y a vingt ans. Mais une étape s'achève. La "gérontocratie" qui dirige le monde arabe – les gouvernements, mais aussi souvent les forces d'opposition – arrive en bout de course, épuisée et vidée de tout projet. Une génération plus jeune se hisse aux affaires et doit faire face à l'accumulation de problèmes économiques, sociaux, politiques et culturels, sans parler de la persistance du drame palestinien, notamment celui des réfugiés. Quel texte sera écrit sur cette page blanche de l'histoire ? Un travail de longue haleine est indispensable si l'on veut sortir le Proche-Orient et le Maghreb de leur marginalisation, de leur "retard", de leurs dictatures. Il passe par la mobilisation des sociétés, bridées et réprimées.

T. R. – Je suis d'accord sur la nécessaire mobilisation des sociétés civiles, mais j'ai presque plus peur des dirigeants qui viennent que de ceux qui sont en place. Ils sont encore plus liés aux pouvoirs occidentaux, encore plus soumis aux politiques imposées par le Nord. Ils font peu de cas, disons-le franchement, de la démocratie. Que ce soit Abdallah de Jordanie, Mohammed VI au Maroc, Bachar, le fils de Hafez al-Assad, ou d'autres.

A. G. – Je n'ai pas une vision positive de ces nouveaux dirigeants, mais leur avènement marque, je veux l'espérer, une étape. Ils sont peut-être plus proches de l'Occident que ne l'étaient leurs parents, mais leur emprise sur les appareils de répression et leur pouvoir de contrôle sont moins absolus. Et puis les peuples ont moins peur d'eux que de leurs pères !

T. R. – Qui contrôle leurs sociétés ? Est-ce que c'est la monarchie qui contrôle la politique saoudienne ou Washington ? L'emprise américaine sur toute la région est bien plus solide qu'elle ne l'était auparavant et les Etats-Unis, l'Europe ou Israël ne peuvent que redouter la naissance de sociétés pluralistes et démocratiques. Le pays qui a le plus avancé vers l'institutionnalisation démocratique est l'Iran, à l'écart des grandes puissances. Malgré toutes les réserves que l'on peut émettre sur le pouvoir iranien et son organisation, on ne peut nier cette réalité. Qui donc espère des Etats de droit pour le monde arabe ? A qui cela profiterait-il ? Tout se passe comme si la seule solution de rechange devait être un mouvement de rupture. Je ne peux adhérer à un projet révolutionnaire mais j'ai parfois l'impression que l'Occident pousse, par aveuglement et par une vision à court terme de ses intérêts, les peuples à l'extrême limite du supportable.

Quant à un mouvement de réforme dans les sociétés musulmanes, où pourrait-on imaginer qu'il prenne corps ? C'est cela qui me rend peu optimiste. L'Occident est prêt à accepter que perdurent des conflits périphériques tant qu'ils ne représentent pas un danger pour ses intérêts. Et les opinions publiques en Occident sont à mille lieues de se préoccuper de ces réalités. Qui est gêné par l'existence de régimes antidémocratiques dans cette région ? C'est loin, cela ne nous intéresse pas. Et, de plus, on a accepté l'équation simpliste et mensongère proposée par tous les dictateurs : nous ou "les fous de Dieu".

A. G. – Il ne faut pas surestimer la capacité des Etats-Unis à peser sur ces sociétés. Prenons l'exemple de l'Arabie Saoudite : il existe une présence militaire américaine significative dans ce pays, des échanges politiques extrêmement denses et une coopération économique substantielle avec Washington. Malgré cela, la CIA reconnaissait, au milieu des années quatre-vingt-dix, que c'était pour elle un "trou noir", un pays dont elle ne comprenait pas des rouages essentiels de fonctionnement. On l'a bien mesuré après le 11 Septembre... Au contraire de ce que vous dites, les Etats-Unis n'exercent pas un contrôle direct sur ces sociétés qu'ils connaissent très mal. Ils font confiance aux dirigeants, qui dépendent d'eux. Ils n'ont d'ailleurs pas d'autre choix. La révolution iranienne de 1978-1979 est un cas d'école : ce pays était l'allié essentiel des Etats-Unis dans la région ; ils y disposaient de milliers de conseillers militaires et d'espions et ils n'ont rien vu venir. Ils ont été incapables d'empêcher la révolution. Pourtant, la société iranienne était bien plus ouverte que ne l'est la société saoudienne.

D'un autre côté, comme je l'ai dit, je ne suis pas sûr que le roi Abdallah en Jordanie, le roi Mohammed VI ou le président Bachar al-Assad auront les mêmes moyens de contrôle, la même autorité sur leur propre société que leurs prédécesseurs. Prenons l'exemple d'Arafat : il a une vraie légitimité. On peut le critiquer, mais il reste pour beaucoup de Palestiniens le symbole de la renaissance nationale, de leur résistance. Il a accumulé, durant ces trente dernières années, tous les leviers du pouvoir. Demain, quel que soit le dirigeant qui le remplacera – et Arafat n'a pas du tout préparé sa succession –, il aura beaucoup moins d'autorité. On peut donc imaginer deux évolutions dans le monde arabe : des révolutions – après tout, ça s'est déjà vu, mais les forces motrices n'apparaissent pas encore à l'horizon ; ou des évolutions qui passent par la mobilisation des sociétés et une avancée plus lente vers la conquête de droits politiques, économiques et sociaux toujours plus nombreux. En Europe, la démocratie n'est pas née en un jour ; c'est un mouvement continu, encore inachevé. C'est une vision, sans doute optimiste, de l'avenir.

T. R. – Qui donc a intérêt à voir ce processus aboutir sinon les populations elles-mêmes, qui sont complètement étouffées ? Vous dites que les Etats-Unis ne contrôlent pas tout, certes, et ce n'est d'ailleurs pas ce que je voulais dire, mais ils ont l'œil et la main sur l'essentiel, tout ce qui, concrètement, sert à protéger leurs intérêts. Ils laissent gouverner, cela est évident, et certains modes de gestion leur sont méconnus, mais ils gardent un contrôle sur tous les secteurs sensibles.

Au cœur du Proche-Orient, avec l'aide de l'ONU et le silence de la communauté internationale, ils contribuent à la lente agonie du peuple irakien : pensez-vous vraiment que l'on n'ait pas eu, que l'on n'ait pas les moyens de mettre un terme à la dictature de Saddam Hussein ? Qui donc a ces cartes entre les mains ? En Occident, cela n'a pas l'air de préoccuper beaucoup les gens qui sont plutôt obnubilés par "la crainte de l'islam". Finalement, qu'est-ce que cela veut dire, des musulmans dans un Etat démocratique ? On ne l'imagine même pas.

A. G. – Vous accordez une espèce de toute-puissance aux Etats-Unis ou à l'Occident, une capacité à décider de tout et dans tous les détails. Je ne peux vous suivre sur ce terrain. Prenons l'exemple de l'Algérie et de l'interruption du processus électoral en janvier 1992. La position française a connu des fluctuations, des revirements, pas toujours faciles à suivre. On ne peut affirmer que la France a soutenu le coup d'Etat militaire. Ceci étant, les interventions de Paris ont été assez limitées parce que Paris n'a pas le moyen d'influer réellement sur le déroulement de la guerre. Les Etats-Unis ont été accusés, eux, de soutenir le FIS. Est-ce que cela a changé la donne ?

Plus généralement, l'évolution des sociétés arabes n'a pas sa clef en Occident. Elle dépend avant tout des peuples eux-mêmes. Les peuples font leur propre histoire, telle est ma conviction.

T. R. – C'est une lecture très optimiste mais je vous suis sur un point : l'Occident n'est pas le premier ni le seul responsable de la situation des pays arabes. Muhammad Iqbal, un penseur réformiste et soufi pakistanais, très respecté depuis les années trente, disait justement : “Nous avons été colonisés parce que nous étions colonisables.” Loin de moi l’idée d’accabler l’Occident et d’oublier l’énorme responsabilité des pays et des populations arabes. Je suis, comme vous, pour la mobilisation des populations, des sociétés civiles, dans la mise en branle du processus démocratique. Mais il faut comparer ce qui est comparable et on ne peut pas dresser un parallèle entre la situation de ces pays et ce qui s’est passé en France ou en Europe à partir du XVIIe siècle. Justement parce que c’était alors un processus endogène qui se nourrissait de lui-même. Ce n’est absolument pas le cas des sociétés musulmanes et du Proche-Orient, qui sont insérés dans des réalités internationales et un équilibre géostratégique : ils en dépendent et leur marche vers le pluralisme est freinée, voire empêchée, par des intérêts qui les dépassent. En ce sens, la paix avec Israël qu’on nous propose n’est pas du tout une promesse d’ouverture. Elle suppose au contraire, pendant encore des décennies, des régimes autoritaires, sans états d’âme. Pour contrecarrer cet avenir, une mobilisation populaire est nécessaire mais aussi, en même temps, la formation d’une opinion occidentale qui comprenne ces réalités.

Un mot encore sur le pouvoir attribué à l’Europe et aux Etats-Unis : je ne dis pas qu’ils décident de tout et je suis conscient des conflits d’intérêts entre les grandes puissances elles-mêmes, notamment entre les Etats-Unis et l’Europe. Le cas de l'Algérie est intéressant : l'approche des Etats-Unis fut différente de celle des Européens et notamment des Français, et il faut prendre ces paramètres en compte. Mais regardons la réalité en face : les grandes puissances, avec les multinationales alliées et les institutions de Bretton Woods, le FMI et la Banque mondiale, tiennent les Etats du Sud et ne leur offrent qu'une marge de manœuvre bien réduite. Les mises sous tutelle suivent des voies complexes et subtiles.

A. G. – La gauche française s'est profondément divisée sur l'Algérie. Une partie non négligeable a pris position contre le coup d'Etat, contre la répression et a mis en avant la responsabilité du pouvoir plutôt que celle des islamistes. A propos de la Tunisie aussi, je ne discerne pas dans les journaux une grande complaisance à l'égard du régime du président Ben Ali – ce n'est pas un hasard si presque toute la presse française y est interdite. On parle moins, en France, de l'Arabie Saoudite parce que c'est un pays lointain, mais je n'ai pas lu beaucoup de reportages en défense du régime wahhabite. On connaît la phrase fameuse d'un responsable américain durant la guerre froide pour qualifier les régimes dictatoriaux alliés de Washington : "Ce sont des bâtards, mais ce sont nos bâtards." Cette pensée est passée un peu de mode, notamment en France, en ce qui concerne l'Afrique du Nord. En revanche, le "péril islamiste" tend, pour une partie de l'opinion, et cela est regrettable, à justifier le soutien aux dictatures.

T. R. – Je ne crois pas que le silence qui entoure l'Arabie Saoudite tienne au fait que "c'est loin". Le responsable américain que vous citez donne à mon sens la bonne réponse : "Ce sont nos bâtards", en d'autres termes, on se tait devant l'horreur dès lors que nos intérêts sont protégés. En l'espèce, l'intérêt économique est un formidable producteur de silence politique. L'après 11 Septembre en est un exemple édifiant.

Pour en terminer avec le Proche-Orient et avant de revenir plus à fond sur la question de l'islamisme, comment s'explique le blocage politique et démocratique que connaît toute la région ? Est-ce seulement le résultat du conflit israélo-arabe ?

A. G. – Un constat s'impose : si on observe la planète, le Proche-Orient constitue une exception. C'est la seule région du monde où, politiquement, rien n'a changé depuis la chute du mur de Berlin. Ce sont les mêmes régimes et souvent les mêmes responsables qui sont au pouvoir, alors qu'en Amérique latine, en Afrique, en Asie, en Europe de l'Est évidemment, on a assisté à des changements importants, à des bouleversements ou au moins à des évolutions. C'est également une région en marge du développement économique. Du point de vue des droits de la personne, des libertés démocratiques, il n'y a guère d'avancées non plus. Le conflit israélo-arabe a été un des éléments de ce blocage. Il a mobilisé toutes les ressources humaines, financières et économiques, il a permis de justifier les dictatures et les régimes militaires, au nom de la lutte contre Israël.

Un autre élément d'explication de cette "pétrification", c'est le pétrole. C'est lui qui structure toute la politique occidentale à l'égard de cette région depuis les années trente. Les trente glorieuses (1945-1975) en Europe et aux Etats-Unis, au lendemain de la Seconde Guerre mondiale, s'expliquent notamment par un pétrole à bas prix. Pour garantir son accès à l'or noir, l'Occident était prêt à justifier tous les régimes susceptibles de le lui assurer : le pouvoir saoudien est le meilleur exemple. Alors que l'Occident a exercé, à la fin de la guerre froide, des pressions sur les pays d'Europe de l'Est, d'Amérique latine, d'Afrique pour des ouvertures démocratiques, on n'a assisté à rien de tel à l'égard des monarchies du Golfe.

Une dernière raison de la stagnation actuelle du monde arabe, c'est que les projets qui ont mobilisé la région, notamment le nationalisme arabe avec Nasser, n'ont pas abouti, si l'on excepte la courte période d'union entre l'Egypte et la Syrie de 1958 à 1961. Il y a un paradoxe évident entre ce mythe de l'unité arabe et la division des pays, même sur le plan économique, alors qu'une forme d'intégration s'est réalisée dans la plupart des autres régions du monde. Les divisions se sont installées, alors même que les Etats sont des créations artificielles dont la carte a été dessinée par le partage colonial entre la France et la Grande-Bretagne. Mais la cohésion de ces "Etats-nations" est encore à démontrer.

T. R. – Je suis d'accord avec l'essentiel de votre analyse : le conflit avec Israël, la gestion du pétrole et, en ce sens, l'importance stratégique de la région expliquent au premier chef le caractère exceptionnel de la stagnation du monde arabe. La protection des intérêts de l'Occident s'accommode de la pérennité des dictatures, voire les protège comme c'est le cas de l'Arabie Saoudite que vous avez cité. Il faut ajouter d'autres paramètres à l'analyse. La sclérose de la pensée et le manque de renouvellement parmi la majorité des intellectuels arabes sont réellement problématiques. L'incapacité des gouvernants de développer des relations Sud-Sud en Afrique du Nord, en Afrique subsaharienne ou au Proche-Orient est évidente. Il est vrai que les divisions entre les Etats arabes sont souvent alimentées par les puissances occidentales, comme une façon d'endiguer de possibles synergies que permet le caractère transnational de la référence à l'islam. C'était déjà l'intuition et la pratique de Londres depuis la fin du siècle dernier : les velléités panislamiques ont toujours été considérées comme un danger pour l'Occident. La prégnance de la référence à l'islam fait problème pour l'Occident et les propos de tant d'acteurs politiques britanniques ou français depuis le début du siècle devraient relativiser le caractère prétendument "nouveau" du conflit de civilisations.

Qui a intérêt à promouvoir l'Etat de droit et le pluralisme dans le monde arabe ? Qui a intérêt à l'établissement de démocraties du Maroc à l'Irak ou à la Turquie ? Le conflit israélo-arabe ou le pétrole jouent-ils partout le rôle déterminant dont vous parliez ? Non, à l'évidence. On constate partout que les mouvements les plus populaires dans le monde arabe font référence à l'islam. Je ne parle pas ici des groupes radicalisés qui ont souvent été utilisés par les pouvoirs pour justifier leur gestion dictatoriale et la répression. Mais ceci est le thème de notre prochain chapitre.

IV

LES MILLE ET UN VISAGES DE L'ISLAMISME

On ne peut plus parler, me semble-t-il, de l'islamisme – c'est-à-dire de l'utilisation de l'islam à des fins politiques – comme on le faisait avant les attentats du 11 septembre 2001 aux Etats-Unis. Pour George Bush, ces attaques ont changé la face du monde et fait du terrorisme islamiste l'ennemi principal des Etats-Unis et, plus largement, de l'Occident. Que pensez-vous de ces affirmations ?

T. R. – Ma première remarque, c'est que les Américains ont commencé par désigner le coupable et cherché les preuves ensuite. En même temps, on sait très bien, et depuis longtemps, qu'au sein du monde musulman il y a des hommes capables de justifier de tels attentats et d'agir en conséquence. Même si les preuves définitives ne nous ont pas été présentées, il y a donc, à mon sens, une très grande probabilité quant au fait que des musulmans soient les auteurs de ces attentats. Même s'il me semble que des connexions plus complexes sont très probables avec notamment des réseaux troubles de la drogue, de l'argent sale, voire en relation avec des individus liés aux intérêts économiques du gaz, du pétrole et des armes. Tout est possible. L'idéal, cela aurait été de prendre plus de temps pour identifier les coupables et cela nous aurait donné le temps de réfléchir à la meilleure manière de réagir. Malheureusement, Bush a tout de suite convoqué le registre le plus émotif, le plus manichéen, le blanc et le noir, le bien et le mal, eux et nous, et il a commis quelques maladresses, sur lesquelles il est revenu par la suite, notamment lorsqu'il a parlé de "croisade". La question, pour moi, est la suivante : quel type d'analyse, quelle autocritique doit-on produire en tant que musulman ? Quelle solution peut-on proposer pour enlever toute légitimité à ces gens qui prétendent agir au nom de l'islam ?

Cela m'amène à dire un certain nombre de choses du point de vue musulman, qui sont pour moi des positions de principe.

La première, c'est qu'on ne doit pas se contenter de dire : "Tant qu'on n'a pas de preuve absolue, on se tait, on ne bouge pas." Ou encore de tenir cet autre type de discours qu'on a beaucoup entendu : "Celui qui a fait une chose pareille ne peut pas être musulman, il est en dehors de l'islam." Soit on les innocente, soit on les excommunie. C'est la moins bonne des réactions car c'est encore une fois une façon de se dédouaner. Or, on ne peut pas, après le 11 Septembre, se taire sur un certain type de lecture des textes religieux faite par des musulmans qui les utilisent pour légitimer de tels actes. Il faut donc faire un véritable travail intracommunautaire de dialogue et dire ce qui, du point de vue même des références religieuses, est inacceptable. Il faut prendre nos responsabilités. Dans ce malheur, ce qui peut arriver de mieux au monde musulman c'est la prise de conscience du travail qu'il a à faire sur lui-même.

A. G. – La responsabilité de la nébuleuse autour d'Oussama Ben Laden dans ces attentats du 11 septembre 2001 me semble crédible. Mais nous devons éviter les généralisations et les simplifications. Quand on dit islamiste, de quoi et de qui parle-t-on ? Comme avec le mot "terrorisme", on reste souvent dans un flou susceptible de toutes les manipulations. Il existe une grande diversité de groupes dits islamistes, dans leurs buts comme dans leurs formes de lutte. Par exemple, la légitimité ou non de l'utilisation de la violence divise ces organisations. Elles ont toutefois un référent commun et sont souvent issues d'une même matrice. C'est pourquoi ce que vous venez de dire est important : on ne peut se défausser en disant : "Ben Laden n'a rien à voir avec l'islam", comme c'était trop facile de dire : "L'URSS, ce n'était pas le vrai communisme, Pol Pot non plus et Cuba non plus."

Mais, face à un certain discours occidental simplificateur, qui vise à "déduire" le monde musulman – et sa violence supposée – des textes du Coran, il faut introduire de la complexité. Sinon, on risque de sombrer dans un "choc des civilisations" : pour expliquer ce que pensent les musulmans, on va citer un verset du Coran ou un hadith sur la violence ou un autre sur les juifs, totalement sortis de leur contexte. Les sourates du Coran sont incompréhensibles sans les commentaires qui les accompagnent ; elles n'ont de sens aussi que dans le cadre du déroulement de la prédication de Muhammad, avec des périodes très différentes, selon, par exemple, que le prophète de l'islam vit à La Mecque ou à Médine. De plus, le texte du Coran a connu des lectures nombreuses, qui ont évolué en fonction du contexte. Rien n'est plus réducteur que de penser qu'un "islam" unique et immuable a vécu durant quatorze siècles.

La religion musulmane a connu de multiples réformes et elles sont aujourd'hui plus nécessaires que jamais ; mais elles doivent être l'œuvre des musulmans eux-mêmes. Il est stupide et dangereux de mettre en demeure les musulmans : Soit vous renoncez à l'islam (par nature fondamentalement mauvais), soit nous (les Occidentaux) vous faisons la guerre. Certains dirigeants politiques du Nord sont conscients des risques actuels et on a même pu voir le président Bush s'excuser d'avoir employé le terme "croisade" pour désigner la mobilisation contre Ben Laden. Mais comment les croire quand les pays visés sont tous des pays musulmans ? Le risque d'une guerre de civilisations est réel. Pas parce que quelqu'un l'aura voulue, mais parce qu'on est dans une logique où l'image que chacun a de l'autre devient globale : on oppose Occident à Islam, comme si les deux termes désignaient des touts cohérents. Un engrenage s'enclenche, il faut choisir : c'est eux ou nous. Eux, c'est forcément les mauvais et nous sommes forcément les bons.

Si nous voulons éviter cet engrenage, il faut revoir notre approche. Il faut aussi savoir si la solidarité fondamentale est entre ceux qui appartiennent à une même culture, à une même religion, à une même *umma*, ou entre des êtres humains qui ont des valeurs communes indépendamment de leurs croyances. Il faut savoir s'il y a plus de choses en commun entre Tariq Ramadan et moi ou entre Tariq Ramadan et Ben Laden.

C'est une bonne question. Que répond Tariq Ramadan ?

T. R. – Quand on parle de valeurs communes, je suis plus proche des thèses d'Alain Gresh que de la posture de Ben Laden. C'est là que la conscience critique musulmane est importante : ce n'est pas vrai que ces lectures radicales sont uniquement produites par la pauvreté et l'ignorance dans le monde musulman. Il faut sortir de ces idées reçues.

Ben Laden lui-même et les gens qui sont autour en sont l'illustration : ils ont une formation solide et des moyens.

T. R. – Exactement, et il faut le dire. Il y a des gens extrêmement raffinés et formés sur le plan intellectuel qui peuvent être extrêmement tranchants dans ce dispositif “eux et nous”. Cela veut dire qu’il faut vraiment s’armer intellectuellement au niveau de notre rapport critique aux textes pour pouvoir dire ce qui est inacceptable du point de vue de l’islam. Mais il existe des causes objectives de la production de ce type de posture. Je continue à dire qu’on ne peut pas dédouaner l’Occident de sa responsabilité dans le soutien aux dictatures dans le monde arabe et musulman. La posture de l’Arabie Saoudite en matière de lecture des textes n’est pas très différente de celle des talibans. Simplement, il y a un Etat qui est riche et l’autre, l’Afghanistan, qui ne l’est pas. Toutes les cibles possibles qui ont été citées après le 11 Septembre sont des Etats pauvres : l’Irak, le Yémen, le Soudan, la Somalie. Les ingrédients d’un possible choc des civilisations sont réunis aujourd’hui : méconnaissance de soi, ignorance de l’autre, conflits d’intérêts économiques et géostratégiques. Il faut que nous soyons lucides et réalistes : notre responsabilité est immense en Occident. Au demeurant, je pense que ce sont les consciences des citoyens de confession musulmane en Occident, avec leurs partenaires, qui pourront éviter la guerre des civilisations en développant une conscience plus ouverte de ce monde. On ne peut pas éviter un clash des civilisations tant que l’attitude du Nord restera perçue comme une politique totalement cynique à l’égard du Sud, qui s’accommode des dictatures et du terrorisme d’Etat si cela sert ses intérêts.

A. G. – Ce fut tout à fait le cas avec la dictature de Saddam Hussein. L'Occident n'a pas condamné son agression contre l'Iran en 1979 – il était un rempart contre la "révolution islamique" – ni n'a vraiment condamné le gazage de cinq mille Kurdes à Halabja en 1988. Est-ce bien différent avec les talibans ? Qui peut croire un instant que le gouvernement américain se préoccupe du sort des femmes afghanes ? Washington a salué la victoire des talibans en 1996 – ils ont d'ailleurs été souvent accueillis comme des libérateurs, tant les exactions des partis qui ont repris le pouvoir en novembre-décembre 2001 ont été épouvantables. Ben Laden est le produit de deux "victoires" occidentales : celle contre les Soviétiques en Afghanistan et celle de la guerre du Golfe. Qui seront les Ben Laden de demain créés par la "victoire" en Afghanistan ? Que la première puissance mondiale ait attaqué de manière si brutale le pays le plus dévasté et l'un des plus pauvres du monde pose un problème.

Car nous ne pouvons continuer à nous voiler la face devant cette réalité : le développement exclut la majorité de la planète, des centaines de millions d'hommes et de femmes. Faut-il vraiment s'étonner qu'ils ripostent, qu'ils aient le désir de se venger ? Il est vrai que la révolte des esclaves, depuis Spartacus, est souvent brutale, "barbare" même, mais à qui la faute ? J'ai lu le témoignage d'un Algérien, quelques jours après les attentats. Il disait en substance : "C'est extraordinaire, pour la première fois c'est nous qui sommes de ce côté de l'écran et eux de l'autre côté. D'habitude, c'est eux qui nous regardent mourir à la télé."

Il reste que pour les opinions publiques dans les pays occidentaux, "islam" rime souvent avec violence et "islamisme" renvoie à des images de terrorisme. Ces images ne sont pas toutes le fruit d'une manipulation. Elles reposent sur des faits réels, sur des attentats, sur des recours au meurtre politique, sur des massacres. C'était déjà vrai avant le 11 Septembre.

T. R. – Vous avez raison. Trois éléments ont contribué à la création de cette image. Le premier remonte très loin en amont de l'époque contemporaine et s'ancre dans l'inconscient collectif de l'Europe : dès le Moyen Age, l'islam est associé à la prétention expansionniste qui n'hésite pas à recourir à la violence. C'est la religion des Arabes, qui ont "le couteau entre les dents". Il existe un second élément d'explication directement lié au colonialisme : la Grande-Bretagne et la France traitent très vite leurs opposants de "terroristes". Que ce soit en Algérie, en Egypte ou ailleurs, les résistants sont considérés comme des terroristes violents et haineux. La manipulation du terme est courante et perdure jusqu'en Tchétchénie où Moscou explique au monde : "Nous avons affaire à des terroristes, à des bandits", et certains dirigeants occidentaux, comme le Premier ministre britannique Tony Blair, acceptent cette explication pour justifier leur silence intéressé. Disons entre parenthèses qu'après le 11 Septembre, tous ces Etats, de Poutine aux dictateurs arabes et à Israël, se voient confortés dans leur politique. Le principe est clair : Dites et faites comprendre que vos opposants sont des terroristes ou des "islamistes" et vous avez carte blanche pour tuer, torturer, massacrer. Personne ne s'émouvra.

Le troisième élément apparaît après la décolonisation. On occulte une réalité incontournable – et les chercheurs occidentaux qui étudient le monde musulman ont ici une responsabilité car ils se sont livrés à de redoutables réductions : la cause fondamentale de la naissance de ce terrorisme est la répression étatique. Après la décolonisation, la terrible répression en Egypte comme en Syrie provoque la radicalisation d'une frange des cadres islamiques passés par les prisons. Ce phénomène est également confirmé en Algérie après la répression brutale qui a suivi l'arrêt du processus électoral en 1992. Malgré cela, les mouvements les plus violents sont toujours restés très minoritaires, même s'ils occupent le devant de la scène. De plus, les gouvernements ont compris comment ils pouvaient les utiliser en pratiquant des amalgames : ils justifient la dictature en assimilant tous leurs opposants à ces radicaux. Au demeurant, ces extrémistes sont devenus, paradoxalement, l'allié objectif le plus sûr des dictatures qu'ils disent vouloir renverser par les armes.

A. G. – L'association entre islam et terrorisme en France est très largement une construction idéologique liée à la situation de l'islam dans notre pays et en Europe. Rappelons d'abord toute la période coloniale, où la résistance à l'invasion française était perçue comme illégitime – sans parler des séquelles de la guerre d'Algérie, durant laquelle une partie de la presse dénonçait les "égorgeurs du FLN". La révolution iranienne puis les retombées de la seconde guerre d'Algérie dans l'Hexagone ont ravivé cette vision. Enfin, la prise de conscience, au début des années quatre-vingt – c'est-à-dire au moment de l'apogée de la révolution iranienne –, par la société française, de la présence dans l'Hexagone de millions de musulmans destinés à y rester et à devenir français a aggravé les peurs. Bien évidemment, les événements du 11 septembre 2001 pèsent aussi, bien que de nombreux responsables et journalistes aient tout fait pour éviter les amalgames et que l'on perçoive un intérêt nouveau dans l'opinion pour l'islam, comme civilisation, religion et... politique.

Mais ne voit-on pas émerger une sorte d'internationale islamiste ?

A. G. – Je ne le crois pas. Le cas d'Al-Qaida est une exception. Ce qui frappe dans les mouvements islamistes depuis la création des Frères musulmans dans les années vingt, c'est justement leur incapacité à s'unifier, à créer ce qui ressemble, de près ou de loin, à une internationale. L'Internationale communiste était une structure centralisée, dirigée par les Soviétiques, capable d'imposer une discipline à chacune de ses "sections" nationales. Rien de tel n'existe ni chez les Frères musulmans ni ailleurs. Oussama Ben Laden est le seul dirigeant à avoir réussi à créer une coordination relativement efficace entre divers groupes nationaux. Mais il s'agit plus d'un mouvement transnational, et donc coupé des réalités de chaque pays, que d'une internationale au sens propre. D'autre part, Al-Qaida pourra-t-il survivre au coup que lui ont porté les Etats-Unis ?

T. R. – Je suis d'accord avec l'essentiel de cette analyse. J'ai toujours parlé d'un mouvement transnational. Certes, des leaders ont des relations, se voient, discutent. Mais la logique de leur engagement est circonscrite aux enjeux nationaux. En ce sens, chez les Frères musulmans ou dans d'autres organisations, la portée internationaliste n'est pas élaborée ni pensée en tant que telle. Il est vrai néanmoins qu'il existe un caractère concomitant à la mobilisation dans la plupart des pays musulmans aujourd'hui. Le réseau Ben Laden et les réseaux des groupes les plus radicalisés n'ont ni l'envergure ni les moyens réels d'établir une "internationale". Il s'agit clairement de réseaux qui peuvent frapper, commettre des attentats, mais qui n'ont pas un projet politique autre que de renverser les pouvoirs arabes et musulmans et de s'en prendre aux intérêts de l'Occident. Je ne sais si Al-Qaida survivra aux coups qui lui sont portés aujourd'hui mais je crois que l'on va continuer pendant longtemps encore à nous parler de terrorisme, de réseaux cachés, etc. : nous sommes entrés en guerre contre une nébuleuse qui en aval va justifier des politiques de surveillance, de restriction des libertés (comme nous le voyons aujourd'hui aux Etats-Unis et en Europe) qui sont en soi très dangereuses pour les citoyens. La grande "lutte contre le terrorisme" servira aussi à cela.

Il reste que dans un bon nombre des conflits et des guerres civiles de ces dernières années, la religion semble être l'un des facteurs d'affrontement. C'est le cas en Egypte où l'on a vu des musulmans faire la chasse aux coptes, au Nigeria où il y a eu à plusieurs reprises ces dernières années des massacres de chrétiens – qui ont redoublé après le 11 septembre 2001 – ou encore en Indonésie. La religion est-elle en train de redevenir un facteur de conflits ?

T. R. – Si l'on veut saisir la cause profonde de ces conflits, il faut faire le lien entre le social, le politique et l'économique. Des affrontements que l'on identifie très vite, trop vite, comme "religieux" sont liés à des situations socioéconomiques tout à fait particulières et, plus largement, aux effets du nouvel ordre économique mondial. Cette "mondialisation" ou "globalisation" entraîne un peu partout une résurgence des affirmations identitaires. Je ne crois pas qu'il faille y voir un phénomène spécifiquement religieux. La religion, dans un certain nombre de pays, est un des repères identitaires des populations. Elle devient une des données, un des aspects de leur revendication. Mais on ne peut pas dire que la religion soit à l'origine des conflits. Il existe, en fait, deux phénomènes distincts. Premièrement, que ce soit en Afrique, en Europe ou en Asie, comme en Tchétchénie, le repli identitaire devient naturel quand les repères nationaux, politiques et culturels sont mis à mal. La religion, de ce point de vue, est un des instruments qui permettent soit de protéger, soit de retrouver une relation avec son environnement. On peut le regretter ou s'en désoler, il reste qu'il faut considérer objectivement la situation et porter un regard critique autant sur la cause – une uniformisation globale et une occidentalisation parfois sauvage – que sur les conséquences – la crispation identitaire et religieuse. Seul un point de vue équilibré aide à dépasser les situations extrêmes et conflictuelles.

Le second phénomène est celui de l'utilisation du fait religieux. En Tchétchénie, la dimension religieuse est secondaire. Mais les Russes ont bien vite compris quel parti ils pouvaient tirer d'une lecture qui, aux yeux de la communauté internationale, mettait face à face la nation russe et l'"islamisme", le "terrorisme". On a entendu dire, jusqu'au sein du Conseil de l'Europe, qu'il s'agissait de "terrorisme islamiste", alors que l'on avait affaire à une vieille revendication nationaliste ! Il faut donc examiner chaque conflit, au cas par cas.

Les affrontements au Nigeria ou en Egypte ont des causes qui ne sont pas d'abord et/ou strictement religieuses, même si elles se traduisent dans les faits par des affrontements entre communautés religieuses. Les origines sont le plus souvent sociales et politiques, mais les pouvoirs les manipulent : de l'avis même de dignitaires coptes que j'ai rencontrés lors d'un séminaire de formation que j'animais, il est patent que le gouvernement égyptien utilise à son avantage les animosités. Il alimente le conflit d'une part et se présente comme le nécessaire arbitre de l'autre : la division légitime son statut. Sadate, dans les années soixante-dix, est allé jusqu'à envisager la création d'un Etat chrétien dans le Sud. Il l'a dit publiquement et a ainsi mis le feu aux poudres. Il ne faut jamais perdre de vue les intérêts politiques et économiques en jeu.

Je ne nie pas bien sûr que des acteurs religieux sectaires et radicalisés soient impliqués, mais il faut cesser d'utiliser, consciemment ou non et de façon simplificatrice, la théorie de Huntington sur le conflit des civilisations et des religions. Même ceux qui se disent en désaccord avec ses présupposés s'y réfèrent (en en réduisant d'ailleurs la portée et l'analyse) et c'est au travers de sa grille de lecture que l'on analyse les faits qui ont trait à l'islam sur la scène internationale.

Prenons l'exemple de la Bosnie et du Kosovo. On a pu observer des choses très étonnantes. En Bosnie, on a insisté sur des situations dramatiques dont étaient victimes les "Musulmans" – il faut rappeler que c'est Tito qui en avait fait une nationalité. L'Occident a parlé de génocide mais est intervenu bien tardivement. Quand il est devenu avéré que la même chose se déroulait au Kosovo, l'OTAN a déclenché son offensive, mais alors le facteur "islam" a disparu des médias. Quand on laisse exterminer les gens, ce sont des "musulmans", mais quand on les soutient, ils sont seulement des "victimes", des êtres humains et l'on "oublie" leur religion. Quelle représentation sous-tend un tel traitement politique et médiatique ?

A. G. – Effectivement, le "facteur musulman" a été totalement gommé lors de la guerre de l'OTAN au Kosovo, en 1999. Comme si on avait peur, en disant : "Ce sont des musulmans", de susciter des réactions négatives dans l'opinion occidentale. Quant à la tendance à mettre en avant le facteur religieux dans les conflits, elle a plusieurs explications. La fin de l'affrontement Est-Ouest a fait disparaître un schéma d'explication relativement simple, sinon simpliste, des conflits dans le monde. Les médias – essentiellement occidentaux, mais ce sont ceux qui forgent la vision dominante – cherchent d'autres explications. D'où cette tendance à réduire les conflits à des affrontements ethniques ou/et religieux, à un schéma général. Les conflits dans l'ex-URSS sont-ils de même nature que ceux qui déchirent l'Afrique ? Chaque guerre a ses dimensions historique, économique, politique, sociale, religieuse. Mais à l'heure de l'information en "temps réel", qui prend le temps, qui a le temps d'expliquer ?

Ces conflits s'inscrivent dans une transformation profonde que l'on désigne parfois sous le nom de mondialisation. L'universitaire américain Benjamin Barber a développé une thèse intéressante dans son livre *Jihâd versus Mcworld**. Plus avance la mondialisation au sens "des McDonald's partout", plus s'affirme une opposition de type identitaire, une révolte des populations qui sentent leur identité menacée – d'autant qu'elles ne profitent pas, dans leur majorité, de cette mondialisation, on en reparlera au chapitre VI.

Mais l'observation de la carte du monde confirme l'impression que, partout où il y a des musulmans, il y a des conflits. Même dans les pays où il n'y a que des musulmans, comme l'Afghanistan. On l'a vu en 1992 et on le voit encore aujourd'hui. En Algérie, il y a eu affrontement entre les islamistes et les militaires, certes, mais aussi à l'intérieur du mouvement islamiste et entre les radicaux eux-mêmes. Alors, on se pose cette question, et je sais qu'elle est très provocatrice : est-ce que l'islam n'est pas intrinsèquement producteur de conflits ?

T. R. – C'est ce que beaucoup de gens pensent, même si cela n'est pas énoncé aussi explicitement. Je voudrais répondre en me situant quelque peu en

* Editions Desclée de Brouwer, Paris, 1996.

amont. On ne peut comprendre les jugements ainsi portés sur l'islam et les musulmans en dehors de la réalité de leurs relations souvent difficiles et conflictuelles avec l'Occident. L'ordre économique existant, fondé sur la philosophie ultralibérale, est en train de produire implicitement un discours sur les valeurs qui met en avant un type très spécifique de rapport aux traditions et à la liberté. Bon gré mal gré, l'ordre économique donne aux valeurs leurs connotations et nous dicte insensiblement la grille de lecture. C'est au travers de cet ordre, somme toute, que l'on évalue de façon directe ou non ce qui est ou non "progressiste". Par rapport à cet ordre dit "progressiste", le "bastion" catholique comme le "bastion" juif ont semble-t-il cédé. Ils se sont adaptés, ils ont même parfois soutenu et promu l'ordre économique nouveau.

Restent, pense-t-on, les irréductibles, les musulmans. Sur deux plans, ils ne s'adaptent pas : d'une part, ils sont incapables d'adopter une vision libérale et "progressiste" et, d'autre part, cette religion est expansionniste et violente. Point n'est besoin d'en rajouter pour se persuader que l'"islam" est "inadapté" et au "progrès" et à la "paix" : par déduction logique, cette religion doit donc être "réactionnaire" et productrice de "violence". Cela permet d'expliquer bien des conflits par la seule mention du référent "islam", sans aller plus loin dans l'analyse comme on le ferait pour n'importe quelle autre situation. Avoir prononcé le qualificatif "islamique" semble suffisant pour expliquer l'origine de la fracture, du conflit, de la révolte. Les facteurs sociaux, politiques, historiques deviennent secondaires, superflus : la représentation que l'on a de l'islam est une explication avant même l'étude, on "comprend" avant d'avoir analysé. Les seuls musulmans entrés dans l'ordre du progrès seraient ceux de Malaisie, parce qu'ils ont su adapter leur gestion à cet ordre économique. Le sommet de l'adaptation ? Des McDonald's dont les serveuses sont voilées. La panacée ? Des musulmans américanisés. Beau programme !

Le repli identitaire produit par la globalisation n'est pas une spécificité religieuse. Il faut prendre garde aux conclusions trop rapides : ce ne sont pas les religions qui ont un problème avec le pouvoir ou avec la violence, ce sont les êtres humains tout simplement. Cette volonté d'imposer une lecture de la réalité qui présente un courant "progressiste" se heurtant à des populations arc-boutées sur leurs religions et leurs traditions est une vision qui nous empêche de considérer la résistance à l'ordre international uniformisateur dans les sociétés musulmanes. On a amputé l'une des dimensions fondamentales de notre dialogue des civilisations.

La référence islamique est un élément dont on doit et dont on devra tenir compte. Si on continue à nier cette réalité, on va forcément produire des résistances radicales, des ruptures. C'est cela qui, au fond, me gêne. On refuse, jusqu'à la diaboliser, la référence islamique. On la rejette si fortement qu'on va jusqu'à soutenir des dictatures. Prenons le cas afghan. Que de violences a-t-on alimentées en Afghanistan ! On peut critiquer les responsables afghans pour leur incapacité à collaborer entre eux après la victoire sur les Russes mais on ne doit pas être naïf : l'intervention américaine, qui a soutenu les éléments les plus radicaux de la résistance, a alimenté des conflits inextricables. Je ne suis pas loin de penser qu'il y a une stratégie élaborée de maintien de foyers de troubles dans le monde musulman. On fait "coup double", si j'ose dire. On maintient les intérêts occidentaux et la référence à l'islam demeure associée à la violence aveugle par opposition à la civilisation libérale et progressiste, qui défend la paix, la démocratie et les droits de l'homme. C'est simpliste, mais efficace.

Il reste que les musulmans doivent être plus clairs sur la question de la religion et de la violence. La légitimité par le religieux est tellement importante dans les sociétés musulmanes que les discours de surenchère se multiplient et les condamnations restent très frileuses, voire absentes. Ce jeu de la légitimité religieuse est malsain et il convient d'être plus net et de condamner la violence aveugle, les meurtres de civils, les prises d'otages par exemple. Résister, au nom de sa foi et de sa conscience, à l'agression armée ne peut vouloir dire cautionner la terreur et le meurtre : les intellectuels qui m'interpellent pour me dire que les musulmans ne sont pas toujours clairs dans leurs prises de position ont raison et les leaders musulmans, même si certains s'expriment, se doivent d'être plus explicites dans leur condamnation.

Comment expliquez-vous que les musulmans se laissent si facilement manipuler ?

T. R. – Comprenez-moi bien, je ne nie pas leur responsabilité, mais je pense que dans ce type de situations, les plus manipulables sont paradoxalement les acteurs les plus convaincus, les plus sincères. Des gens qui sont dans une posture de résistance surtout émotive, et donc peu politique, sont, dans leur radicalisme même, extrêmement manipulables. Exemple : qui avait intérêt à l'attentat contre Sadate ? Quand on examine le parcours de cheikh Omar 'Abd al-Rahman, savant de référence du groupe Al-Jihâd, qui, après avoir été inculpé en Egypte (il avait émis la fatwa autorisant l'assassinat de Sadate), se retrouve finalement on ne sait trop comment aux Etats-Unis, il y a lieu de se poser des questions : l'ambassade des Etats-Unis au Soudan affirme lui avoir octroyé un visa parce qu'elle ne l'avait pas identifié ! Quelques mois seulement après l'assassinat de Sadate ! Troublant. Regardez aussi ce qui se passe en Afghanistan : qui a soutenu les mouvements les plus radicaux ? Les Etats-Unis. Quant aux organisations plus politiques, plus réformistes, moins enclines à se vendre, on les diabolise. On doit, bien sûr, s'opposer au radicalisme des groupuscules islamistes, par exemple, en Algérie. Mais on sait qu'ils sont aussi manipulés et infiltrés. Cette politique ne date pas d'hier, l'étude de la vie de Malcolm X est en ce sens édifiante. Le radicalisme de son propos, on le sait aujourd'hui, était alimenté par des informateurs et des collaborateurs du FBI. Sa violence verbale était politiquement utile. Il n'y a pas que de la manipulation, certes, mais elle se trouve souvent là où on ne l'attend pas.

A. G. – Un des éléments qui rendent les sociétés musulmanes difficilement intelligibles en Occident, c'est la prégnance du fait religieux. Nous avons en France une vision de la marche de l'humanité, de l'évolution "normale" vers une laïcisation de la société à la française. Pourtant, nous savons qu'aux Etats-Unis, par exemple, société qui souvent symbolise la "modernité", la religion occupe une place sans commune mesure avec celle qu'elle a en Europe. Dans le monde musulman, on est confronté à des sociétés qui entrent dans la modernité, avec difficulté, qui s'inscrivent dans la mondialisation (y compris politique), mais qui restent profondément marquées par la religion – même si le rapport entre la religion et la sphère publique évolue. Comment l'expliquer, comment le comprendre ?

D'autre part, l'affrontement multiséculaire entre l'Occident et l'Islam, à travers les croisades et les guerres coloniales, a laissé des cicatrices, parfois encore brûlantes. Il est donc difficile d'aborder le monde musulman de manière sereine. Dans les années quatre-vingt-dix, les médias occidentaux renvoient de l'Iran l'image d'un régime totalitaire, complètement bloqué, complètement fermé, sans possibilité d'évolution. *Le Monde diplomatique* avait publié en novembre 1996 un article sur le combat des femmes iraniennes, sur l'alliance entre femmes islamistes et laïques pour la défense de leurs droits. Ce texte a été accueilli avec scepticisme, sinon avec hostilité. Comment des femmes qui portent le foulard pouvaient-elles défendre les droits des femmes ? Dans ce cadre d'analyse, la victoire du président Mohamed Khatami à l'élection présidentielle de 1997 est apparue impénétrable. Comment, dans un Etat totalitaire, les électeurs avaient-ils pu s'exprimer librement ? L'Iran, pays se réclamant de l'islam, imposant le port du foulard aux femmes, ne pouvait être qu'une dictature bloquée. L'islam offrait aux commentateurs une grille d'analyse aussi facile à utiliser que réductrice.

Vous allez dire que j'insiste, mais est-ce qu'il n'y a pas tout de même une propension particulière des musulmans à prendre les armes pour défendre leur foi ? La notion de jihâd *ne favorise-t-elle pas un tel comportement ?*

T. R. – Il y a, dans les références musulmanes, un certain nombre de concepts qui sont faciles à manipuler. On ne peut le nier. Dans le champ de références à l'islam, certains concepts peuvent être déformés et en ce sens légitimer des réactions violentes, telles la notion de jihâd ou celle de *tâghout* – le tyran, le despote, "l'usurpateur du pouvoir", etc. Certaines lectures radicales utilisent cette terminologie sans grand discernement pour justifier par les textes religieux la violence de leur engagement dans la lutte pour le pouvoir. Mais il ne faut pas, à cause de ces agissements, dénaturer le sens réel de ces concepts ni les traduire à la lumière des comportements extrémistes de ces groupuscules qui restent tout à fait minoritaires. On occulterait ainsi la grande tradition musulmane qui, à travers les âges, s'est développée et a permis l'émergence d'espaces de convivialité et de pluralisme culturel et religieux. Cette grille de lecture, très réductrice, nous empêche de comprendre les vraies causes de la radicalisation dans le monde musulman. L'islam n'est plus perçu qu'au travers des exactions de ces acteurs les plus extrêmes et on oublie des siècles et des décennies durant lesquels des millions et des millions de musulmans ont vécu, porté, développé l'esprit de tolérance, de respect, de convivialité et de diversité. La référence islamique a davantage nourri l'esprit de l'Andalousie florissante et l'expression esthétique en Turquie au temps de Soliman le Magnifique que justifié les actes terroristes. On ne s'intéresse, pour définir l'islam, qu'à des concepts manipulés par des groupes radicalisés que l'on ne situe même pas dans leur contexte politique.

Ces concepts existaient dans d'autres religions que l'islam. Dans la religion chrétienne, le concept de guerre sainte, par exemple, a mené aux croisades. Mais aujourd'hui, il a disparu dans la chrétienté et perdure dans l'islam.

T. R. – Je ne suis pas d'accord avec cette lecture. Le concept de jihâd n'a rien à voir avec la guerre sainte. Absolument pas. Le jihâd dans l'univers mental musulman n'est ni une lutte sacrée ni un combat pour l'expansion de l'islam, même si certains groupuscules défendent cette interprétation. Pour l'immense majorité des musulmans, la notion de jihâd fait référence à l'effort spirituel et, plus largement, à la résistance. Par ailleurs, je ne suis pas aussi sûr que la notion d'expansion et d'imposition d'un modèle ait disparu de la civilisation occidentale et judéo-chrétienne. On ne parle plus de "guerre sainte", mais l'idée d'être les porteurs de la seule vraie civilisation est toujours implicite dans le discours américain et plus largement occidental. La prégnance du référent musulman fait que des termes comme jihâd sont très fréquemment utilisés. Je l'emploie quotidiennement dans mon rapport à moi-même : le jihâd, c'est d'abord l'effort que l'on fait sur soi-même pour résister aux forces négatives qui nous habitent. C'est un travail de résistance contre ses propres colères, sa violence, sa cupidité.

Souvent, le monde musulman ressent son rapport à l'Occident dominant en termes de résistance, sur le plan économique comme sur le plan culturel. On ne pourra si aisément lui imposer la culture occidentale, ni même une sécularisation copiée sur le modèle occidental. Il y a et il y aura une résistance. Pour s'en persuader, il faut, pour une fois, écouter les peuples. Cela ne veut pas dire que l'on ait un modèle de rechange à proposer ou simplement trouvé les moyens de s'en sortir. Le discours simplificateur d'un certain nombre d'économistes musulmans montre bien qu'on n'a pas de solution toute faite.

Vous avez expliqué, Tariq Ramadan, que l'une des causes de la stagnation du monde arabe tient au fait que l'Occident a toujours empêché les peuples qui le composent d'exprimer leurs aspirations profondes, cette fidélité à leur foi, ces références dont vous venez de parler. Mais la montée de ce qu'on appelle en Europe l'"islamisme" est récente. Vous parliez des années cinquante, mais on a plutôt l'impression que ces mouvements se développent bien plus tard, dans les années quatre-vingt.

T. R. – Ce qui a rendu les mouvements islamistes plus visibles en Occident, c'est le caractère spectaculaire de la révolution iranienne. Tout paraît débuter en 1979. Certains chercheurs remontent aux années soixante au moment où, après la répression des Frères musulmans en Egypte, les idées d'Abou 'Ala al-Mawdudi et de Sayyid Qutb se diffusent. La date de naissance de l'"islamisme" se situerait ainsi entre 1966 et 1979. Cette lecture repose sur une approche peu scientifique et peu précise. Ce qui naît entre 1966 et 1979, ce sont des mouvements essentiellement orientés vers la prise du pouvoir, le renversement de l'Etat et qui, dans cette perspective, se radicalisent. Quand des chercheurs comme Olivier Roy, Antoine Basbous ou Gilles Kepel annoncent l'ère du "postislamisme", ils parlent en réalité de l'échec des postures politiques radicales et révolutionnaires. Etrange approche sociologique, qui crée un objet d'étude par réduction ("l'islamisme, c'est l'islam politique radical") et nous annonce la mort d'un autre objet ("l'islam politique ou les mouvements se référant à l'islam ont échoué"). Le flou permet les évaluations les plus contradictoires par l'utilisation de grilles de lecture tronquées, voire erronées.

Ainsi, les prophètes de la fin de l'islamisme évoquent tantôt les radicaux, tantôt les réformistes, tantôt les uns et les autres. En Iran, la fin de l'islamisme signifierait en fait l'échec des conservateurs et donc les réformateurs ne seraient plus des "islamistes", ils seraient sortis du champ de l'islamisme alors que la même analyse qualifie les réformateurs en Egypte ou en Malaisie d'"islamistes" : pourtant, les visions des uns et des autres sont convergentes, voire souvent similaires.

L'affirmation d'une référence islamique forte et de plus en plus populaire est ancienne et s'enracine dans nombre de pays musulmans dès les premières décennies du XXe siècle : en Egypte, en Syrie, en Algérie, au Maroc, en Iran, entre autres.

Par la suite, toutes les luttes pour les indépendances portent cette référence à l'islam. Même celle du très laïque FLN d'Algérie, dont les combattants adoptent l'appellation très connotée de *moujahidine*. Après les indépendances, et de façon continue jusqu'à nos jours, les mouvements réformistes musulmans rencontrent une reconnaissance populaire certaine. Les partisans du "postislamisme" ne donnent pas une idée exacte de la réalité des sociétés musulmanes et de la nature de leur lien à la religion. La mobilisation radicale et extrémiste montre, bien heureusement, ses limites et son échec, mais cela ne remet pas en cause l'idée d'un projet de société se réclamant de l'islam, fondée sur un Etat de droit et le respect du peuple. L'idée n'est pas neuve puisque Afghani et 'Abduh l'évoquent et, surtout, elle n'a jamais disparu : il n'y a qu'à observer les sociétés musulmanes en Afrique, au Proche-Orient ou en Asie.

A. G. – Il est vrai que la référence islamique n'a jamais disparu, mais elle n'a pas occupé toujours une place centrale dans le champ politique. Dans les années quarante et cinquante, les Frères musulmans jouent un rôle important, notamment en Egypte. Puis la répression s'abat sur eux ; et, surtout, le nationalisme arabe devient, notamment avec Nasser, l'idéologie de mobilisation des peuples. Ce nationalisme n'est certes pas laïque au sens occidental – il est marqué par des références religieuses, mais atténuées, pourrait-on dire. Après la défaite arabe de 1967 face à Israël, on assiste à une renaissance du mouvement islamiste, aussi bien modéré que radical. La gauche est en crise, le nationalisme arabe à l'agonie, l'islam apparaît aux yeux des jeunes, notamment des étudiants, comme la solution. Dans les années soixante-dix, les islamistes gagnent les élections dans les universités égyptiennes. J'ai le souvenir d'amis de la gauche découvrant avec stupeur que leurs enfants sont devenus des militants islamistes. Il s'opère un tournant, facilité en Egypte par la mort de Nasser et la manière dont son successeur, Sadate, utilise les Frères musulmans dans son combat contre les nassériens. La révolution iranienne de 1978-1979 concrétise de manière spectaculaire le surgissement de cette réalité sur la scène internationale. Elle mobilise surtout la population chiite, au Liban et en Irak notamment, mais a des répercussions ailleurs, y compris au sein des mouvements islamistes sunnites.

T. R. – La révolution iranienne a mis en évidence une dimension de ce qui se passait dans les sociétés musulmanes, mais elle a aussi induit en erreur sur la nature des dynamiques en cours dans la région : l'affirmation de la réforme agraire, l'alphabétisation, la révision des programmes scolaires, la remise en cause des normes imposées par l'Occident, s'opposent au primat imposé de l'économie et appellent au respect des principes éthiques de l'islam. Elles ne sont ni traditionalistes, ni “wahhabites” et l’on trouve un large spectre d’intellectuels et d’organisations que l’on peut, malgré leurs divergences, intégrer dans cette dynamique. Parmi les associations les plus proches de la lettre des textes, on trouve les groupements nationaux qui sont issus des Frères ou ont été influencés par eux, mais également des groupements spécifiques comme Al-Djaz’ara en Algérie, Abim en Malaisie, les mouvements distincts, voire opposés mais tous deux en mutation en Turquie, le Fazilet d’un côté et Nurdju de l’autre. Il faut y ajouter les organisations syndicales musulmanes comme celles d’Indonésie qui comptent plusieurs dizaines de millions d’adhérents, les intellectuels réformateurs en Iran. En Malaisie, je pense aux contributions récentes de Muhammad Kamali en matière de droit et au Pakistan aux recherches en économie d’Umar Chapra. D’autres intellectuels en marge, voire isolés et contestés, posent de vraies questions : ils se distancient de la lecture littérale mais se considèrent comme des réformateurs et l’on doit compter avec leur apport critique, comme c’est le cas du penseur Jamal al-Banna, le petit frère de Hassan al-Banna, qui a adopté en Egypte des positions très controversées en matière de droit, de Sayyid Hosseyn Nasr installé aux Etats-Unis. Je m’empresse d’ajouter, dans cette énumération, que je ne disqualifie aucunement du débat, bien au contraire, les réflexions de Mohammed Arkoun, d’Ali Merad ou de Nasr Abou Zeid. Ces mouvements ou ces intellectuels ont une vision politique beaucoup plus riche que les réactionnaires saoudiens ou les radicaux afghans. Il est plus facile de manipuler des mouvements comme le Takfîr* en Egypte que ceux qui s'enracinent dans une tradition savante, intellectuelle et sociale. La plupart des dirigeants réformistes musulmans ont été soit liquidés, soit ostracisés. Au demeurant, ma question est celle-ci : qu'est-ce qui fait encore tellement peur à l'Occident, dans l'émergence de forces démocratiques dans les pays arabes ? Pourquoi soutient-il toujours des dictatures ?

A. G. – La question se pose effectivement. On voit bien comment les complaisances occidentales à l'égard de l'Egypte ou de la Tunisie, par exemple, sont justifiées par la lutte contre l'islamisme. A la fin de l'année 2001, le président Chirac s'est rendu à Tunis et il a prononcé un discours hallucinant, expliquant que si tous les autres pays arabes avaient suivi l'exemple de la Tunisie dans la lutte contre le terrorisme, le monde n'en serait pas là… L'islam sert d'épouvantail, y compris dans les opinions publiques occidentales. Mais on ne peut pas, comme vous le faites, balayer toutes les époques, toutes les situations, en disant : L'Occident a développé une stratégie monolithique. J'ai rappelé comment certains dirigeants ont utilisé l'islam contre la gauche. D'autre part, on ne perçoit pas réellement l'influence des forces réformistes et

* *Takfîr* : impiété.

démocratiques musulmanes dont vous parlez et leur projet, quand il existe, n'est pas toujours très encourageant. L'impasse du monde arabe n'est pas seulement la conséquence de dictatures, même appuyées par l'Occident. L'islam politique tel qu'on le connaît est-il vraiment incompatible avec la mondialisation néolibérale ? Est-il une résistance à l'ordre mondial ? Cela demande inventaire. Que les femmes portent le foulard ne les empêche pas de boire du Coca-Cola ou de regarder des feuilletons américains. On peut très bien être un fondamentaliste islamiste ou, pour prendre un autre exemple, un nationaliste serbe virulent, se brancher sur Internet et acheter des produits occidentaux. Et accepter le libéralisme économique. De ce point de vue, certains mouvements identitaires sont tout à fait gérables par l'Occident. L'islam est un élément de la culture que l'on ne peut ignorer, et toute transformation du monde arabe doit le prendre en compte. Mais les forces islamistes dont vous parlez, celles que je connais tout au moins, ne présentent pas de projets réformateurs. Ni le Fazilet en Turquie, ni les Frères musulmans en Egypte. Elles mobilisent la communauté musulmane sur des objectifs secondaires – ceux qui relèvent des pratiques cultuelles essentiellement – ou dangereux comme la condamnation de l'écrivain Salman Rushdie. On est loin des questions fondamentales. Où sont les forces islamiques qui proposent une solution aux problèmes du développement économique, à ceux de la misère, de la démocratie, du multipartisme, de la liberté d'expression, des droits des femmes ? Où sont les Afghani et Muhammad 'Abduh ? Franchement, je ne les vois pas.

T. R. – Il faut distinguer les domaines : il y a la responsabilité des pouvoirs occidentaux et celle des musulmans eux-mêmes. Dans les déchirements du monde arabe, la pérennité des dictatures, les difficultés à évoluer vers le pluralisme, on doit aussi prendre en compte la gestion coloniale et postcoloniale. Mais l'essentiel de ma réflexion, vous le savez, consiste à insister sur la responsabilité des musulmans. Les pays musulmans sont, sans conteste, les premiers responsables de l'état dans lequel ils survivent et les savants, les intellectuels et les peuples ont leur part, ô combien essentielle, de responsabilité. Sur ce point et sur vos remarques concernant la pauvreté de la production intellectuelle musulmane, permettez-moi de faire deux commentaires. Vous citez 'Abduh plus, à mon sens, pour ce que vous auriez aimé qu'il fût que pour ce qu'il a été effectivement. Sur le plan de la pensée, on a parfois un peu mythifié son apport. L'impact de sa pensée a été très relatif. A sa mort, les écoles qu'il a fondées ne comptent pas plus de sept cent cinquante élèves dans toute l'Egypte. Et l'avis juridique qu'il avait énoncé sur la polygamie avait des antécédents chez des oulémas depuis plusieurs siècles déjà.

A. G. – Oui, mais on attend toujours la fin de la polygamie.

T. R. – Les sociétés évoluent et les savants qui s'expriment pour le strict respect des conditions imposées par l'islam sont de plus en plus nombreux : notamment par l'éducation des femmes et leur droit à exprimer leur refus dans le contrat de mariage. Nous y reviendrons. J'ai un grand respect pour l'œuvre de 'Abduh et son apport théorique est conséquent, mais j'ai souvent l'impression que les orientalistes l'ont utilisé, lui comme auparavant les mu'tazilites "rationalistes*", pour en faire la figure du "savant moderne", parce que sur certains points très sensibles, ses positions apparaissaient être en accord avec ce que l'on attendait de l'évolution de l'islam en Occident. Il faut se méfier de ces réappropriations exogènes et pas toujours innocentes.

Deuxième élément : on peut reconnaître l'apport de grandes figures historiques, mais est-ce à dire que nous sommes dans un désert intellectuel ? C'est inexact. Nous sommes dans une période de transition. Si la production contemporaine manque de grand projet novateur, il s'engage une relecture des textes qui tient compte de la complexité du monde, des sociétés, de la politique et de l'économie.

* Le mouvement mu'tazilite, né au IIIe siècle de l'hégire (IXe s.), met en avant la valeur de la raison dans la défense de la Loi religieuse.

Les contextes international et national nous ont forcés à complexifier nos rapports aux textes de référence, le Coran et la Sunna, et cela est finalement très salutaire. Peu à peu, l'on prend conscience que la fidélité à nos sources doit passer par une vision plus dynamique, plus enracinée dans les processus psychologiques, sociaux, politiques et économiques que dans la référence à des cadres et à des structures bien caducs. Hier, face au colonialisme, on croyait qu'il n'y avait qu'une seule réponse possible, un modèle – "l'Etat islamique". Maintenant, nous savons que penser en termes de modèle idéal est inadéquat et que l'approche traditionnelle des textes a montré ses limites. Période difficile qui nous impose de revoir nos lectures interprétatives et donc l'ancrage de nos actions dans tous les domaines. L'expérience iranienne, entre autres, a beaucoup apporté à cette réflexion. Les musulmans en Occident, au cœur de la complexité, doivent également y contribuer. D'autre part, et je l'ai encore observé récemment dans plusieurs pays africains et jusqu'au Pakistan, des pans entiers de ces mouvements islamiques sont portés par des femmes. C'est un élément important de la rénovation de la lecture des références musulmanes. Il existe des courants de pensée qui n'ont peut-être pas l'envergure initiale de ceux que vous citiez, mais ils sont sans doute plus productifs. Des choses originales sont en train de prendre corps. Que l'on songe à l'impact de la télévision basée au Qatar, Al-Jazirah. Des programmes différenciés, avec de nombreux débats, remportent un succès d'audience très important. L'émission hebdomadaire du cheikh Qaradawi est suivie par des millions de personnes à travers le monde. Qaradawi est originellement de l'école de Hassan al-Banna et son aura dépasse toute affiliation à un groupe ou à une organisation. Son discours sur la femme, sur la démocratie dont il défend les principes en les inscrivant dans la philosophie politique musulmane, apporte un souffle nouveau. Par son influence, il aura sans doute apporté plus que 'Abduh au début du siècle. Qu'il y ait une crise de la pensée, je ne saurais le nier et je ne cesse de le dire. Mais ce n'est pas non plus le désert et des idées se profilent à l'horizon. Nombre de ceux qui amènent une réflexion nouvelle dans le monde musulman sont en contact avec l'Occident. La plupart ont fait leurs études en Grande-Bretagne, en France ou aux Etats-Unis ; ils mesurent les avancées, connaissent les échecs et les réels risques d'aliénation de la pensée musulmane. D'autre part, la stagnation du monde musulman en matière de projet politique n'est pas due à la disparition d'une pensée musulmane spécifique : c'est la pratique politique qui permet de penser des projets nouveaux et alternatifs, à moins de demeurer sur le plan de la projection idéaliste et utopique. Or, cette expérience manque et les élites sont très loin de pouvoir mesurer leur théorie à l'aune de la réalité. Progresser suppose que l'on ait la possibilité d'expérimenter, d'appliquer, de rectifier ; bref, d'évoluer, comme le montre le cas iranien. Depuis des décennies, cela n'est pas possible car ce sont les dictatures qui monopolisent l'espace politique.

A. G. – Nous sommes d'accord là-dessus. La responsabilité principale est bien celle des régimes dictatoriaux. Mais les degrés de répression ne sont pas tous les mêmes. En Jordanie, par exemple, il existe un espace pour les mouvements islamiques, au Koweït aussi. Or, au Koweït, les forces islamistes ont voté contre le droit de vote pour les femmes.

T. R. – Ces forces ne sont pas homogènes. Les divergences sont nombreuses entre les traditionalistes, les conservateurs et les réformistes sur les points que vous mentionnez.

A. G. – C'est vrai. Au Liban, il y a eu l'exemple du procès intenté en 1999 au chanteur Marcel Khalifé, parce que dans un de ses textes était inclus un verset du Coran. C'est le mufti sunnite qui avait intenté le procès, mais les dirigeants du Hezbollah, chiites, l'ont défendu. Donc, l'islamisme n'est pas homogène, mais il s'identifie trop souvent à un repli étroit, frileux, contre les agressions extérieures.

T. R. – Qu'entendez-vous exactement par "islamisme" ? Il faut faire la différence entre la pensée des uns, étroitement politique, et celle d'autres acteurs qui travaillent à la relecture des références et à l'élaboration d'un projet de société qui se veut pluraliste depuis un siècle déjà mais qui, il est vrai, peine à se donner les moyens de sa réalisation. En ce sens, il est difficile pour le journaliste de percevoir autre chose qu'un repli. Mais il faut aussi constater que les dictatures accentuent ce phénomène. Le seul moyen de permettre au monde musulman un épanouissement de sa pensée, c'est la démocratisation des systèmes politiques. Mais l'Occident n'a aucun intérêt à cela.

N'y a-t-il pas contradiction entre votre pessimisme et ce que vous avez dit sur la diversification de la pensée islamique, sur les courants et les débats de plus en plus perceptibles dans le monde musulman ?

T. R. – Ce n'est pas contradictoire. Il existe une effervescence intellectuelle dans le monde musulman. En Asie, en Afrique et en Occident notamment, la pensée musulmane s'éveille. On cherche, on questionne, on évolue. Les initiatives, la relecture des sources, les débats critiques se multiplient. Cela me paraît fondamental pour l'avenir. Sur ce point, mon optimisme est sincère, profond, assumé. Mais je suis également pessimiste en raison de l'état de l'opinion publique occidentale vis-à-vis de ces pays. L'image que l'on entretient de l'islam en Occident, le fait que des dictatures ne nous gênent pas parce qu'elles sont loin, la démission et la passivité des peuples nantis face aux horreurs perpétrées par les despotes, tout cela m'interpelle. Est-ce que cela veut dire que le seul moyen de s'en sortir, c'est effectivement une politique de rupture ? Les considérations simplificatrices, et parfois démissionnaires, de nombreux intellectuels en Occident m'amènent à le penser. Telle est la source de mon inquiétude, à quoi il faut ajouter, bien sûr, l'analyse très sévère que je fais des réalités sociales et politiques du monde arabe et musulman dans son ensemble.

A. G. – Certains pays, certaines situations sont plus proches de nous. Ainsi, le Maghreb, pour des raisons évidentes, intéresse l'opinion française, mais elle est moins sensible à ce qui se passe en Arabie Saoudite. D'autre part, que signifie la rupture ? Rupture avec quoi, avec la démocratie, avec un modèle, avec l'Occident ? Prenons l'exemple de l'Iran, celui de la révolution la plus radicale du dernier quart du XXe siècle. L'évolution de ces dernières années montre que, par ses propres voies, l'Iran s'engage vers plus de démocratie et de participation – une aspiration universelle, que je n'identifie pas du tout à l'Occident. Dans le même temps, je ne vois pas se dégager là-bas, pas plus d'ailleurs que dans d'autres pays, un modèle de rechange sur le plan économique et social. Enfin, l'exemple iranien confirme que ce qui est déterminant dans l'évolution d'une société, c'est l'action interne, pas les ingérences externes.

T. R. – Vous avez raison. Et c'est ce qui rend intéressant le cas iranien car, pour la première fois, durant ces dernières décennies, nous voyons se déployer une pensée qui a évolué par rapport à elle-même, de l'intérieur. Et cela est capital. L'évolution de la pensée des réformistes iraniens, leurs dissensions avec les conservateurs, c'est bien la profondeur de la rupture provoquée par la révolution qui les a permises.

A. G. – Mais ce n'est pas une rupture entre islam et Occident. C'est une contribution de l'islam politique à notre histoire commune. Le système politique iranien ne nous est pas étranger. Il y a une constitution, des partis politiques, des élections. Quoi qu'il en soit, le bilan de la révolution islamique est encore à faire, mais on ne peut nier le mouvement de réappropriation par la société de sa culture. Mais cela devient plus difficile dans un monde unipolaire où toute recherche d'une voie différente paraît suspecte à la “superpuissance” que sont les Etats-Unis.

Qu'est-ce que ça veut dire, pour vous, que les sociétés musulmanes doivent se réapproprier leur culture ?

A. G. – C'est plutôt à Tariq Ramadan de nous le dire. Pour moi, cela signifie vivre en fonction de sa propre histoire, de ses traditions, de sa culture (qui ne sont pas contradictoires avec des valeurs universelles). Mais je tiens à souligner que cette réappropriation ne résout pas tous les problèmes. J'ai tendance à partager l'idée d'un échec de l'islam politique : je ne vois pas se dégager des forces se réclamant de l'islam politique – même de ses courants modérés –, y compris en Iran, de modèle ou même de schéma original, différent, de développement économique et social. Certains Etats se veulent musulmans, que ce soit l'Iran ou l'Arabie Saoudite, avec des formes particulières d'application de la charia, mais qu'est-ce que cela change dans la réalité sociale ?

T. R. – Distinguons les éléments du débat : je ne pose pas les choses en termes de conflit Islam-Occident. Je n'adhère pas du tout à cette thèse. Ce que j'essaie de questionner, comme une inquiétude quant à l'avenir, c'est la capacité des peuples, en Occident, à faire leur la cause de la justice et de la liberté, à s'engager à la défendre pour eux-mêmes et pour autrui. Il faut pour cela avoir de l'énergie, fournir des efforts pour s'informer, se mobiliser, revendiquer, protester et je ne suis pas sûr que nous nous engagions sur ces voies, eu égard aux modes de vie qui nous sont proposés en Occident. Quelle grande idée, quel grand combat mobilise encore les consciences ? Les temps ont changé. Je suis bien sûr déterminé à faire l'impossible pour accompagner et encourager tout mouvement de prise de conscience et de résistance, comme celui des citoyens que nous avons vu à

Seattle : l'inquiétude ne confine pas à la passivité, jamais, mais bien plutôt à un supplément de responsabilité et de conscience solidaire.

C'est dans cette perspective qu'il est important d'étudier les dynamiques religieuses, sociales et politiques qui sont à l'œuvre et avec lesquelles il faudra compter à l'avenir. Il n'y a effectivement pas un seul modèle de projet alternatif pour les sociétés musulmanes et parler d'un "modèle islamique" de gouvernement ou d'un "Etat islamique" qui serait l'archétype à réaliser ne veut rien dire. Distinguons deux choses : le mouvement de revendication identitaire islamique est transnational et traverse le monde musulman dans son ensemble, de Jakarta à Casablanca. On ne peut attendre de ces mobilisations, concomitantes mais cependant très diversifiées, un projet ou un modèle uniques d'organisation politique et sociale. Ce qu'il faut espérer, et à mon sens encourager, c'est la réalisation, à partir des références endogènes de chaque société – références religieuses et culturelles –, de processus pluralistes et ouverts menant à l'Etat de droit, à la promotion de la citoyenneté et d'une juste représentation des peuples dans la liberté. Parler d'un projet islamiste un et unique, ou même de son déclin, ne veut pas dire grand-chose. De quoi parle-t-on au juste quand on parle de l'échec de l'"islam politique" : de ceux qui cherchent à prendre le pouvoir et n'hésitent pas à recourir à la violence ? Ou des mouvements plus que centenaires qui affirment que la réalité de l'islam est incontournable et qu'il faut compter avec sa prégnance dans l'organisation des sociétés majoritairement musulmanes (mais que cette posture n'empêche pas d'étudier les réalisations d'autres sociétés pour les adapter à leur contexte) ? Parle-t-on des traditionalistes saoudiens ou du clergé conservateur iranien ? Parler ainsi de l'islamisme sans nuances est un non-sens : partout, la référence à l'islam est présente et si on laissait réellement les peuples s'exprimer, on verrait plus clairement encore, cela est certain, cet attachement se manifester. En ce sens, ce qu'il faut encourager, c'est la dynamisation d'une pensée et d'un engagement qui cherchent à proposer une organisation sociale fidèle aux références des peuples mais ouverte sur les valeurs et le monde. Il n'y a pas une réponse "islamique" pour tous les pays musulmans et je pense comme vous qu'elle ne s'oppose pas aux valeurs universelles.

On a diabolisé, au Nord, "l'islamiste Erbakan", le dirigeant du parti Refah en Turquie, alors que des chercheurs, à l'instar de Nilufer Göle, proposaient que l'on étudie de plus près son engagement et que l'on cesse la simplification. Son intention était d'établir un front de résistance des pays du Sud, qui associerait d'abord la Malaisie, la Turquie et l'Iran. Cette alliance économique et politique aurait permis de se dégager de l'imposition des politiques américaines et surtout de s'opposer aux directives idéologiquement orientées du FMI et de la Banque mondiale. Au Nord, on veut réduire la pensée islamique à une résistance rétrograde, réactionnaire, puritaine alors que cela fait des décennies que les courants de pensée se référant à l'islam ont proposé des projets très progressistes en matière sociale, économique et politique : régimes parlementaires, pluralisme politique, citoyenneté, alphabétisation, réforme agraire, promotion de petites et moyennes entreprises, etc.

Les échecs sont nombreux, les insuffisances évidentes, mais il est urgent de cesser de reproduire les lieux communs sur ces mouvements religieux et sociaux. La référence à l'islam n'est pas une assurance de régression, il faut revisiter cette identification réductrice et observer les dynamiques et les évolutions de l'intérieur. En vingt ans, l'Iran s'est plus transformé – non pas seulement sur le plan politique mais aussi sur celui des idées et des modes de relation aux références scripturaires – que n'importe quel autre pays musulman apparemment progressiste parce que structurellement "laïque". Dans le monde musulman, "laïque" veut dire "dictature", au regard du bilan historique des régimes politiques comme la Turquie, la Syrie, la Tunisie ou d'autres : dictatures où le meurtre des intelligences est quotidien.

Encore une fois, on peut ne pas partager les opinions d'Erbakan, de Khatami ou d'autres dirigeants musulmans, comme c'est souvent mon cas d'ailleurs, mais force est de reconnaître que l'avenir des pays musulmans passera par cette réappropriation de leurs références et par une évolution endogène, au rythme des progrès de la pensée et des mentalités à l'intérieur d'une civilisation en relation, bien sûr, avec les autres. Mais il faut lutter pour la liberté, le droit et la justice sociale même si les espoirs des peuples ne correspondent pas, à première vue, à nos espoirs en Occident. Est-ce que l'Occident est prêt à ce pluralisme ? J'ai des doutes. Il faut absolument en finir avec cette sorte de "monologue dialogué", pour reprendre une formule utilisée pour décrire le mode de dialogue propre à la dialectique socratique : on attend de l'autre qu'il confirme et adopte notre point de vue ; dans le fond, il est davantage un faire-valoir qu'un véritable interlocuteur. Dialoguer, c'est accepter le décentrage, accepter d'entrer dans la logique de l'autre ; cela veut dire, en ce qui nous concerne, prendre langue avec des musulmans qui ne pensent pas forcément comme nous mais qui ne sont ni obtus, ni traditionalistes, ni extrémistes. Ils sont progressistes à leur façon, restent à étudier "leur façon", leurs valeurs, leurs espérances et à les critiquer, si besoin est, en connaissance de cause. Dialoguer avec ceux qui pensent comme nous, qu'ils s'appellent Ahmad ou Abdallah, qu'ils soient professeurs ou intellectuels attitrés, n'est pas une garantie de dialoguer avec l'autre. Cela peut n'être qu'un trompe-l'œil, rassurant mais inopérant et improductif dans les faits.

Echec de l'islam politique ? Finalement, qu'est-ce que cela veut dire ? Veut-on se rassurer sur les réalités des sociétés musulmanes ? Veut-on dire que les réformistes musulmans ont échoué à proposer un modèle spécifique ? S'agit-il de l'échec des révolutionnaires ? Il faut savoir de quoi l'on parle. Pour le monde arabo-musulman, je ne vois qu'un seul échec : les dictatures persistent et les peuples étouffent. Luttons contre les dictatures et laissons les peuples faire leur choix et alors, alors seulement, un constat objectif sera possible. Auparavant, c'est formuler une équation dans le brouillard, ou agiter de l'air, aussi rassurant soit-il, sur un vide conceptuel.

V

LE NOUVEAU DÉSORDRE MONDIAL

Depuis la chute du mur de Berlin et l'effondrement de l'URSS, un nouvel ordre international s'est mis en place, ou tente de se mettre en place. A la suite du 11 septembre 2001 il semble que le mouvement s'accélère. Comment voyez-vous ce "nouvel ordre", que l'on serait plutôt tenté d'appeler "désordre" ? Loin d'être pacifique comme on aurait pu l'imaginer depuis que l'Est et l'Ouest ont cessé de s'affronter, il semble marqué par une multiplication des conflits armés.

A. G. – Deux grandes théories ont été avancées pour expliquer le monde depuis 1989. Francis Fukuyama a d'abord proclamé "la fin de l'histoire". Selon lui, le libéralisme économique et politique occidental a définitivement triomphé et son extension à l'ensemble de la planète est programmée. Cela pourra prendre du temps, le monde connaîtra de nombreuses péripéties, mais le résultat est inéluctable. Puis il y a eu la thèse de Samuel Huntington sur "le choc des civilisations", souvent schématisé pour les besoins de la cause. Huit grandes civilisations s'opposent et sont en conflit plus ou moins permanent. L'antagonisme le plus grave est celui qui oppose la civilisation islamique à celle de l'Occident. A ces deux conceptions s'en est ajoutée une autre, moins systématisée, plus diversifiée, celle du chaos. Il n'y aurait plus d'ordre international possible. Nous allons vers un monde de plus en plus désordonné et fragmenté, marqué par les guerres ethniques et religieuses, l'affaiblissement des Etats, leur prolifération aussi, comme l'analyse si bien Pascal Boniface. Les deux premières théories ont un point commun : elles présentent d'un côté la "bonne" civilisation, la "bonne" organisation politique, économique et sociale, celle de l'Occident. Les autres devront se laisser absorber ou en cas de refus, elles seront traitées en "menaces", en ennemies. C'est le modèle occidental libéral et démocratique qui doit triompher. Samuel Huntington énonce : "L'ennemi, c'est les autres." Ces systèmes reflètent à la fois le triomphalisme né de l'effondrement du communisme et le sentiment diffus que nous sommes entourés d'ennemis. Il faut les combattre, les réduire à accepter "notre" civilisation. On n'est pas loin de la vision coloniale. On peut penser que les événements du 11 septembre 2001 et la guerre déclenchée par les Etats-Unis "contre le terrorisme" nous entraînent presque irrésistiblement dans cette voie.

Le nouvelle administration du président Bush semble avoir trouvé enfin une grille d'analyse du monde qui est, si l'on peut dire, un "enrichissement" de la théorie de Huntington. Elle s'est servie des attaques du 11 septembre 2001 pour définir un nouvel ennemi global, un ennemi qui a remplacé l'URSS, le terrorisme en général, mais plus spécifiquement "le terrorisme islamique". Cette lutte, comme la guerre froide, est une lutte de longue haleine, qui ne s'arrête pas avec la victoire américaine en Afghanistan et la chute du régime des Talibans. Elle nécessite la mobilisation de toutes les ressources intérieures et extérieures du pays, sous le mot d'ordre : "Qui n'est pas avec nous est avec les terroristes." Cette phrase s'applique aussi bien en politique intérieure – d'où l'adoption de nombreuses mesures liberticides – qu'à l'égard des alliés sommés de se rallier inconditionnellement à cette croisade et à qui on ne demande pas leur avis.

T. R. – La vision que l'Occident a de lui-même est déterminante. La confusion s'est installée entre les grands principes universels et le modèle de civilisation qui concrètement prend corps et s'impose. On voit réapparaître des attitudes dont on pensait qu'elles étaient dépassées : repli frileux et vision, chez des intellectuels de renom comme chez de nombreux politiciens, d'un Occident dominant, seule "bonne" référence, comme vous dites. Face à cette réalité, il n'y a que deux postures : accepter ce modèle, donc aller dans son sens, ou lui résister. Mais le débat se situe bien au niveau des civilisations et des cultures.

Depuis la chute du Mur, l'hégémonie de la civilisation occidentale se construit sur la promotion de peurs, en particulier celle de l'islam. Ecoutez le discours sur le monde musulman, sur son incapacité à la modernité, à la démocratie ! On en est arrivé à l'idée que sa stagnation tient à l'islam lui-même ! J'entends beaucoup de gens dire qu'ils s'opposent à l'analyse de Huntington mais, dans les faits, ils la confortent par leur attitude à l'égard des autres cultures. Ils finissent toujours par proposer les modèles de société qui sont ceux de la civilisation occidentale.

Cette idée du "bon modèle" de civilisation à exporter n'est pas vraiment nouvelle. Elle a sous-tendu toute la politique coloniale, avec, à l'époque déjà, l'idée de la "mission civilisatrice" de l'Europe.

A. G. – Précisément, c'est un paradoxe. Le siècle qui s'achève, avant d'être celui de l'affaissement du communisme, est celui de l'effondrement du colonialisme. Du début du siècle aux années soixante, l'affrontement majeur a été celui qui a opposé les pays colonisateurs aux peuples colonisés. Il s'est terminé par la décolonisation et pourtant, quelques décennies plus tard, revient au galop une conception qui rappelle celle du temps des colonies. Avec une différence de taille : l'occupation totale des territoires n'est plus indispensable, même si les Etats-Unis installent des bases militaires à l'étranger. Elle ne représente plus un facteur déterminant de la puissance. Le contrôle est désormais indirect, mais d'autant plus étouffant. Il est bien plus difficile à secouer que la présence d'une puissance coloniale clairement identifiée à travers des colonisateurs bien concrets. Je prends un exemple : la mainmise française et britannique sur les finances de l'Egypte, dans la seconde moitié du XIXe siècle – sous prétexte de faire payer la dette du pays – se traduisait par la présence de "conseillers" étrangers dans les ministères, une ingérence ouverte, qui cristallisait les oppositions. Désormais, à travers le FMI, la politique économique égyptienne est totalement sous influence, mais cela ne suscite pas les mêmes réactions. Il n'y a pas d'ennemi identifié. Vers qui se tourner ? Qui sont les responsables ? Il était plus simple de combattre les colons.

Comment la théorie de Huntington, qui fait de la civilisation islamique l'ennemi principal de l'Occident, est-elle reçue dans les pays musulmans ?

T. R. – Elle a ses partisans. Elle a joué aux yeux de certains militants musulmans un rôle de révélateur : enfin, ils avouent que le problème c'est nous, c'est l'Islam ! D'autres, notamment des intellectuels, ont eu la même attitude de rejet que certains intellectuels occidentaux. Ils refusent cette vision pessimiste de la relation entre l'Islam et l'Occident, estimant que les facteurs de convergences sont finalement plus importants que les facteurs de conflits. Après le 11 Septembre, la fracture paraît plus profonde néanmoins. L'idée qu'il s'agit d'un face à face où le dominant écrase le dominé fait son chemin. C'est important.

Nous sommes dans une situation de crise extrême dans le monde musulman. Pendant un temps, on cherchait un modèle. On a espéré, par exemple, en la Malaisie, avant qu'on se rende compte qu'elle représentait plutôt une sorte d'"américanisation islamique". On constate un foisonnement de projets sociaux, mais il n'existe aucun modèle politique susceptible de mettre à mal l'ordre international tel qu'il nous est imposé. La seule voie devrait être de chercher comment un certain nombre de valeurs pluralistes et démocratiques pourraient être intégrées dans un projet alternatif à définir. L'idée n'est pas nouvelle puisque Afghani et 'Abduh en parlent au XIXe siècle déjà. Mais il a fallu passer par l'échec de la confrontation radicale pour y revenir et reconsidérer les choses.

A. G. – L'une des difficultés à tracer un cadre d'analyse de l'ordre international vient du fait que nous sortons d'une période assez exceptionnelle dans l'histoire de l'humanité. Pendant la seconde partie du siècle dernier, tout ce qui se passait sur la planète pouvait s'expliquer à partir d'un paradigme assez simple : l'affrontement Etats-Unis-Union soviétique, capitalisme-communisme. La moindre guerre pouvait s'inscrire dans ce cadre. Cela lui donnait un sens et la rendait compréhensible pour l'opinion, même si parfois cette analyse était assez éloignée de ce qui se passait sur le terrain. Par exemple, le conflit entre la Somalie et l'Ethiopie, au départ, était un affrontement pour le contrôle de territoires, notamment de la région de l'Ogaden. Mais, dans les années soixante-dix et quatre-vingt, il s'est transformé en un choc Est-Ouest. Ethiopie et Somalie avaient besoin d'un parrain, d'un fournisseur d'armes et chacun l'a trouvé. Prenons un autre exemple, celui de la guerre civile angolaise. Sans rien connaître de l'Angola, de son peuplement et de son histoire, de ses problèmes tribaux, un observateur savait que le conflit mettait aux prises d'un côté un gouvernement appuyé par Cuba et l'Union soviétique, de l'autre une rébellion armée par l'Afrique du Sud et les Etats-Unis. N'importe qui avait l'impression de comprendre l'enjeu de cette guerre civile, et pouvait intégrer les informations venant de là-bas dans ce cadre. Etait-ce une analyse schématique ? Incontestablement. Et pourtant, elle faisait sens.

Désormais, tous les repères sont brouillés. Chaque conflit reprend une dimension singulière, complexe à expliquer. C'est sans doute l'une des raisons de ce paradoxe : plus on parle de mondialisation, moins la presse occidentale s'intéresse au monde et à ce qui s'y passe – à l'exception, il faut le reconnaître, du cours des Bourses que nous suivons en direct, en "temps réel", comme on dit maintenant. Les événements du 11 septembre 2001 ont ravivé toutefois cet intérêt, peut-être grâce à la nouvelle grille d'analyse simpliste de "la guerre contre le terrorisme". En revanche, les appareils militaires et de renseignements occidentaux cherchent à se reconvertir et à trouver de nouveaux "ennemis", aussi utiles que l'Union soviétique et le communisme.

Un important diplomate américain a pu ainsi regretter : “Ah, si nous avions seulement une théorie qui permettrait d’intégrer la menace russe et celle de l’islam, la Bosnie et la Somalie…” Les Etats-Unis ont aussi avancé une théorie des “Etats parias” *(rogue States)*, qui regroupe pêle-mêle l’Iran et la Corée du Nord, l’Irak et la Libye*. Ces Etats refuseraient l’ordre mondial et, de plus, par leur capacité à développer des armes de destruction massive et des missiles à longue portée, représenteraient une menace sérieuse pour l’Occident. Le président George W. Bush a, pour sa part, dénoncé l’Axe du mal.

Malgré ces élucubrations visant à justifier des politiques de force, nous devons faire un effort pour trouver des schémas explicatifs complexes, qui rendent compte d’une réalité multiple. Le fait majeur de la situation internationale, c’est la domination de ce qu’Hubert Védrine, le ministre français des Affaires étrangères, appelle l’hyperpuissance américaine. Les Etats-Unis sont dominants dans pratiquement tous les domaines, de la politique à la diplomatie, de l’économie à la culture de masse et à la technologie. A moyen terme, aucune autre puissance ni groupe de puissances ne peut penser

* Au mois de juin 2000, le département d’Etat a décidé d’abandonner cette terminologie, au profit de *States of concern* (Etats préoccupants). Mais, comme le précisait Mme Madeleine Albright, la secrétaire d’Etat américaine, le contenu de la politique soustendue par ce concept n’a pas été modifié.

sérieusement les concurrencer ou secouer cette domination. Contrairement à ce qui a été affirmé dans les jours qui ont suivi le 11 septembre 2001, le caractère unilatéral de la stratégie américaine s'est accentué.

Comment expliquez-vous dans ce cas que les conflits, loin de cesser avec la fin de l'affrontement Est-Ouest, se multiplient ? Cela ne prouve-t-il pas que l'affrontement Est-Ouest n'en était pas la raison première ? Peut-être en masquait-il les vraies causes ? La guerre civile a continué en Angola, alors que Cuba et l'Afrique du Sud se sont désengagés, de même que l'Union soviétique. D'autres conflits ont perduré, ou ont éclaté, prenant souvent des aspects nationalistes, ethniques et religieux.

A. G. – Je ne suis pas sûr que nous assistions à une "multiplication des conflits". Le nombre de conflits armés importants, tels que les définit le Stockholm International Peace Research Institute (SIPRI), n'a pas varié sensiblement durant les années quatre-vingt-dix. Il a même légèrement diminué récemment, puisque l'on comptait trente-deux conflits majeurs en 1989, trente-quatre en 1994 et vingt-sept en 1998. Certains des grands conflits, liés à l'affrontement Est-Ouest ou non, ont été réglés ou sont en voie de règlement. La guerre se poursuit en Angola, mais elle s'est arrêtée au Mozambique. Les guerres se sont achevées au Cambodge, en Amérique centrale, en Irlande du Nord, au Timor.

Quant aux autres conflits, on ne peut tous les ranger dans la même catégorie. Il y a d'abord ceux nés de la dissolution de l'Union soviétique et de la Yougoslavie, les deux dernières grandes fédérations de la planète, remplacées par plus de vingt Etats… Ces soubresauts et ces guerres – du Tadjikistan à la Bosnie – sont de même nature que ceux qui ont ébranlé l'Empire austro-hongrois et l'Empire ottoman jusqu'à leur effondrement après la Première Guerre mondiale. Cette fin des fédérations est-elle un fait positif ? Je suis assez séduit par la thèse de Georges Corm et de François Fejto, qui ont montré que le démantèlement de l'Empire ottoman et de l'Empire austro-hongrois, loin d'être le résultat du "réveil des nationalités", a été la conséquence d'une politique délibérée de la France, de la Grande-Bretagne et des Etats-Unis. La désintégration de l'URSS et de la Fédération yougoslave a aussi été, en partie, le produit de choix stratégiques. Washington a d'ailleurs une politique cohérente et affirmée pour empêcher, sous quelque forme que ce soit, la reconstitution d'un grand ensemble autour de la Russie.

Une place à part doit être faite au continent africain où se concentrent le plus de guerres. Elles sont avant tout le résultat de l'affaiblissement des Etats, de la politique de démantèlement menée sous l'égide des institutions internationales au nom d'une idéologie libérale dominante depuis longtemps déjà. Dès les années soixante-dix, l'Union soviétique avait perdu la compétition économique avec les Etats-Unis. Tout le monde le voyait, sauf les aveugles : l'URSS stagnait alors que le monde capitaliste occidental se développait. Dès les années quatre-vingt, il n'y a plus d'autre choix pour le tiers-monde que de passer sous les fourches caudines du FMI. Dans les années cinquante, certains pays avaient pu faire des choix de développement autonome. Ces expériences ont échoué, pour de multiples raisons, y compris internes. Les politiques d'ajustement structurel ont abouti à la diminution des ressources de l'Etat, à son étiolement. Cela a créé les conditions d'apparition d'affrontements de type nouveau autour de l'appropriation de richesses qui s'épuisent : ainsi le conflit rwandais porte sur la terre qui manque ; ailleurs, tel ou tel groupe se bat pour le contrôle des mines de diamant ou des aides internationales. L'Etat n'est plus qu'un élément de l'appropriation de ces richesses. Il perd toute légitimité et il ne peut plus se situer "au-dessus" des ethnies, des tribus et des clans. D'où des affrontements sans fin...

Une des caractéristiques de cette trentaine de guerres, c'est qu'elles sont, pour l'essentiel, des guerres civiles. Les guerres interétatiques ont pratiquement disparu – même si elles ne sont pas à exclure, entre l'Inde et le Pakistan, entre l'Ethiopie et l'Erythrée ou entre les deux Corées. Ces discordes intérieures sont aussi particulièrement meurtrières : 80 à 90 % des victimes sont des civils alors qu'au début du siècle, elles étaient à

90 % des militaires. Autre caractéristique de ces “petites guerres”, c’est que, même si elles ne confortent pas l’ordre international, elles ne le menacent pas. Leur enjeu est limité, leur capacité de nuisance réduite. La guerre civile en Angola peut continuer cinquante ans, et après ? Auparavant, l’implication américaine et soviétique était, paradoxalement, un élément régulateur ; elle donnait aussi un “cadre idéologique” au conflit : on ne tuait pas l’autre parce qu’il était autre, mais parce qu’il était capitaliste ou socialiste. Et les deux superpuissances tenaient la bride à leurs alliés. Désormais, le cadre idéologique a disparu, l’ennemi, c’est les autres.

T. R. – Nous nous retrouvons sur de nombreux points de votre analyse globale, mais je ne suis pas d’accord avec vous lorsque vous dites que ces conflits ne confortent pas l’ordre international. Je suis plutôt de l’avis de Susan George qui parle dans un de ses ouvrages des “conflits de basse intensité”. Non seulement les conflits périphériques ne remettent pas en cause l’ordre international, c’est-à-dire l’hégémonie des Etats-Unis, mais certains d’entre eux confortent la vision que les grandes puissances veulent donner de “l’autre”, de celui qui est désigné comme l’ennemi. Il existe des exemples extrêmement parlants. Prenons l’Algérie : le FMI a décerné un brevet de bonne conduite à ce pays alors que s’affrontaient le terrorisme de l’Etat et celui des groupuscules du GIA. En faisant entrer l'Algérie dans le rang de l'ordre économique libéral et en confortant l'image d'un islam terroriste et violent, on faisait "coup double". Le phénomène est identique en Afghanistan.

J'irai donc plus loin que vous dans l'analyse. La politique américaine ne se contente pas d'observer les conflits, elle a un intérêt évident à entretenir certains d'entre eux. Elle choisit ses alliés en fonction des conditions locales. Un islamiste traditionnaliste radical ou même réformiste peut être l'allié des Etats-Unis en Arabie Saoudite ou en Malaisie et son ennemi au Soudan et en Egypte. Tout dépend du contexte. On ne se gêne pas aujourd'hui pour récupérer l'image de Massoud de façon presque indécente. Au Kosovo ou en Bosnie, les solutions proposées par les Etats-Unis sont des non-solutions. Il faudrait étudier sérieusement l'intérêt qu'ont les Etats-Unis au maintien d'une zone d'instabilité ou de moindre stabilité en Europe. Après le 11 Septembre, cela est plus clair encore. Derrière la lutte contre le terrorisme, il y a une manœuvre géostratégique évidente. D'une façon ou d'une autre, les Américains vont s'installer pour faire protéger leurs intérêts en Afghanistan et dans la région.

A. G. – Le cas du Kosovo est exemplaire. Ce qui pose problème dans l'intervention de l'OTAN de 1999, ce n'est pas l'ingérence dans les affaires intérieures de la Yougoslavie, mais de savoir si les bombardements étaient le meilleur moyen de mettre un terme au calvaire des Albanais. Je ne le pense pas. Ce qui a dicté la politique des Etats-Unis, par-delà la rhétorique humanitaire qui habille désormais toutes les opérations de police internationale, c'est leur volonté d'imposer l'OTAN aux partenaires européens. Pour faciliter cela, l'OTAN a mené une véritable politique de désinformation, invoquant un "génocide", des centaines de milliers de victimes, des destructions innombrables. On sait désormais que tout cela était faux, ce qui ne diminue en rien la responsabilité du gouvernement de M. Milošević dans la politique d'apartheid et de crimes menée contre les Albanais du Kosovo. Peut-on pour autant dire que Washington a créé le conflit ou l'entretient ? C'est lui attribuer bien du pouvoir.

Quand j'évoquais l'indifférence aux conflits, je pensais surtout à ceux de l'Afrique. Il y a quelques années, Jean-Christophe Ruffin avait écrit un livre, *L'Empire et les nouveaux barbares* *. Sa théorie se résumait ainsi : au centre, il y a l'empire (l'Europe, les Etats-Unis, l'Occident) qu'il faut sanctuariser. Autour il y a le *limes*, c'est-à-dire les pays frontières qui sont décisifs – la Yougoslavie en fait partie –, et ils protègent l'empire contre les barbares. Ces barbares, il faut les tenir à distance, mais ce qui se passe sur leur territoire n'est pas très important. Et je doute que l'Afrique représente un grand intérêt pour l'Occident.

* Hachette, 1992.

T. R. – J'adhère également, dans les grandes lignes, à la thèse de Ruffin. Ainsi d'ailleurs qu'à celle qui apparaît comme son prolongement et qu'il a présentée dans son ouvrage au titre évocateur, *La Dictature libérale**. Mais je ne crois pas à "l'indifférence" des Etats-Unis ou de l'Europe. Sans tomber dans la paranoïa qui consisterait à dire : "Ils provoquent le conflit ou ils en tirent les ficelles", certains de ces foyers d'instabilité sont nécessaires aux intérêts des grandes puissances et ils sont perçus comme tels. Les affaires des "barbares" intéressent l'empire au plus haut point et cela se confirme en Afrique de l'Ouest, en Ethiopie, en Somalie, dans la région du Caucase, en Afghanistan et plus largement bien sûr en Asie. Les Américains avaient parlé d'une intervention en juillet 2001, bien avant le 11 Septembre. Les événements aux Etats-Unis ont donné une caution à l'aile guerrière de l'administration Bush. Ne prenons que deux autres exemples : comment expliquez-vous l'intérêt grandissant des Etats-Unis pour l'Afrique ? Et quel est leur objectif en Europe de l'Est ?

A. G. – Certes, il existe des intérêts américains, mais ils ne vont pas toujours déplacer une armada pour les défendre comme ils l'ont fait en Arabie Saoudite après l'invasion irakienne du Koweït. Il n'y a pas de stratégie de grande puissance dans l'effondrement de la république démocratique du

* Jean-Claude Lattès, 1994.

Congo. Il existe une volonté occidentale de résoudre ces conflits, ou au moins de les contenir, mais personne ne veut en payer le prix. C'est la raison pour laquelle on laisse les Nations unies s'en occuper sans leur en donner les moyens.

En revanche, le conflit yougoslave n'est pas périphérique. Au départ, les Etats-Unis n'ont aucune stratégie bien définie. Washington n'était pas hostile à la survie de la Fédération et ne rejetait pas les ambitions de la Serbie. Ensuite, un enchaînement de circonstances les a amenés à s'aligner sur les positions croates et à accepter l'éclatement de la Fédération. En 1989-1990, quand cela a commencé, aucun dirigeant occidental n'imaginait qu'une guerre pouvait éclater au cœur de l'Europe. Les agissements de l'Allemagne, qui poussent à une reconnaissance européenne de la Slovénie et de la Croatie, ne relèvent pas, comme le croient trop souvent les Serbes, d'un "sombre complot", mais du retour à une politique traditionnelle d'alliance régionale. Comme la France, qui a misé un temps sur la Serbie. Enfin, la Yougoslavie est un des terrains sur lesquels se redéfinissent les rapports entre les Etats-Unis et l'Union européenne au lendemain de l'effondrement de l'URSS. Tous ces éléments entrent en ligne de compte dans la dynamique, en partie incontrôlée, qui s'enclenche.

Mais ce qui est intéressant, avec la guerre en Yougoslavie, c'est le cadre d'explication offert par les médias, et notamment l'usage abusif du terme "ethnie", qui n'est jamais vraiment défini. Le conflit national dans l'ex-Yougoslavie a confirmé que les identités nationales ne sont pas des données *a priori*, mais le résultat de constructions idéologiques et de manipulations. Il faut lire et relire le livre d'Eric Hobsbawm, *Nations et nationalismes depuis 1780**. Nous ne savons pas ce que sont les nations, il n'en existe aucune définition, mais nous connaissons des mouvements nationalistes. Ce sont ceux-ci qui créent les nations ! Et les mouvements nationalistes sont avant tout animés par des intellectuels, des membres de la bourgeoisie et des couches urbaines. Ce sont les journalistes et les couches moyennes qui ont été le fer de lance de la "renaissance nationale" croate ou serbe. Jusqu'à la veille de l'éclatement de la Fédération yougoslave, les opinions étaient loin d'être acquises aux thèses sécessionnistes. Les médias et les intellectuels ont manipulé les opinions et ils portent une responsabilité majeure dans le conflit. Les haines ethniques "immémoriales" relèvent du lieu commun meurtrier. Encore une fois, ce sont les élites croates, serbes ou slovènes qui avaient intérêt à la naissance de nouveaux Etats, qui allaient leur assurer plus de postes : au lieu d'avoir un seul gouvernement, on en avait six !

Mais cela n'exclut pas une participation de puissances étrangères à l'exacerbation de ces haines et de ce nationalisme.

* Gallimard, 1992.

A. G. – Le cas de la Bosnie est le plus significatif. Alors même qu'une partie de la société se mobilise contre les visions ethniques, notamment à travers des partis démocratiques, les médiateurs occidentaux légitiment les trois partis "ethniques", serbe, croate et musulman. Les diverses solutions proposées se fondent sur un découpage ethnique, avec des divisions en cantons absurdes. Finalement, les accords de Dayton entérinent le partage ethnique de la Bosnie, sans doute pour une longue période. Ce n'est que dans la partie "musulmane" qu'émergent de nouvelles dynamiques pluralistes. Ailleurs, il faudra sans doute attendre longtemps, et une transformation profonde des pouvoirs en Serbie et en Croatie. Au Kosovo non plus, ce n'est pas la logique multiethnique qui s'impose.

Là, l'intervention américaine est beaucoup plus nette. Les Etats-Unis ont été tout de suite du côté de l'Armée de libération du Kosovo, l'UCK. Il y a, me semble-t-il, un intérêt évident des Américains à ce que la séparation de la Serbie se fasse.

T. R. – Même si ce sont des conflits mineurs, l'intérêt des Etats-Unis n'est peut-être pas de les provoquer, mais au moins de les entretenir. Leur intérêt est de rendre difficile l'émergence d'une unité européenne qui pourrait représenter une puissance forte. Je crois qu'il y a aujourd'hui un vrai conflit d'intérêts entre l'Europe et les Etats-Unis et qu'il ne faut pas le minimiser, et ses conséquences sont perceptibles jusqu'en Afrique. Même si, à juste titre, vous refusez l'idée que "tout est manipulé", on doit relever que ces foyers de tension sont exacerbés par des interventions d'acteurs extérieurs. Les solutions imposées en Bosnie comme au Kosovo sont des non-solutions. Elles visent à perpétuer les foyers de conflits potentiels aussi longtemps qu'on en a besoin. Je reviens à l'exemple de l'Algérie : c'est un épouvantail qui a permis de laisser les mains libres à la quasi-totalité des régimes arabes répressifs. Refuser l'idée de la manipulation maîtrisée relève d'un optimisme bien réducteur. Les Etats-Unis gèrent ce type de conflits pour empêcher l'émergence de vraies forces d'opposition.

A. G. – Encore une fois, faisons la part de ce que sont les dynamiques internes et le poids des ingérences extérieures. L'explication la plus simple des conflits, mais pas la plus exacte, est qu'ils sont issus de "complots fomentés par l'étranger". Prenons l'exemple de la première conflagration de l'après guerre froide, la guerre du Golfe. Je refuse l'idée que les Etats-Unis auraient "encouragé" le président Saddam Hussein à envahir le Koweït pour se donner un prétexte d'attaquer l'Irak. En revanche, le président George Bush a vite compris le parti qu'il pouvait tirer de cet événement : s'installer militairement dans le Golfe. Mais ce n'est pas la même chose que de créer délibérément une guerre.

T. R. – Je ne vois pas ce qui vous permet d'affirmer cela. Après ce que l'on a pu entendre de Pierre Salinger et d'autres acteurs directs de cette guerre, et quand on en voit les enjeux, il faut bien reconnaître que c'est une véritable aubaine pour les Etats-Unis. L'ambassadrice américaine à Bagdad, April Glaspie, si elle n'a pas dit à Saddam Hussein d'envahir le Koweït, l'a tout de même bien tenté en lui laissant entendre que Washington n'interviendrait pas. Il y a un faisceau d'éléments qui vont tous dans le même sens et je ne crois pas que George Bush se soit un jour, après coup, rendu compte que les Etats-Unis pouvaient tirer parti d'une installation durable dans la région. Comment expliquer autrement la politique américaine actuelle vis-à-vis de l'Irak, si ce n'est pour justifier le maintien d'une présence militaire dans la région ? La chronologie des faits, les intérêts en jeu (à brève et longue échéance), de même que la bonne connaissance que les Américains avaient des pratiques politiqucs de Saddam Hussein sont autant d'éléments qui fondent la thèse d'une machination insidieusement orchestrée. Quelle preuve avez-vous, quant à vous, qu'il n'y a pas eu d'encouragement américain au déclenchement de cette guerre ? Vous croyez donc aux "miracles" enfantant de telles compositions stratégiques ?

A. G. – On ne peut jamais apporter de preuve définitive qu'il n'y a pas eu de complot ! La charge de la preuve, en l'occurrence, revient à ceux qui affirment qu'il y a complot. L'élaboration d'un tel plan – attirer l'Irak dans un traquenard – demande une capacité de prédiction et d'anticipation qu'aucun gouvernement n'a. De plus, une telle stratégie nécessitait l'association de différents services politiques et militaires, la mise dans la confidence d'un nombre important de responsables et, dix ans après les faits, le secret n'aurait pas pu être maintenu.

T. R. – Je ne dis pas que toutes les étapes ont été planifiées. Je dis que l'étincelle qui a allumé la mèche pour permettre ensuite l'établissement de la puissance militaire américaine dans la région était planifiée. Encore une fois, les Américains, après tant d'années de soutien de la politique irakienne, connaissaient le genre de dictateur qu'était Saddam Hussein et ils savaient qu'il leur faisait confiance grâce à leur indéfectible soutien pour défendre leurs intérêts dans la région notamment face à l'Iran.

Il ne faut pas oublier que, depuis le début des années quatre-vingt, les Etats-Unis soutenaient l'Irak dans sa guerre contre l'Iran. On peut donc imaginer que Saddam Hussein, croyant qu'il disposait de la confiance des Etats-Unis parce qu'il avait su arrêter le "Satan" iranien, se soit dit qu'il allait pouvoir continuer sur sa lancée et réaliser ses vieux rêves. Et que les Etats-Unis aient encouragé ses démons. N'oublions pas qu'à l'été 1990, juste avant l'invasion du Koweït, on était en plein

Irangate. Saddam Hussein se sentait pousser des ailes : il était l'allié de la plus grande puissance du monde. Ce contexte psychologique, les Américains sont capables de l'exploiter. Une chose est certaine, le flou de la réponse d'April Glaspie quand Saddam Hussein a évoqué ses problèmes frontaliers avec le Koweït a été interprété par lui comme un feu vert.

A. G. – Que répond l'ambassadrice américaine à Saddam Hussein ? Elle lui dit en substance : Cela ne nous concerne pas. Tout simplement parce qu'elle pense qu'il s'agit d'un conflit frontalier mineur entre deux pays plutôt proches des Etats-Unis. Washington ne veut prendre position ni pour l'un ni pour l'autre. Mais, en aucun cas, ses propos ne peuvent être pris comme un "feu vert" donné à Saddam Hussein, même si celui-ci a pu les interpréter ainsi. Les Mémoires des protagonistes américains montrent d'ailleurs qu'ils sont surpris par le cours des événements. On a trop souvent tendance à donner, après coup, à la politique des puissances une rationalité qu'elle n'avait pas au moment des faits.

J'ai travaillé sur la politique britannique en Palestine en 1947-1948. Les communistes avaient de cette stratégie une vision extrêmement machiavélique. Pour eux, les Britanniques étaient opposés au plan de partage de la Palestine voté en novembre 1947 par les Nations unies et auraient essayé jusqu'à la fin de le saboter pour se maintenir dans la région. Mais la lecture des archives, y compris les minutes des débats du gouvernement, nous apprend que la Grande-Bretagne n'a pas de "grand dessein", qu'elle est une puissance en déclin qui, après son départ des Indes, aspire à quitter la Terre sainte tout en préservant ses intérêts dans la région. Elle accepte l'idée du partage et la création de l'Etat d'Israël, à condition que les territoires palestiniens reviennent à son allié jordanien.

Autre exemple, la guerre d'octobre 1973 au Proche-Orient. A la fin des hostilités, alors que l'armée égyptienne a subi des revers et qu'une partie de ses divisions sont encerclées, un communiqué du bureau politique du parti communiste de l'URSS demande l'arrêt des combats sur un ton qui amène Henry Kissinger, à l'époque secrétaire d'Etat, à demander au président américain de mettre les forces nucléaires en alerte. Maintenant que les archives soviétiques sont ouvertes, on sait que le communiqué soviétique n'est que le "camouflage" d'une décision de ne pas s'impliquer dans la guerre. Moscou accepte un cessez-le-feu d'urgence, mais pour ne pas fâcher ses alliés arabes, le Kremlin rajoute un paragraphe à sa déclaration pour dire qu'il ne va pas les abandonner. Et les Etats-Unis interprètent ce paragraphe comme une menace d'intervention soviétique !

Je ne dis pas qu'il n'y a jamais de manipulations et de complots dans l'histoire. Les événements de 1953 en Iran prouvent le contraire. Mais on ne peut attribuer aux Etats-Unis une espèce de vision à long terme en Bosnie, qui serait de mettre en place une solution qui ne fonctionne pas. Je crois surtout qu'ils n'en avaient pas d'autre.

T. R. – Vous pensez vraiment qu'un conflit frontalier entre l'Irak et le Koweït n'intéressait pas les Américains ? Vous me surprenez ! Il y a trop d'éléments dans la guerre du Golfe qui vont dans le sens des intérêts américains pour que les Etats-Unis ne l'aient pas, d'une façon ou d'une autre, voulue. Une planification à 100 % n'est pas possible, certes, mais tout s'est enchaîné si rapidement qu'il est difficile d'imaginer que cela se soit décidé au jour le jour. Très vite, des photos truquées ont été présentées au pouvoir saoudien pour le persuader du danger qui menaçait ses frontières et l'amener à accepter les forces américaines. Les mises en scène, révélées par l'émission canadienne "Les mensonges de la guerre du Golfe", vont dans le même sens : l'information selon laquelle les militaires irakiens s'en étaient pris à des bébés en les arrachant de leur couveuse était fausse mais elle a transformé l'opinion publique américaine qui a ensuite soutenu l'intervention militaire. L'idée des Etats-Unis était de s'installer durablement dans la région. Certains observateurs l'ont dit à l'époque. La suite a montré qu'ils avaient raison. Cela pose la question de l'optimisme qu'on peut encore avoir face à un ordre du monde dont la seule logique semble être la protection des intérêts des grandes puissances. Tous les discours sur les droits de l'homme, la démocratie, les grands principes humanitaires, semblent secondaires par rapport à ces intérêts. Qui est capable de contester cet ordre ? Après le 11 Septembre, la question se pose avec plus de force. C'est une question que l'on se pose dans le monde musulman. Pour les uns, cela nécessite l'intégration économique, en espérant qu'elle favorisera des avancées politiques. Pour d'autres, la seule solution est, comme je l'ai dit, la rupture avec l'Occident.

A. G. – Pour en décider, il faut revenir à notre débat sur le monde actuel. Le mot "hyperpuissance", pour désigner les Etats-Unis, est bien choisi. La disproportion est telle que tous les acteurs se tournent vers Washington et, ce faisant, confortent la domination américaine. A court terme, il est difficile d'être optimiste sur la mise en cause de l'ordre qu'impose cette puissance. Les plans qui s'esquissent contre l'Irak sont inquiétants. Mais, dans le même temps, cette hégémonie ne va pas sans résistances. Samuel Huntington lui-même expliquait récemment que cette omniprésence s'accompagne d'une montée de l'antiaméricanisme. L'émergence du mouvement favorable à une autre mondialisation en est un signe. Il nous faut aussi réfléchir sur l'ordre que nous voulons. Il nous faut partir de celui fondé par les Nations unies et de sa Charte, trop souvent bafouée et dont nombre de principes sont acceptables.

Mais qui n'existent que sur le papier !

A. G. – Certes. Parce que les Nations unies sont prises en otage par les grandes puissances. Mais ces principes doivent quand même être défendus car ils se fondent sur la participation de l'ensemble des Etats de la planète à la définition des règles et des décisions. Ceci étant, nous ne sommes plus en 1945. Parmi les principales puissances, on ne compte pas seulement les Etats, mais aussi les multinationales et les grandes organisations non gouvernementales. Une réforme des Nations unies doit prendre en compte ces nouveaux acteurs.

Un des faits positifs est l'émergence à l'échelle internationale d'une conception des droits de la personne. Bien sûr, nous savons que ces notions peuvent être manipulées, mais l'aspiration à une plus grande justice internationale, de l'affaire Pinochet à l'intervention au Timor oriental, mérite d'être notée. La Cour pénale internationale, créée en 1998, contre la volonté des Etats-Unis, de la Chine et de la Russie, doit être saluée.

T. R. – Je suis, une fois encore, plus pessimiste que vous. Je ne vois pas ce qui pourrait redonner une légitimité à l'ONU ou relativiser la mainmise des Etats-Unis sur cette institution. Le Conseil de sécurité reste l'apanage des grandes puissances qui ont le plus de poids économique ou qui dominent le marché des armes. J'ai l'impression que le type de lecture que vous proposez nous confine à "gérer de façon optimiste ce qui reste quand il n'y a plus grand espoir". Espérer en l'ONU pour rétablir un ordre international équitable relève du vœu pieu ou de l'utopie. Qu'est-ce qui peut amener les Etats-Unis à restituer un certain nombre de pouvoirs aux Nations unies, alors qu'ils sont maîtres des décisions ? Vous l'avez dit vous-même. Après les événements de septembre et octobre 2001, il semble qu'il n'y ait d'autre choix que de s'aligner sur la politique américaine. Là-bas le débat est impossible d'ailleurs. La marge de manœuvre est très restreinte. La seule possibilité, ce sont des alliances entre le Sud et le Sud, le Sud et le Nord, avec des mobilisations populaires, qui aboutiraient à un front de résistance multiple, multidimensionnel et multipolaire. En tant qu'Européen musulman, c'est la perspective que j'essaie de promouvoir : les musulmans du Vieux Continent peuvent servir d'interface, lancer des ponts entre le Nord et le Sud. Il faut revoir le type d'alliance et de partenariat qu'on peut conclure pour résister à cette hégémonie.

A. G. – Nous nous sommes mal compris. Quand je parle de rénovation de l'ONU, elle est bien entendu liée à une action des mouvements de citoyens. J'accepte tout à fait le mot de résistance. La campagne contre les mines antipersonnel a abouti à des résultats importants. J'ai déjà donné l'exemple de la Cour pénale internationale. La mondialisation libérale suscite aussi des combats communs. Nous ne sommes qu'au début d'une évolution qui ne sera possible que par des alliances entre les mouvements du Nord et du Sud, par une prise de conscience de la nécessité d'un monde multipolaire.

VI

UNE SI DOUCE MONDIALISATION...

L'ordre économique mondial est dominé par le capitalisme libéral. Peut-on imaginer un modèle islamique qui soit une solution de rechange à la mondialisation et à sa domination par l'économie libérale de marché ?

A. G. – Je voudrais d'abord que l'on s'entende sur la terminologie. Le terme "mondialisation" ne me satisfait pas tout à fait. C'est un mot flou, qui sonne plutôt de façon positive, mais qui recouvre des phénomènes de nature très différente. Celui du développement du commerce mondial et du mouvement libre des capitaux, celui de la communication de masse et du "village planétaire", celui de l'universalisation des droits de la personne et de la création de la Cour pénale internationale – après le Tribunal pénal international sur la Yougoslavie ou sur le Rwanda –, etc.

Le terme me gêne pour deux autres raisons. D'abord, nous n'avons pas affaire à une "vraie mondialisation". Le phénomène au sens économique touche avant tout les gens et les zones solvables. Il peut très bien, et on le voit en Afrique, laisser de côté des pays entiers, des territoires immenses, des populations innombrables. Au risque de paraître paradoxal, on pourrait dire que le colonialisme avait un aspect plus "universel". Il prétendait vouloir apporter la civilisation au moindre village africain. Le système actuel peut très bien fonctionner avec un ou deux milliards de personnes sur les six milliards que compte la planète. Les autres ne sont pas concernés et ne sont même pas indispensables.

D'autre part, ce terme "mondialisation" occulte toute notion de dominants et de dominés. On a l'impression d'un système sans centre. Naguère, on parlait d'impérialisme, de centre et de périphérie. Fondamentalement, cette réalité n'a pas changé, même si elle a pris d'autres formes. Une grande partie de la planète est soit exclue, soit dominée. Le fait que l'on utilise Internet au Caire et à Paris, à Washington et à Dakar ne signifie pas que la répartition des pouvoirs a été bouleversée. Une partie de la bourgeoisie égyptienne peut participer à la mondialisation et s'enrichir, mais sûrement pas influer sur les décisions. Les orientations économiques sont décidées par les institutions internationales : le Fonds monétaire international, la Banque mondiale, le G 7, qui sont des organismes dominés par les Etats-Unis et par les pays occidentaux.

Il faut aussi rappeler que nous avons connu une autre période de "mondialisation", de développement du commerce international et de la libre circulation des capitaux à la fin du XIXe siècle et au début du XXe. C'est la Grande-Bretagne, puissance dominante à l'époque, qui impose cet ordre qui va durer jusqu'à la guerre de 1914. A l'époque, comme maintenant, cet ordre n'avait rien de naturel. Il était imposé, parfois à coups de canons, par les forts. Dans les années quatre-vingt et quatre-vingt-dix, la "mondialisation" n'est plus imposée par les canonnières, cela n'est plus nécessaire, mais par un rapport de force et des mesures capables de dissuader n'importe quel contrevenant.

T. R. – J'adhère à cette lecture. Si je me place du point de vue du monde musulman, la mondialisation s'inscrit essentiellement dans ce rapport dominants-dominés. Elle est perçue comme la domination de l'Occident sur le reste du monde. Il faut absolument déconstruire et complexifier cette représentation et définir très précisément qui sont les dominants et qui sont les dominés. Les "dominants" de la mondialisation, ce n'est pas "l'Occident" mais plutôt quelques gouvernements, quelques institutions et d'importantes multinationales : il y a des mouvements de résistance très actifs au sein même de l'Occident et qui sont très importants pour l'avenir. Cela, le monde musulman doit le comprendre, sinon on retombe dans une lecture très simplifiée de la thèse de Huntington, qui est fondamentalement trompeuse. Quel est cet "Occident" dont il parle ? Quelle est cette "civilisation islamique" qu'il stigmatise ? Les deux entités sont totalement schématiques et inconsistantes. Il y a, dans le monde musulman, des Etats, des institutions et des individus qui participent et contribuent totalement à la domination du Fonds monétaire international et de la culture importée des Etats-Unis et d'Europe. La gestion par l'Arabie Saoudite ou autres pétromonarchies de leurs ressources de pétrole et des fonds que celles-ci génèrent participe-t-elle de la logique des dominants ou de celle des dominés ? La réponse ne souffre aucune discussion, quelque "islamiques" que soient leurs références.

A. G. – Si on dresse un parallèle avec la période coloniale en revenant à l'exemple égyptien, on voit que la bourgeoisie dans la première moitié du XXe siècle est nationaliste. Elle se bat pour le développement de son pays contre le colonialisme. Aujourd'hui, cette bourgeoisie profite de la mondialisation, et elle n'a pas vraiment d'intérêt à rompre avec le système.

Mais cela reflète l'évacuation de la nation par la mondialisation. N'est-ce pas en cela que le terme "mondialisation" est juste ?

A. G. – Oui, dans la mesure où il y a mondialisation des classes dirigeantes, avec une intégration des dirigeants des pays dominés. Elles n'ont pas intérêt à un changement. La bourgeoisie égyptienne, dans les années vingt et trente, souhaitait développer une économie nationale. Et elle l'a fait, en se heurtant à la Grande-Bretagne. Mais avec la participation de toutes les couches de la société à la lutte anticoloniale, la paysannerie, les ouvriers, etc. Ce schéma n'a plus cours et cela pose la question : d'où viendront les résistances à cet ordre mondial ?

Est-ce que les mouvements de résistance à la mondialisation qu'on a vus se dessiner depuis Seattle ne risquent pas d'être pénalisés par les conséquences des attentats du 11 Septembre et le fait que désormais, la priorité des priorités étant la sécurité, tout est permis en son nom ?

T. R. – Trois phénomènes m'inquiètent depuis le 11 Septembre : une carte blanche a été donnée à un certain nombre d'Etats pour accentuer la répression. Ils n'ont qu'à dire que leurs opposants sont des islamistes, des terroristes et tout est permis. Voyez la Russie, voyez la Chine. C'est aussi une légitimation d'une surveillance tous azimuts et cette fois, cela concerne le monde entier, y compris l'Europe : tout groupe susceptible d'être producteur de violence peut être soumis à une surveillance. Les dérapages aux Etats-Unis (avec des arrestations sur la base du seul faciès ou de soupçons souvent inconsistants), de même que les politiques sécuritaires très graves en Europe et qui trouvent une légitimité "au nom de la lutte contre le terrorisme"... tout cela laisse songeur. Economiquement enfin, le fait d'avoir un ennemi, et qui plus est un ennemi mal défini, au cœur de cette nébuleuse internationale du terrorisme, permet d'annoncer et d'envisager "une guerre sans fin" : une formidable veine pour l'industrie de l'armement.

A. G. – Les mesures liberticides visent ouvertement le mouvement antimondialisation. Dans les textes préparés par l'Union européenne, certaines grèves – par exemple celles qui entraîneraient des coupures d'eau ou d'électricité – sont assimilées à du terrorisme. Et il y a un risque que l'opinion, effrayée par ce qui s'est passé, accepte ces mesures. De l'autre côté, la direction américaine profite de l'événement pour accentuer la politique unilatérale qui était déjà la sienne avant. Même la guerre du Golfe a été moins unilatérale que celle contre l'Afghanistan. C'est d'ailleurs la même administration qui a rejeté le protocole de Kyoto ainsi que l'accord sur l'interdiction des armes bactériologiques. C'est vraiment la réorganisation du monde autour des Etats-Unis et de leurs intérêts.

Comment, selon vous, résister à cette réorganisation du monde par la domination américaine qui semble plus que jamais irrésistible ?

T. R. – Nous devons prendre conscience de la réalité des nouveaux clivages. Les aspects positifs de la mondialisation peuvent nous y aider, avec le développement des communications et des réseaux. Sortir de la vision du conflit des civilisations ne signifie pas que l'on projette naïvement que "ce sera la paix entre nous". Les alliances ou les résistances sont désormais transversales. Elles traversent les frontières nationales et culturelles, et plus largement les frontières symboliques entre les civilisations. Ce qu'on appelle le mouvement citoyen ou la mobilisation internationale qui a pris corps lors du sommet de l'Organisation mondiale du commerce à Seattle sont des indices de nouvelles synergies qui doivent encore s'enrichir. Les musulmans qui vivent en Occident peuvent, en ce sens, constituer un pont. Depuis le 11 Septembre, je n'ai cessé de répéter qu'à mon sens l'avenir du dialogue des civilisations allait se jouer en Occident avec ses populations musulmanes qui, peu à peu, sont en train de prendre conscience de l'importance de leur rôle dans la construction de ponts fondés sur des valeurs et des engagements communs dans les sociétés auxquelles ils appartiennent désormais. Sur un plan plus général, et également impératif, cela suppose également, en Occident, de rompre avec la vision monolithique et simpliste du monde musulman. Il est traversé par les mêmes clivages : d'un côté, les promoteurs de la mondialisation, qui participent de l'idéologie libérale dominante et qui légitiment, par l'islam, la défense de leurs privilèges ; de l'autre, ceux qui prônent une résistance déterminée sur le plan économique et social et qui ajoutent aussi, comme un axe essentiel de leur lutte, une dimension religieuse et culturelle que l'on ne peut ni négliger ni évacuer en la qualifiant simplement de "réactionnaire" parce que "religieuse". Dès lors que l'on a compris, comme nous l'avions relevé au précédent chapitre, l'importance du facteur religieux dans le monde musulman, il ne s'agit plus de s'étonner, de prendre ses distances ou même de rejeter la moindre référence à l'islam ; il convient plutôt d'analyser les modalités d'interprétation des textes et de leur emploi sur la scène sociale et politique afin d'évaluer la nature progressiste ou réactionnaire de leur usage. Bref, il faut se départir de ses préjugés pour appréhender un univers nouveau où les résistants, les progressistes et les femmes militantes parlent différemment, à partir d'autres références, dans un autre univers de sens mais pour la défense du droit, du pluralisme et de la liberté. Il existe dans le monde musulman une effervescence de pensées et de mobilisations qui rendent possibles des synergies Sud-Nord… Reste une vraie difficulté, la domination sans partage des médias occidentaux.

A. G. – Cela est un enjeu aussi fondamental que l'a été la lutte pour l'éducation et l'école au XIXe siècle. L'avenir des moyens de communication de masse devrait faire l'objet d'un mouvement des citoyens. Les critiques du système médiatique sont nombreuses, mais il n'existe pas de réflexion suffisante sur les moyens de le transformer, de faire qu'il soit moins unilatéral. La force de ce système, c'est qu'il est complexe. Ce n'est pas celui de l'Union soviétique, avec une censure et un contrôle qui étaient relativement faciles à dénoncer et à combattre : il suffisait de supprimer les censeurs ! Dans nos sociétés occidentales, il n'y a pas de centre de décision, pas de bureau politique, pas de censeurs au sens traditionnel. Le système fonctionne avec ce que l'on pourrait appeler “l’air du temps”, les idées à la mode, les lieux communs – qui sont souvent, comme le rappelait Marx, “les idées des classes dominantes”. Mais le système a des failles et offre des possibilités pour une contre-information, cependant de manière sinon marginale, en tous les cas secondaire. On l’a vu au moment des manifestations contre le sommet de l’OMC à Seattle. Désormais, un autre discours sur la mondialisation a droit de cité, est audible, trouve sa place dans les médias. Mais il a fallu des années pour qu’on en arrive là.

Le décalage entre les médias et l’état de l’opinion est parfois surprenant. Prenons l’exemple du référendum en France sur le traité de Maastricht en 1992. Quelle que soit la position que l’on défend – pour ou contre le traité –, cela pose un problème que 90 % des médias aient défendu le “oui”, alors que l’opinion était divisée moitié-moitié. Ce déséquilibre renforce le sentiment que les journalistes font partie des élites, qu’ils constituent une caste coupée de la population, etc. Pour revenir à Seattle, nous avons assisté à un certain basculement des médias – et pas seulement en France.

T. R. – Ils mettent en avant l’événementiel, mais est-ce que cela a changé quelque chose fondamentalement ?

A. G. – Oui. Je suis frappé, encore une fois, par le fait que le discours critique de la mondialisation a gagné désormais droit de cité. Ce n’était pas le cas il y a quelques années quand Alain Minc expliquait en substance : "Les gens qui sont pour la mondialisation forment le cercle de la raison." Ce qui sous-entendait que les autres étaient en dehors de ce cercle, dans la folie sans doute. Poussé à son terme, ce raisonnement revenait à dire que les opposants, comme naguère en Union soviétique, étaient passibles des hôpitaux psychiatriques : comment pouvaient-ils ne pas comprendre la lumineuse supériorité du socialisme ?

Le déclenchement de la seconde Intifada a, d'autre part, mis en lumière un phénomène nouveau, l'émergence de télévisions satellitaires arabes, très professionnelles, mais offrant une vision du monde très différente de celle de CNN ou des médias occidentaux. Je pense, bien évidemment, à Al-Jazirah, mais aussi à la télévision satellitaire d'Abou Dhabi. Après le 11 septembre 2001, les mêmes qui, en Occident, portaient aux nues Al-Jazirah l'ont violemment critiquée, affirmant qu'elle était la voix des talibans, la voix des terroristes… Ce qui leur est insupportable, c'est justement qu'une télévision professionnelle puisse avoir un point de vue différent sur le monde. Ces nouvelles chaînes font la preuve que la manière de voir occidentale n'est pas la seule. Il en existe d'autres, au moins aussi légitimes. Peut-être ce nouvel ordre de l'information pourra-t-il favoriser un vrai dialogue des civilisations…

Dans votre discours, je retiens l'idée de la nécessaire résistance à la mondialisation néolibérale, d'une résistance fondée sur une alliance des sociétés du

Nord et du Sud, une alliance dont il ne faut pas se cacher à quel point elle est difficile à réaliser.

Cette alliance passe par la prise en compte de deux phénomènes. Nous sortons d'une période de trente ans que l'on a qualifiée de "crise". Mais durant laquelle on a assisté à un extraordinaire bond en avant de la production. Le revenu moyen par habitant (sur toute la planète) a plus que triplé en cinquante ans. Quand on sait qu'il y a eu en même temps une forte expansion démographique, on voit bien que c'est là un des atouts du capitalisme libéral. Ses défenseurs peuvent dire : Voyez l'extraordinaire quantité de richesses que le système peut produire, même si cela s'opère parfois au prix d'un saccage de la planète. Cette efficacité – comparée à l'échec du "socialisme réellement existant" comme à l'échec des expériences de développement dans le tiers-monde "révolutionnaire" – freine la capacité de résistance au système.

L'autre aspect du développement économique actuel, c'est la grande différence entre le type de croissance que l'on a connu pendant les trente glorieuses (1945-1975) et celui auquel on assiste désormais. La période actuelle s'accompagne d'un creusement sans précédent des inégalités. Elles s'approfondissent entre le Nord et le Sud, mais aussi à l'intérieur des sociétés du Nord. Une des leçons les plus importantes de la période contemporaine aux Etats-Unis – qui ont connu dix ans consécutifs de croissance, ce qui est sans précédent dans leur histoire –, c'est que cette croissance n'a pas réduit les inégalités, au contraire. Le sommet social de l'ONU, en juin 2000, a confirmé ces contradictions, et même la Banque mondiale et le FMI reconnaissent l'échec des tentatives d'éradiquer la pauvreté.

Le monde fonctionne sur l'exclusion et il est marqué par une précarisation croissante. Les formes d'exploitation, dans certains cas, rappellent celles du XIXe siècle. Le système est fait pour 20 % de la population, 30 à 40 % peuvent s'y raccrocher d'une manière ou d'une autre – au Nord –, mais il laisse de côté des dizaines de millions de personnes et des pays entiers. Dans plus de quatre-vingts pays, selon le rapport du Programme des Nations unies pour le développement (PNUD), le revenu par habitant était inférieur en 1999 à ce qu'il était dix ans auparavant. L'écart de revenu entre le cinquième des êtres humains vivant dans les pays les plus riches et le cinquième habitant les pays les plus pauvres atteignait 74 à 1 en 1997, contre 60 à 1 en 1990 et 30 à 1 en 1960. Cet accroissement des inégalités a aussi accompagné les dernières décennies du XIXe siècle marquées par une intégration rapide de l'économie mondiale : l'écart de revenu par habitant entre les pays les plus riches et les pays les plus pauvres est ainsi passé de 3 à 1 en 1820 à 7 à 1 en 1870, puis à 11 à 1 en 1913.

Les gens qui subissent les conséquences de ces choix se trouvent au Nord et au Sud – même s'ils sont beaucoup plus nombreux au Sud. Cela crée la nécessité d'une convergence des résistances. Mais il ne faut pas être naïf. Le mouvement d'opposition à la mondialisation regroupe des mouvements qui sont sur des positions parfois divergentes. D'autre part, cette résistance ne peut pas être seulement économique. Elle est aussi le refus d'une uniformisation de la culture, une acceptation de la diversité qui n'a rien à voir avec le repli frileux que l'on peut constater ici ou là.

T. R. – C'est la vraie difficulté. On perçoit bien la nécessité des alliances, mais aussi la force prodigieuse au sein de ce système : en même temps qu'il produit de la richesse, des disparités et de l'injustice, il entretient des facteurs de division qui rendent les convergences et les collaborations très difficiles. Le système capitaliste libéral lui-même n'est pas en crise. Il va simplement au bout de sa logique. Notre responsabilité consiste, au-delà des différences de civilisations, de religions et de cultures, à mettre en évidence des axes de convergence. Un premier axe est, paradoxalement, la reconnaissance par les acteurs de la complexité de la réalité et des analyses qu'elle doit nous pousser à produire : la force du système libéral est de nous proposer une vision binaire qui se substitue à l'ancienne morale du "bien" et du "mal", mais dont les conséquences sont autrement dramatiques. Désormais, on a d'un côté "la mondialisation", de l'autre "la tradition" ; ici "le progrès", là "la réaction" ; ici "la modernité", là "la religion" ; ici "la liberté ouverte", là "l'identité fermée", et tout à l'avenant. Même dans les milieux de gauche, on n'est pas à l'abri de cette vision simpliste. On peut adopter une attitude politique de résistance à l'ultralibéralisme et, presque inconsciemment, reproduire sa grille de lecture et ses excès dans les relations intellectuelles et militantes que l'on entretient avec les civilisations, les religions et les cultures du tiers-monde. Une évolution suppose un décentrage par rapport à sa propre histoire, à ses propres références et à sa propre vision du monde. Difficile de faire comprendre à un militant qui s'est considéré, et qui est considéré, comme un progressiste qu'il défend une représentation impérialiste et dominatrice de l'univers de référence des peuples musulmans, par exemple. Il faut pourtant commencer par là et prendre le temps de questionner la pertinence de nos représentations respectives. Immense tâche !

Le second axe de convergence doit être un accord sur quelques valeurs fondamentales. Que ce soit dans le tiers-monde ou en Occident, on ne peut pas se contenter de dire : Nous luttons contre l'injustice. Il faut approfondir les termes de l'alliance au niveau philosophiquc, au niveau des valeurs. Mais le système lui-même a produit une espèce d'hégémonie de la rationalité occidentale qui rend extrêmement difficile le débat sur un pied d'égalité. Ceux qui résistent à un système globalisant doivent admettre qu'ils vont avoir en face d'eux des gens qui se battent pour le même objectif – la justice –, mais armés d'une référence au transcendant ou à l'islam. Comment réussir à forger des alliances, qui supposent un débat de fond, alors que le système lui-même ne le permet pas ? Comment promouvoir une résistance commune, au plan culturel, qui soit fondée sur des dispositifs culturels et civilisationnels diversifiés ? Je demeure persuadé qu'il faut passer par là et c'est en ce sens que nous commençons à évoluer en Occident.

A. G. – Là où l'on peut tracer une ligne de clivage, c'est entre ceux qui mettent le développement de l'être humain au centre et ceux qui y mettent l'économie. Les partisans de la mondialisation néolibérale affirment : "L'économie est régie par des lois naturelles auxquelles on ne peut s'opposer." Qui peut s'opposer au fait que la Terre est ronde ? Et ils poursuivent que, par un miracle dont on ignore comment et quand il va se produire, ce système va profiter à toute l'humanité. Pourtant, cette mondialisation n'a rien de naturel. Elle a été voulue par les Etats et les gouvernements occidentaux, imposée aux autres gouvernements de la planète. Il a fallu "construire" le libre-échange et la libre circulation des capitaux, adopter les législations nécessaires – et qui donc l'a fait sinon les Etats, qui se sont dessaisis de toute une série de leurs prérogatives ?

Face à cette vision néolibérale du monde, il faut construire une autre vision de l'humanité et de son développement. Un pas dans ce sens a été accompli par le Programme des Nations unies pour le développement (PNUD) qui vient de lancer une réflexion sur le concept de "biens publics globaux". Qu'est-ce qu'un bien public global ? Il en existe deux catégories. La première, traditionnelle, concerne ce qui se trouve en dehors des Etats. La mer, le courrier et les télécommunications internationales, l'aviation, tous ces domaines transnationaux sont régulés par des traités et ces accords représentent un bien public global, auquel tous les Etats sont attachés. Mais on voit aussi émerger un nouveau type de biens globaux, qui traversent les frontières et qui relèvent à la fois de l'"intérieur" et de l'"extérieur". Ainsi, la sauvegarde de la couche d'ozone nécessite des mesures nationales dans chaque pays et une coordination internationale. D'autre part, des biens publics considérés traditionnellement comme nationaux dépassent désormais ce cadre. Ainsi, la santé dans le tiers-monde – notamment le sida, mais aussi d'autres maladies – ne concerne pas seulement les pays touchés, mais l'ensemble de la planète, compte tenu des risques de propagation. Les guerres peuvent avoir des conséquences sur les migrations internationales. L'instabilité financière en Asie peut se propager du jour au lendemain dans d'autres régions. La résolution de ces problèmes nécessite désormais une gestion mondiale et elle ne peut en aucun cas être laissée aux bons soins de "la main invisible" du marché. Cette "mondialisation" de nombreux problèmes devrait encourager à remettre en cause la toute-puissance de l'économie. Celle-ci ne peut être laissée aux postes de commande.

Est-ce vraiment cela le problème, le fait que l'économie soit au centre, ou n'est-ce pas plutôt la finalité de l'activité économique ?

A. G. – Bien sûr ! L'économie est créatrice de richesses et son efficacité est importante. Mais l'économie doit servir à résoudre les problèmes de l'humanité. Quand le PNUD crée l'indice du développement humain, il rompt avec l'idée selon laquelle il suffit de regarder la progression du produit national brut (PNB) par habitant pour mesurer le développement d'un pays. Il affirme, au contraire, qu'il faut prendre en compte aussi le niveau d'éducation, le développement des libertés, la place des femmes dans la société, etc. Et le "classement" du développement des pays en est bouleversé. Ainsi, plusieurs pays du Golfe, classés parmi les "plus riches" – en termes de PNB par habitant –, se retrouvent au milieu ou au bas de l'échelle quand on prend en compte ces nouveaux critères. L'économie doit être au service des êtres humains et non le contraire. C'est là le clivage qui peut permettre de prendre en compte les aspirations des différentes sociétés en fonction de leurs traditions. Prenons l'exemple de sociétés dites "primitives", comme les Inuits. On a longtemps pensé ces sociétés en termes de "retard" ; il fallait les faire entrer dans la modernité, y compris à coups de trique ! C'est une conception qu'on trouve aussi chez Marx. Ne vaut-il pas mieux affirmer que ces sociétés doivent avoir la possibilité et le droit de suivre un développement différent, en accord avec leurs traditions et en préservant une diversité culturelle qui fait la richesse de l'humanité ?

T. R. – J'aime assez le clivage que vous établissez, mais cela ne peut être qu'une première étape. Concrètement, cela ne suffit pas. Ce rapport à la réalité économique est fondé sur une construction intellectuelle qu'on doit étudier. Il existe des visions convergentes entre un certain nombre d'acteurs du Nord comme du Sud. Mais, parmi toutes les forces qui, en Occident, sont en posture de résistance à l'ordre économique dominant, combien comprennent et défendent ces deux conditions nécessaires et à mon sens fondamentales : d'une part, que ce sont précisément nos principes communs qui doivent nous permettre d'établir des alliances avec autrui, au-delà des clivages de civilisation et de religion ; d'autre part, qu'il est nécessaire de ne pas confondre la défense de principes et l'imposition d'un modèle. Séparer ces deux conditions peut transformer les progressistes anti-impérialistes ou antimondialisation en nouveaux impérialistes du seul "vrai modèle" culturel de progrès, celui du Nord. En d'autres termes, il faut se méfier d'un anti-impérialisme strictement économique qui dissimulerait un impérialisme culturel bien sournois.

Vous évoquez la "modernité", mais il faut préciser que c'est là un concept très connoté. La force du système, c'est justement d'avoir imposé, même aux forces de résistance, une vision du danger extérieur qui conforte le système lui-même. Le cercle est vicieux et l'issue difficile à concevoir. J'ai vraiment l'impression que l'on a produit en Occident un discours sur les valeurs qui a beaucoup de mal à admettre la multiplicité des modèles. On est loin d'être sorti du colonialisme intellectuel et du colonialisme des modèles sociaux et culturels. Derrière le discours de beaucoup de "progressistes" de gauche se dessine une vision qui demeure encore très coloniale, très "mission civilisatrice", dans son rapport aux autres civilisations. On entretient, implicitement, l'idée d'un retard dans le développement culturel…

A. G. – Ni au Nord ni au Sud nous n'avons été capables de réfléchir suffisamment à ces problèmes parce que la période que nous vivons est entièrement inédite. Il faut bien mesurer ce que représente la rupture des années quatre-vingt. Ce n'est pas seulement la fin de l'URSS et de l'affrontement bipolaire, mais aussi l'échec de l'utopie socialiste ainsi que des tentatives de développement autonome du tiers-monde. C'est aussi le début du mouvement de mondialisation. Nous vivons une véritable révolution du système international. D'autre part, la gauche européenne reste marquée encore par des relents de colonialisme, qu'elle n'a jamais complètement liquidés. Une partie d'entre elle a approuvé la colonisation et les guerres coloniales, et elle n'a jamais été capable de se débarrasser d'une vision arrogante et de supériorité par rapport au reste du monde. Celle qui s'est engagée dans les luttes anticoloniales est déçue par l'échec des espoirs mis dans le tiers-monde, dans lequel certains voyaient l'avenir de l'humanité. Dans ce contexte, elle est peu tentée par un "dialogue des civilisations" avec les musulmans. Avec Gamal Abdel Nasser ou Houari Boumediène, au moins, elle partageait un langage commun, les mêmes références – ou du moins elle le croyait. Avec des organisations se réclamant de l'islam, ce fonds commun n'est pas facile à trouver.

D'autre part, ni les forces de contestation du Nord ni celles du Sud n'ont été capables d'imaginer des types de sociétés qui associent la modernité technologique et la défense de leurs valeurs. Comment éviter le dilemme entre une "culture McDonald's" et une "culture jihâd" ? Comment éviter la coupure entre le Nord et le Sud ? Prenons l'exemple de la clause sociale – imposer aux pays exportateurs un certain nombre de règles sociales (non-travail des enfants, limitation de la journée de travail, etc.) – défendue aussi bien par les mouvements de la gauche au Nord que par certains gouvernements comme celui des Etats-Unis. L'accusation de "protectionnisme" portée contre elle n'est pas dénuée de fondements. Pour que la clause sociale soit réellement une revendication progressiste, il faut l'associer à une autre, celle de l'abolition de la dette du tiers-monde. On ne peut demander aux pays du Sud de rembourser leurs dettes – donc d'exporter – et, dans le même temps, d'accorder à leurs travailleurs des droits qui sont ceux des travailleurs du Nord.

L'autre obstacle à la consolidation des mouvements de contestation au Nord comme au Sud tient au fait que les pays sont insérés, comme ils ne l'ont jamais été dans l'histoire moderne, dans un système économique qui limite leurs choix. En Egypte, dans les années cinquante, Nasser pouvait décider le type de développement qu'il voulait pour son pays. De Gaulle pouvait engager la France dans la voie d'un développement national. Désormais, les marges de manœuvre des petits pays sont pratiquement nulles, celles de pays comme la Chine, l'Inde ou la France sont faibles. Dans ce contexte, l'Europe pourrait offrir une chance, mais on est très loin du compte.

Enfin, il faut souligner que, après le 11 septembre 2001, il existe une volonté des pouvoirs de "criminaliser" le mouvement antimondialisation, de le présenter comme l'allié des terroristes. Des lois liberticides sont adoptées aux Etats-Unis et en Europe. Elles peuvent être utilisées contre toute contestation…

T. R. – Il faut effectivement sortir de l'idée qu'on est en face de gouvernements qui auraient le choix d'être ou non fidèles à des principes. Beaucoup de mouvements politiques dans le monde musulman pensent encore que le président égyptien Hosni Moubarak ou tel autre dirigeant aurait le choix. Cette vision ne correspond plus aux réalités. Je voudrais revenir à la perception que l'on a, en Occident, du monde arabe et musulman. Même chez des intellectuels qui ont la connaissance de ces pays, qui les étudient, la lecture reste partielle. Je vais donner l'exemple de quatre formes de résistance sur le plan local. J'insiste bien sur le fait que ce ne sont pas des modèles, mais des attitudes de résistance intéressantes. On l'a vu dans les années soixante, avec le mouvement chrétien que l'on a appelé "théologie de la libération" : ses partisans ont suscité en Europe un élan de sympathie et de soutien. Or, ce n'est pas la lecture que font les spécialistes des mouvements de résistance dans le monde arabe. Pour eux, les musulmans, étiquetés "islamistes", qui occupent le terrain de la pauvreté et de la misère laissé libre par les Etats, n'agissent que par calcul politique. Pourtant, depuis les années vingt, si l'on étudie l'histoire de la Turquie, on trouve un Saïd al-Nursi, dont le travail sur le terrain social, fondé sur la création d'un vaste réseau de petites et moyennes entreprises produisant des richesses et des modèles alternatifs, est surprenant. Sans compter l'imposante production intellectuelle qui fut la sienne et celle des cadres de son mouvement. Il va être brisé par Kemal Atatürk appuyé par l'Occident. Ce premier exemple est significatif : la laïcité est un modèle moderne et progressiste pour l'Europe, donc la conclusion s'impose : "Le défenseur de la laïcité" turque est forcément le seul vrai chantre du droit et du progrès. La réalité fut pourtant tout autre : Atatürk fut un despote et ce sont les forces de résistance qui se réclamaient de l'islam contre sa politique répressive qui furent les vrais partisans et défenseurs du peuple, appelant à l'application du droit et à la tenue d'élections démocratiques. Mais on continue, en Occident, à avoir une grille de lecture très “eurocentrique” et, au fond, toujours coloniale.

Autre exemple, celui d’Ibn Badis (1889-1940). En Algérie, durant les années trente et quarante, il a promu l’alphabétisation en développant une idée simple : appliquons à l’Algérie la laïcité que vous avez en France, pour nous permettre de faire notre vrai travail et d’avoir un champ de liberté qui fasse de nous des citoyens à part entière. Il développe une multitude d’associations et de petites cellules économiques locales qui vont produire des richesses et des foyers d’indépendance. On ne dit jamais rien en Europe sur la résistance des musulmans à l’ordre économique dominant : soit un intellectuel s’occidentalise et donc il acquiert une légitimité puisqu’il parle comme nous et défend “nos” valeurs, soit il se réfère à l’islam, comme Ibn Badis, et il est donc impossible qu’il soit progressiste… quelle lecture tronquée ! Attristante, pauvre et finalement très grave car elle masque les dynamiques endogènes de résistance…

Troisième exemple, c’est ce qu’ont fait pendant presque vingt ans les Frères musulmans, en Egypte, entre 1928 et 1945. Ils créent, dans un premier temps, plus de deux mille écoles, d’innombrables centres d’alphabétisation et huit grandes entreprises, et une multitude de petites structures, avec de l’épargne populaire (il y en aura soixante-dix et plusieurs banques d’épargne qui attirent les très petits épargnants et fonctionnent selon des valeurs musulmanes comme des coopératives). Plus tard, ils vont prendre exemple sur ce qui se fait en Allemagne en matière de gestion de l'épargne par les forces de gauche.

J'en arrive au quatrième exemple pour parler de la réalité contemporaine en évoquant deux cas de figure, la Malaisie et l'Indonésie. Après la crise asiatique, les entreprises qui ont continué leur croissance sont toutes les petites et moyennes entreprises tenues par ceux qui résistent sur le plan économique, comme les membres de l'organisation Abim en Malaisie ou ceux des puissants syndicats musulmans en Indonésie. En Malaisie, par exemple, elles ont continué à faire 5 % de bénéfice parce qu'elles ont développé un système fondé sur la mobilisation de l'épargne à la base. Leurs dirigeants sont très critiques par rapport à ce qu'on appelle le "modèle islamique d'économie malaisien" qui, à leurs yeux, est surtout une légitimation islamique d'un mode de fonctionnement très américanisé. Que connaît-on de cette réalité-là en Occident ? Presque rien ! Quand je discute avec des économistes résistants comme Serge Latouche, il affirme : "Il n'y a pas vraiment d'économie islamique." J'entends bien, mais au fond, ce n'est pas cela qui m'intéresse. Voilà des économistes, des entrepreneurs, des résistants qui se fondent sur des valeurs musulmanes pour développer des dynamiques de résistance auxquelles vous ne faites pas même attention et dont on ne trouve pas mention dans vos travaux. Tout se passe comme si cela n'existait pas. Comment, alors, penser des synergies transnationales et vigoureuses ?

A. G. – Je suis d'accord, mais en partie seulement. On ne peut occulter la responsabilité des penseurs et des activistes musulmans. La grille de lecture dominante des évolutions de la planète est imposée par les Etats-Unis et l'Occident. Elle occulte, presque spontanément, tout ce qui sort de ce cadre. Mais pourquoi, dans les sociétés musulmanes, n'est-on pas plus partie prenante du débat mondial ? Je suis souvent frappé par l'enfermement du monde arabe, l'impression que les relations des intellectuels arabes avec le reste du monde sont davantage fondées sur le repli, la victimisation. Les exemples que vous avez donnés sont intéressants. Mais que font les musulmans pour les faire connaître ? Est-ce que la vision que nous avons de ces mouvements n'est due qu'à la "déformation" qu'en fait l'Occident ou aussi au fait que les mobilisations les plus spectaculaires des musulmans touchent des domaines secondaires ou qui suscitent, à juste titre, une réprobation, comme l'affaire Rushdie ou les attaques contre des intellectuels, pour des motifs religieux, dans tel ou tel pays arabe ? Vous ne pouvez pas faire l'économie de répondre aux questions que les sociétés occidentales se posent, même si ces questions vous semblent biaisées.

Un mot sur la théologie de la libération : ce discours nous est, à nous gens de gauche occidentaux, immédiatement compréhensible. Il renvoie à des sources communes de notre culture. En revanche, pour comprendre les expériences que vous avez citées, il faut effectuer une révolution culturelle. Ce n'est pas impossible, mais c'est très difficile. Cela nécessite un effort des deux côtés.

T. R. – Les responsabilités sont partagées. Il ne peut pas y avoir de résistance sans passer par l'exigence la plus importante à l'ère de la mondialisation : une formation, un accès à l'intelligence et à la logique de l'autre culture, de l'autre civilisation. Les événements spectaculaires et médiatiques qui donnent l'impression que les musulmans ne se mobilisent que dans la violence ou contre les intellectuels, Salman Rushdie ou d'autres, ne doivent pas nous tromper : les médias cherchent l'événement médiatique et le travail à long terme, l'éducation, la mobilisation sociale et politique ne sont pas des "événements". Il faut rester lucide et ne pas se laisser aller à ces jugements trop faciles, trop simples. De plus, vous parlez de l'enfermement du monde arabe, mais justement les exemples que je cite ne sont pas tous liés à l'aire "arabe" : j'ai cité l'Indonésie, la Malaisie, la Turquie et nous pourrions ajouter des pays d'Afrique centrale ou d'Afrique de l'Ouest. Vous avez mille fois raison, les musulmans ne font pas ce qu'il faudrait pour informer et, comme vous dites, pour participer au "débat mondial", mais le problème du côté des intellectuels et des militants associatifs en Occident est plus profond. Nous n'arriverons à rien si, au Nord, ces derniers ne répondent pas clairement et sincèrement à deux questions majeures : qu'est-ce que je connais de la complexité des dynamiques sociales et politiques à l'œuvre dans les pays musulmans, et dans le prolongement qu'en est-il de leur rapport à l'islam proprement dit ? Suis-je prêt à me décentrer et à défendre les principes universels dans l'acceptation de la relativité des civilisations, des cultures et des modèles ? Considérer ces deux questions signifie réapprendre la modestie, accepter l'effort de se former et de s'informer, étudier, nuancer, relativiser ; bref, aller au bout de la logique pluraliste. Combien d'intellectuels européens ont soutenu des penseurs ou des mouvements politiques parce que leur discours était audible alors que, sur le terrain, les "démocrates", les "laïques", les "progressistes", les "modernes" soutenaient des dictateurs, des systèmes politiques fermés ou étaient plus directement des éradicateurs protégés par des Etats tenus par les militaires, comme ce fut le cas en Algérie ? Qui aujourd'hui est prêt à cette modestie, condition *sine qua non* d'un large mouvement de synergie ?

Cela étant, je suis d'accord avec vous sur l'existence, dans le monde arabe, de postures extrêmement "réactives" et je pense que, à brève échéance, les alliances seront plus faciles dans le monde asiatique. Le monde arabe est encore noyé par la réalité du conflit avec Israël et le rapport à l'Occident y est totalement vicié.

A. G. – Et les espaces de liberté y sont beaucoup plus réduits.

T. R. – Oui, les deux éléments coexistent. Mais, encore une fois, que fait-on en Occident pour développer une vraie réflexion sur les dynamiques en cours ? Je fais le constat d'une sorte de démission, voire d'impuissance, même si je pense que les musulmans en Occident ont la responsabilité majeure de faire connaître cette histoire de la résistance musulmane et de permettre de mieux appréhender, depuis le Nord, les dynamiques qui traversent le monde islamique au-delà des replis frileux que vous mentionniez. Il reste que nous faisons face à deux discours qui se renvoient dos à dos : d'un côté, en Occident, une volonté hégémonique sur le plan de la civilisation qui rend difficile toute alliance dans la résistance à l'ordre économique ; et de l'autre, dans le monde arabe et musulman, une attitude de victime qui remet la totalité de la responsabilité, je dirais de la faute, sur l'Occident dominateur. C'est pourquoi le discours de responsabilisation et d'intégration active que je développe en étant au cœur de la réalité européenne surprend et parfois déstabilise mes interlocuteurs arabes. Pas simple de sortir de cette contradiction. Que faire ?

A. G. – Je n'ai pas de recette, mais l'une des clefs est peut-être le rôle que peuvent jouer les musulmans en Europe, leur participation à la résistance commune. Les forces qui se réclament de l'islam en France ou en Europe ont leurs propres problèmes – d'intégration, institutionnels, etc. – mais des combats communs peuvent permettre de dépasser les préventions. Elles ont une grande responsabilité pour lancer des passerelles. *Le Monde diplomatique* a été à l'initiative d'un mouvement en faveur de la taxation du mouvement des capitaux, la taxe Tobin. Cette initiative a eu un écho extraordinaire dans toute l'Europe et en Amérique latine, mais pas au Proche-Orient, que ce soit en Israël ou dans les pays arabes. Ce que je mets en cause, c'est la capacité des forces musulmanes ou des forces qui se réclament de l'islam à tisser des alliances. Elles ont souvent une vision hostile de l'Occident considéré comme un tout. Prenons l'exemple de la défense des cultures et de leur diversité. Il y a en France un fort mouvement culturel de résistance à la mondialisation. On devrait donc comprendre le refus des pays musulmans de se laisser submerger. Encore faut-il que cette attitude ne camoufle pas des formes de xénophobie ou de refus de l'étranger – formes que l'on peut rencontrer aussi bien en Europe que dans le monde musulman.

T. R. – Ce que vous dites est vrai, mais il faut laisser les choses aller à leur rythme. J'ai depuis des années tissé des liens avec nombre d'intellectuels et d'organisations dites tiers-mondistes parce que la nature de mon exil en Europe était politique et que j'avais confiance dans mes références. Les musulmans présents en Europe sont des émigrés économiques et il a fallu une ou deux générations pour que leurs repères se stabilisent. C'est ce à quoi nous assistons aujourd'hui. On perçoit sur le terrain social et politique des synergies nouvelles qui sont prometteuses. J'espère qu'elles dépasseront ce cadre pour jouer leur rôle sur le plan international. N'oubliez pas non plus que la production musulmane sur le plan de la théorie économique a été extrêmement importante ces trente dernières années. De nombreux travaux ouvrent des perspectives nouvelles. Il serait bon que nos partenaires européens s'y intéressent !

A. G. – Il serait bon que vous les fassiez connaître. Est-ce qu'il n'y a pas une tendance à développer cette pensée en direction des seuls musulmans en Europe, au lieu de s'adresser à l'ensemble de la société ? Est-ce que vous ne devez pas avoir une attitude plus offensive pour faire connaître cette pensée musulmane réformatrice ?

T. R. – Nous assistons à des changements profonds d'attitudes, l'une intellectuelle et l'autre plus politique, qui sont très récents chez les musulmans. D'abord à une sorte de déconstruction de la représentation de l'Occident qui fut longtemps perçu comme un tout monolithique. C'est tout à fait nouveau puisque la décolonisation ne date que d'une cinquantaine d'années. La seconde nouveauté est l'idée d'alliances avec des forces non musulmanes. Il faut mesurer la nouveauté de cet engagement, qui oblige à revisiter l'histoire de la civilisation et à adopter une attitude critique par rapport aux discours les plus frileux. Pendant longtemps, le discours dominant fut que l'alliance avec des non-musulmans n'était pas islamique. Position appuyée sur une lecture de nos textes, le Coran et la Sunna, non seulement discutable mais surtout tronquée. On s'est accommodé de cette pensée pendant des siècles. Les choses changent, et l'idée non seulement d'un dialogue mais d'un engagement commun s'est peu à peu enracinée dans l'esprit des musulmans qui sont venus s'installer et vivre en Europe et aux Etats-Unis. Plus généralement, il faut que, dans le monde musulman, l'idée de valeurs ne soit pas forcément liée à celle d'un modèle islamique idéalisé, et l'évolution en ce sens a commencé. L'idéalisation de l'histoire de l'islam a été extrêmement perturbatrice dans les représentations qu'on a développées de l'autre. Cette évolution, j'ai pu la mesurer en Asie, notamment en Malaisie et au Pakistan, mais aussi en Jordanie, au Maroc ou en Egypte. C'est une question de temps.

Est-ce que l'on pourrait revenir sur l'idée d'une "économie islamique" ?

T. R. – Effectivement, on a évoqué une gestion économique islamique. Il existe un discours qui s'est construit autour de trois principes : l'idée qu'il n'y a pas d'intérêt *(riba),* l'opposition à la spéculation – je me souviens qu'en Iran une des premières mesures fut de fermer la Bourse, mais pour la rouvrir quelque temps plus tard, ce qui montre bien l'idéalisme d'un discours qui supposerait que tous les instruments soient "purifiés", au sens musulman du terme – et enfin la *zakat* (aumône légale) qui renvoie à l'idée d'une solidarité entre les membres. Il y a eu la fondation d'un certain nombre d'institutions, puis celle de banques, qui a été très discutée – notamment la Banque islamique de développement. Très tôt a émergé l'idée de penser un modèle alternatif d'économie islamique. Deux éléments sont apparus récemment : la prégnance de l'ordre économique international est beaucoup trop forte pour qu'un pays puisse s'en sortir tout seul. Cela pose à l'intérieur du mouvement réformiste musulman une question : est-ce que notre lutte pour le contrôle de l'Etat est logique par rapport à notre volonté de réforme des sociétés ? Question fondamentale car elle relativise forcément le rapport au pouvoir, même s'il est celui d'un tyran. L'exemple de l'Iran est significatif. Par exemple, Ali Shariati (1933-1977), cet intellectuel iranien, avait un discours alternatif sur le plan politique, social et économique. Mais la révolution iranienne a été incapable de mettre ces principes en œuvre. Les musulmans, finalement, font le même constat que les oppositions de gauche en Europe : un pays tout seul ne peut pas s'en sortir et on ne rêve plus d'un modèle économique idéal. Pour une bonne partie de la population, l'idéal de l'économie islamique n'existe que dans les livres. On trouve, par ailleurs, une utilisation pernicieuse de l'islam pour asseoir des systèmes économiques totalement capitalistes comme dans les pays du Golfe. On propose une prétendue économie alternative qui n'est que de façade mais qui, dans les faits, est un maillon du système et le renforce.

Dans d'autres milieux, certains commencent à utiliser les valeurs islamiques pour sortir du primat de l'économie. Cela ne se passe pas dans les grandes institutions, ni à la Banque islamique de développement, trop liée idéologiquement à la Banque mondiale et au FMI, ni à la Ligue islamique mondiale, soumise politiquement aux Etats-Unis. Il faut aller au bout de ces réflexions et l'on ne pourra manquer de s'apercevoir que des synergies avec d'autres pensées critiques sont possibles. Encore faut-il que les uns et les autres aient accès aux réflexions et aux travaux de leurs partenaires : l'économiste indo-pakistanais Umar Chapra est inconnu du public non musulman alors qu'il est très critique et fait des analyses et des propositions novatrices.

Je voudrais enfin mettre en évidence le fait que la prégnance des valeurs islamiques parmi les populations musulmanes pourrait être, paradoxe pour un esprit occidental, un élément dynamisant. Prenons l'exemple soudanais. Je suis très critique à l'égard du Soudan sur le plan politique car c'est un système extrêmement fermé et je n'ai eu de cesse de le dire dès 1991. Il reste que, dans les années 1989-1990, il a réussi à développer, grâce à l'idée d'un “jihâd social pour le développement du pays”, une agriculture vivrière qui a connu entre 11 et 13 % de croissance. Les rapports du FMI le relevaient positivement jusqu'à ce que l'embargo décidé par les Etats-Unis fasse tomber le Soudan dans la liste noire des pays dont on ne parle pas. Il y avait là un facteur de mobilisation. J'ai aussi un grand respect pour le ministre de l'Education qui a développé une politique de décentralisation avec la création d'une université locale dans chacun des Etats et imposé un secteur de gestion des techniques d'agriculture. Ce sont des démarches intéressantes. La question est finalement celle-ci : quelle place donnent les forces qui soutiennent la résistance des opprimés à la parole des opprimés qui ne parlent pas de la même façon qu'elles ?

Est-ce que la religion n'est pas utilisée pour assurer un contrôle social ? On a connu cela pendant des siècles en Europe avec le sabre et le goupillon. N'est-ce pas toujours le cas dans les sociétés musulmanes ?

T. R. – Cela arrive, sans doute. Mais toutes les valeurs peuvent être manipulées. Toutes, religieuses, humanistes ou encore mystiques. Dans la mondialisation, on constate une utilisation très efficace des références aux droits humains, à la liberté, au progrès. Mais derrière un discours prétendument objectif se cache un discours idéologique extrêmement puissant.

VII

AVEC OU SANS DIEU

Comment concevez-vous l'être humain ? Et d'abord, première question : a-t-il été créé tel quel par un Dieu tout-puissant ? Ou est-il le fruit d'une évolution à partir du singe ou du poisson ?

T. R. – J'aimerais dire en préambule que le débat sur la conception de l'humain est incontournable : il s'agit de circonscrire la conception qu'on a de l'humain et de déterminer la place et la responsabilité qu'on lui donne dans l'univers. Dans le fond, on ne peut vivre ensemble sans l'aborder de façon approfondie. Sans cela, on se condamne à des relations très superficielles.

Sur le plan historique, il faut faire remarquer qu'il y a une grande omission et une grande erreur dans ce qu'on dit être le substrat gréco-romain ou judéo-chrétien de la culture européenne. On oublie les éléments qui, dans la culture musulmane, ont façonné la construction de la conscience européenne et plus largement humaine et y ont participé. Cette mise en évidence est cruciale car elle nous permet de battre en brèche un lieu commun fâcheux : entre l'Islam et l'Occident, en tant que civilisations, il n'existerait que la réalité de la différence et de l'altérité alors que l'étude de l'histoire – couvrant les plans religieux, philosophique et social – montre que les croisements sont nombreux et les convergences multiples. La vision binaire est tout à la fois réductrice et surtout fondée sur une amnésie coupable qui ferait de l'accès à la modernité par la rationalité active et critique une réalité et un apport "européens", "occidentaux". L'étude de ces apports mutuels permettra d'établir un socle de valeurs communes, plutôt que de supposer qu'il existe, sur le mode essentialiste, une altérité totale et fondamentale. Nous sommes à l'ère non seulement de l'expression du droit, mais aussi de la responsabilité, or les convergences théologico-philosophiques sont nombreuses autour de la notion de responsabilité humaine. Cela nécessite une réflexion sur la conception de l'être humain dans les diverses traditions religieuses et philosophiques.

La conception musulmane est celle de l'être humain créé par Dieu. L'idée d'une évolution des espèces n'a pas posé de problèmes aux courants réformistes, qui l'ont admise tout en relevant le fait que l'homme avait une lignée spécifique et donc ne procédait pas de l'évolution des animaux, poissons ou singes. Dans l'histoire, il existerait donc une fracture, un hiatus, avec l'apparition de l'être humain.

En simplifiant, on pourrait dire que trois éléments déterminent cette vision musulmane. La première est celle de l'innocence. On naît vierge de toute faute : il n'existe pas de "péché originel" en islam. Dès l'âge de raison, c'est-à-dire quand l'être humain devient conscient de son rapport au monde, il passe de l'état d'innocence à celui de la responsabilité. Ce rapport est fondamental sur le plan de l'approche tant religieuse que philosophique : point de culpabilité mais, par essence, une responsabilité qui naît de la conscience d'être. Innocence et responsabilité nous permettent d'accéder à la dimension des droits humains. Le travail juridique, élaboré à partir du Coran et de la Sunna – les actes du Prophète puis de ses compagnons –, est original par rapport à la conception des droits humains en Europe. Les droits ne furent pas stipulés afin de résister à des oppressions possibles, mais ils s'articulent dans leur relation avec les prescriptions déterminant les responsabilités de l'être humain. Dans le rapport au Créateur et à la création, ce qui prévaut, c'est l'idée de responsabilité essentielle de l'être humain d'où naît l'horizon inviolable des droits. La conscience de ma responsabilité dicte, façonne et oriente le fondement des droits, et ce jusqu'à la relation de l'individu avec lui-même : la conscience d'être devant le Créateur dit ma responsabilité de protéger les droits de mon corps, par exemple. C'est ce que traduit la célèbre formule prophétique : "Ton corps a des droits sur toi", qui implicitement éveille la conscience à sa responsabilité d'être et de savoir être.

Second élément : on pense, en Occident, que l'islam conçoit tout sur le plan communautaire et néglige l'individu. C'est tout à fait faux. L'axe essentiel, en islam, se fonde sur l'individu, son cœur et sa conscience : c'est d'abord la réalité d'une responsabilité de soi à Dieu, de soi à soi, de soi à la communauté. Il n'y a pas de remise en cause de l'autonomie de l'individu, mais seulement de l'excès dans l'autonomie ou de son exclusivité par rapport à la collectivité.

Troisième élément, qui exprime une divergence cette fois fondamentale : les catégories du sacré et du profane sont, en islam, absolument différentes de ce qu'elles ont pu être, et sont encore, dans la tradition catholique dominante en Europe. Prenons un exemple : une pensée analytique appliquée à la gestion des affaires humaines, à partir du moment où elle s'exerce dans le souvenir de sa responsabilité devant Dieu, accède immédiatement, en islam, à la dimension du sacré. Le sacré n'est lié ni à un sacrement, ni à une dimension qui séparerait le rapport au Créateur de celui qui s'établit entre les hommes. Cela oblige les interlocuteurs chrétiens, ou celles et ceux qui sont habitués aux modes de pensée du christianisme, à se décentrer pour appréhender les références islamiques. La conscience du sacré, née de la mémoire, donne sens à la responsabilité : c'est quelque chose comme un refrain qui donne le ton aux rythmes d'une conscience humaine, qui se façonne à travers la vie d'un individu comme à travers les âges de notre humanité. Point donc de sacrement, mais la responsabilité de chacun devant Dieu et devant sa conscience. Un dernier point dont il faut dire aussi un mot est celui qui tient à la conception de la mort : rien de particulièrement sacré non plus, pour les musulmans, dans le fait de quitter la vie. Partir rappelle que vivre n'est finalement que passer.

Cette conception de l'homme, comme celle du sacré et du profane, oblige à donner un sens plus complexe à l'idée de "réislamisation". Ainsi, on ne saurait réduire le retour des jeunes vers l'islam à une approche strictement religieuse au sens des catégories connues en Europe ou encore purement "ritualiste".

A. G. – Je ne me placerai pas sur le terrain religieux puisque je suis athée. Mon point de départ est aussi un a priori. Les hommes et les femmes appartiennent à une même "espèce", à l'humanité, et cette appartenance nous donne des droits fondamentaux. Nous ne sommes pas essentiellement déterminés par le fait d'être nés quelque part, dans une communauté. Il a fallu un pénible cheminement pour que cette idée d'universel s'impose. Le christianisme et notamment saint Paul occupent une place importante dans cette histoire. Il y a deux mille ans, les chrétiens sont une secte juive. Nombre d'apôtres qui ont accompagné le Christ appellent à respecter la loi juive. Arrive Paul, qui lui n'a pas connu Jésus, et qui émet une affirmation proprement bouleversante : "Il n'y a plus ni juif ni Grec, il n'y a plus ni esclave ni libre, il n'y a plus ni homme ni femme" (Epître aux Galates). La mort du Christ et sa résurrection sont un message adressé à tous indifféremment, qu'ils soient juifs ou non juifs. Devant cette révélation, il y a une égalité. C'est une révolution : pour la première fois, un message religieux ne s'adresse pas à une communauté particulière mais à l'ensemble des hommes et des femmes.

L'islam, plus tard, reprendra cet appel universel. Mais, comme pour le christianisme, ce ne fut pas simple à accepter. Muhammad avait révélé la nouvelle religion aux Arabes et, pendant un temps – notamment durant le premier empire, celui des Omayyades, dont la capitale est Damas et qui va subsister environ un siècle entre 650 et 750 –, les Arabes occuperont une place privilégiée dans le pouvoir et même dans la religion. La révolution abbasside inaugure un nouvel empire qui durera près de cinq cents ans ; elle s'opère, entre autres, au nom d'un retour au message originel, qui veut que l'on ne fasse pas de différence entre un musulman arabe et un musulman non arabe.

Les messages universels du siècle qui s'achève ont été principalement issus d'idéologies laïques. Le socialisme d'abord – mais son rêve internationaliste s'est effondré en 1914 – et, surtout, le communisme. Cela est d'autant plus notable que le communisme s'est développé parallèlement et parfois en opposition aux mouvements nationalistes. Lorsqu'on lit la biographie de ces "agents" de l'Internationale communiste qui passent d'un pays à l'autre, risquent leur vie en Hongrie ou en

Yougoslavie, en Espagne ou en Allemagne, on ne peut qu'être admiratif devant ce dévouement qui se riait de tous les préjugés nationaux.

Bien sûr, le discours universaliste peut aussi couvrir les plus sombres crimes, l'exemple du communisme ou même des religions le prouve. La négation des différences nationales, au nom d'un idéal abstrait, peut aussi justifier les pires exactions. Le projet colonial a pu avoir un aspect "universaliste", mais que de forfaits et de massacres ont été commis au nom de cette "exportation de la civilisation" !

Mais alors, que faut-il choisir ?

A. G. – Il faut maintenir un équilibre, toujours instable, entre l'universel et le particulier. A travers notamment les conventions des Nations unies – droits de l'enfant, droits des femmes, droits économiques et sociaux, droits d'expression –, émergent des valeurs universelles, qui méritent d'être défendues. Je rejette un discours sur les "traditions nationales" qui justifierait des pratiques comme l'excision, l'exploitation des enfants, ou la violence contre les femmes. Dans le même temps, il faut affirmer la richesse de la diversité, des différences, rejeter ce "colonialisme de l'esprit" qui ferait de l'Occident le seul dépositaire des valeurs universelles et le seul juge de la planète.

Cette position laïque est plus universelle, si j'ose dire, que celle de la religion. Je ne fais pas la différence entre un musulman et un chrétien, entre un athée et un bouddhiste – je fais, en revanche, la distinction entre les dominants et les dominés, mais cela relève d'un autre registre. Un des acquis les plus fondamentaux de la pensée des Lumières est qu'elle permet à Voltaire de défendre Jean Calas – un calviniste – alors qu'il hait le protestantisme. Elle crée aussi les conditions dans lesquelles des groupes de Français vont aider le FLN algérien, contre la politique de leur propre gouvernement.

Vous dites que le message de l'islam s'adresse à tout le monde, mais il a tout de même une dimension communautaire. Cette idée d'une *umma*, d'une solidarité musulmane, est en contradiction avec un message universel. Prenons le cas du Timor : l'Organisation de la conférence islamique avait pris position en faveur de l'Indonésie parce que c'est un pays musulman. C'est une démarche qui m'est totalement étrangère. Je ne me sens pas solidaire des chrétiens libanais sous prétexte que j'ai été baptisé. J'ai de l'admiration pour ces Français qui ont choisi le camp de la justice durant la guerre d'Algérie, contre leur propre gouvernement, et pour ces Américains qui ont déserté lors de la guerre du Viêtnam et refusé le slogan : "*My country, right or wrong*."

T. R. – Effectivement, l'idée que le message de l'islam s'adresse à tous, et par conséquent son universalité, ne fait aucun doute pour un musulman. Mais il y a plus. Au cœur de l'universalité de ce message se situe l'individu, "vice-gérant" sur la terre. Dans le message coranique, on trouve très explicitement cette idée que chacun porte une mission fondamentale, celle de témoigner, de porter le dépôt de la foi et de la révélation. On la porte tant individuellement que collectivement. Si les êtres humains ont la même dignité parce qu'ils sont humains – la révélation coranique dit : "O vous les gens !" au sens d'êtres humains –, cela ne veut pas dire qu'aucune distinction ne puisse être tracée ensuite entre eux – la révélation apostrophe aussi par : "O vous les croyants, ô vous les porteurs de la foi !"

La distinction et le clivage existent. Il faut donc se poser la question : qu'est-ce qui est universel et quelle place laisse-t-on aux différences, à la culture, à la religion ? Il ne faut pas aller trop loin dans l'un ou l'autre des deux sens : celui d'un universel qui tuerait toute diversité ou celui d'une revendication de la différence qui justifierait n'importe quel comportement, y compris la trahison des valeurs universelles, au nom par exemple de "la culture". Le message islamique nous enseigne : "Vous êtes tous d'Adam et vous procédez tous également de la terre", de fait vous êtes égaux. D'autre part, l'appartenance à la *umma* se caractérise par la communauté de foi dont l'essence est l'attachement à des valeurs, à des principes, à des façons d'être et de vivre. La *umma* participe d'une élection fondée sur une façon de croire et de vivre. On trouve dans le Coran ce verset : "Vous êtes la meilleure communauté issue parmi les hommes [dans la mesure où] vous commandez le bien, luttez contre le mal et vous portez foi en Dieu." Ce qui est mis en lumière ici en guise d'appartenance est bien, d'abord, une attitude éthique de nature universelle. La *umma* est avant tout une communauté de foi et de principes, et je suis lié à elle dans la mesure, et dans la mesure seulement, où celle-ci est fondée sur le respect des principes au premier rang desquels nous trouvons la justice.

Il ne peut donc y avoir des positionnements qui placeraient, lorsque l'on juge une situation, l'appartenance à l'islam au-dessus du respect de la justice : ce que certains musulmans font ne correspond pas toujours, et de loin, à ce que nous enseignent les textes. Il faut aussi être précis dans l'analyse de chaque situation : un musulman qui soutient des musulmans, un Etat ou un groupe ne le fait pas forcément parce qu'ils sont musulmans mais parce que leur position lui paraît juste. Cela peut aussi arriver. Quant à des situations politiques spécifiques, je suis d'accord avec vous : beaucoup trop de musulmans, et les Etats dans leur grande majorité, évaluent les situations à la seule appartenance religieuse. Ce n'est pas l'enseignement de l'islam et pour ma part je ne cesse de traduire des positions de principes inaliénables : je l'ai fait en Afrique du Sud, pour le Tibet, en Amérique latine, comme je m'y engage en critiquant la position de l'Indonésie au Timor ou de différents Etats musulmans chaque fois qu'il existe un traitement discriminatoire des minorités religieuses, ethniques ou linguistiques, comme en Malaisie avec la population originaire de Chine ou à l'égard des chrétiens dans différents pays. Mon appartenance à la *umma* ne peut justifier un silence devant une injustice sous prétexte que celle ou celui ou ceux qui la commettent sont musulmans. Au contraire.

L'envers de la médaille n'est-il pas une discrimination à l'égard de ceux qui ne croient pas ?

A. G. – Je vais vous raconter une anecdote significative. Un jour, ma fille est revenue de l'école en me faisant part d'une discussion avec trois de ses camarades de classe, qui sont musulmans. Il s'agissait de savoir si les non-musulmans peuvent accéder au paradis. L'un pensait que oui, les deux autres non. Ce n'est pas une question qui me concerne dans sa dimension religieuse. Mais appliquée à la vie quotidienne, à la vie politique et sociale, la réponse qu'on y apporte n'est pas sans conséquences.

T. R. – L'idée de l'élection par la seule appartenance religieuse existe pour certains musulmans mais cette position est minoritaire : pour la plupart, l'étiquette "musulman" ne suffit pas. Toutes nos références nous apprennent que la défense de la justice doit dépasser le cadre de l'appartenance religieuse : huit versets du Coran, par exemple, viennent innocenter un juif et faire porter la responsabilité à celui qui était le véritable coupable et qui était musulman. La tradition nous enseigne que l'élection se mesure à la sincérité et au comportement. Il existe bien sûr une réalité de la foi. Pour quelqu'un qui est croyant, le destin de celui qui ne l'est pas est forcément différent même si, à son niveau humain, il ne peut rien en dire. Ce que nous savons, c'est que Dieu est juste et jugera chacun selon sa sincérité que Lui seul peut mesurer. C'est ce que pour ma part j'apprends à mes enfants, loin des classifications binaires "eux" et "nous", "élus" et "réprouvés"...

Au demeurant, soyons honnêtes : nous avons tous à un moment de notre vie décidé, volontairement ou non d'ailleurs, le sens d'une appartenance quelconque. Toute la question est de savoir si cette appartenance est productrice de discriminations ou de respect de l'autre. Je pourrais renverser votre position en disant : On trouve des athées qui, de fait, disqualifient tout être dont l'appartenance serait religieuse. Le clivage est alors le même. En ce qui vous concerne, est-ce que votre appartenance ou votre engagement ne provoquent pas parfois une forme de discrimination, par rapport à l'engagement religieux par exemple ?

A. G. – Non ! Je n'accepte aucune discrimination, même de type religieux. Je l'ai déjà dit, je n'ai aucune hostilité à l'exercice des droits religieux. Je rejette même parfois certaines expressions dogmatiques de "laïcité à la française". Je ne dis pas que je n'ai aucun ancrage, aucune appartenance.

Je sais bien que mes convictions sont liées à mon itinéraire personnel, à mon parcours égyptien, à mes origines familiales, etc. Mais je considère d'abord l'unité des êtres humains, et ensuite seulement leurs différences. Je me sens solidaire du peuple du Timor parce qu'il est opprimé. Je me sens solidaire des Palestiniens parce qu'ils sont des opprimés. Je me sens solidaire des Tchétchènes pour la même raison. Pas parce qu'ils sont musulmans ou chrétiens. Je ne me sentirai jamais solidaire des "miens" contre les "autres", de mon cousin contre les étrangers. J'accepte tout à fait qu'un musulman se sente proche d'autres musulmans. Mais je voudrais qu'on analyse les conséquences pratiques et politiques de ces choix.

T. R. – Encore une fois, cela dépend du sens que l'on donne à son appartenance politique ou religieuse. On lit dans un passage du Coran faisant référence à la situation de guerre : "Que la haine d'un peuple ne vous détourne pas du fait d'être justes, soyez justes, cela est plus près de la conscience intime de Dieu !" La justice passe avant l'appartenance ; mieux, mon appartenance de croyant tient au choix, en toutes circonstances, de la justice. La *umma* doit être solidaire dans la justice. Elle devrait condamner les siens s'ils sont injustes. Je vous suis dans le propos de la défense et de la dénonciation, quelle que soit l'identité des victimes ou des bourreaux : comme je l'ai dit, j'ai été, et je demeure, du côté des Tibétains, ou des militants des favelas en Amérique du Sud parce que l'oppression qu'ils subissent est injuste, j'ai pris position contre les dictateurs ou les groupes musulmans quand ils ont répandu la terreur et le sang. Tout cela ne me sort pas de la *umma*, au contraire, cela m'y inscrit pleinement, au sens d'être un témoin de la justice.

Mais si je peux m'exprimer de la sorte, c'est parce que je dispose d'un certain nombre de conditions, celle de pouvoir être critique par rapport à mon environnement, de me placer, avec la liberté de penser, dans des registres d'analyse de la réalité politique et sociale. Mais je dois bien constater que, dans le monde musulman comme en Occident, beaucoup de musulmans auront des attitudes communautaires, voire communautaristes, qui les conduiront à faire silence sur l'injustice. Je ne rends pas pour autant la religion responsable. On doit faire un travail de compréhension des dynamiques sociales et politiques qui peuvent l'expliquer : analphabétisme, dénuement, radicalisation, etc.

Ce qui est aussi intolérable pour moi, et pour tous les musulmans qui vivent en Europe, c'est le silence de certains intellectuels sur les exactions de ceux qu'ils considèrent comme étant des leurs. On peut trouver cette posture dans des milieux de gauche très progressistes qui acceptent, par exemple, de soutenir des éradicateurs au discours très "démocratique", mais qui agissent contre les valeurs universelles dont ils se disent porteurs. Cela n'a rien à voir avec la religion. C'est une attitude intellectuelle que l'on trouve dans tous les milieux et contre laquelle l'athéisme ou ce que vous avez appelé "la position laïque", en tant que tels, ne prémunissent pas.

Prenons un autre exemple : aujourd'hui des musulmans affirment sans nuances : "On ne peut pas devenir citoyens français parce que, si un jour la France venait à s'opposer à un pays musulman, il est interdit à un musulman de tuer un autre musulman." Il est pourtant totalement erroné, du point de vue du droit musulman, de poser ainsi les termes du débat. En fait, il n'est pas permis à un musulman de s'engager dans une guerre injuste. Dans le prolongement, on peut entrer en résistance légitime contre tout être humain, musulman ou non, s'il est injuste à l'égard d'autrui. Sur ce point, nos vues sont convergentes. L'espace de liberté dont nous disposons en Europe doit nous permettre de renouer avec les fondements de notre religion pour promouvoir une nouvelle parole, digne et transparente, sur la réalité du monde musulman.

Mais qui, dans l'islam, dit ce qui est juste et ce qui est injuste ? Cette notion de justice légitimant la résistance et la rébellion, par qui est-elle définie ?

T. R. – La référence première, c'est le Coran et la Sunna. Les "savants du droit" (les *fuqahâ'*) ont mis en évidence, au fil des siècles, les grands principes de la justice et les orientations de l'organisation. Ensuite, selon les dynamiques et le fonctionnement spécifiques des sociétés, on doit offrir des lectures, normatives certes, mais rationnelles et circonstanciées dans l'espace et dans le temps. Le principe de justice demeure, la réalité change et l'application de la norme doit forcément s'adapter au contexte pour demeurer "juste".

Ce que j'évoque ici concerne le rapport aux textes de référence, aux éléments de rituels et plus largement à l'évaluation éthique d'un acte en fonction de la norme musulmane. Pour tout ce qui a trait aux affaires humaines, l'organisation sociale, les domaines plus spécialisés comme la pédagogie, l'économie, la science, la médecine, on devra avoir recours aux personnes concernées et compétentes : tantôt ce sera le peuple, tantôt les spécialistes, selon le domaine en question. Dans le monde musulman, les conseils de consultation et de décision juridiques se sont multipliés et regroupent des savants du droit musulman et des spécialistes des différentes disciplines : il existe des conseils paritaires en médecine, en économie, par exemple, au Koweït et aux Etats-Unis. Ironiquement, on peut constater qu'il n'y a que les peuples qui ne sont presque jamais consultés et qui jamais ne décident. Il faut dire aussi que l'on trouve, en matière de droit musulman, les fameux "savants du pouvoir", les "savants de service", prêts à légitimer chacune des initiatives des gouvernements que leurs avis juridiques, leurs *fatwa*, cautionnent.

A. G. – En Arabie Saoudite par exemple, le Conseil des oulémas, après l'invasion du Koweït par l'Irak, justifie l'appel fait aux troupes américaines.

T. R. – C'était l'exemple que j'allais citer. Il existe en Arabie Saoudite comme dans le monde musulman deux attitudes : des savants totalement soumis à leur gouvernement et d'autres plus indépendants. On a eu un autre exemple en 1979 quand il y a eu la prise de la grande mosquée de La Mecque par un groupe se réclamant de "l'islam authentique". Certains savants ont dit : "Il est impossible que des étrangers interviennent", mais finalement le capitaine Baril s'est fait musulman pour une semaine, le temps de reprendre le contrôle de la mosquée ! Et tout cela sous l'autorité bienveillante des oulémas du pouvoir saoudien.

Est-ce que ce genre d'intervention des oulémas ne se fait pas aussi pour des choses beaucoup plus quotidiennes, qui concernent la vie des gens ? Par exemple, l'imam d'Al-Azhar, en Egypte, est intervenu au Parlement pour soutenir une loi qui rendait le divorce plus facile pour les femmes en assurant qu'elle ne contrevenait pas aux textes coraniques. D'autres, au Maroc, sont intervenus dans le sens opposé. C'est tout à fait propre à l'islam, ce type de démarche.

T. R. – Le système a parfois les inconvénients de ses avantages. Ainsi, trop de savants sont soumis aux pouvoirs dictatoriaux en place, acceptent l'état de fait. C'est avec de tels savants que Staline, dès les années trente, avait déterminé sa politique vis-à-vis des musulmans. Il avait créé son cercle de l'"islam officiel" ; restaient les confréries soufies et les Tchétchènes qui, déjà à l'époque, étaient des résistants à cet ordre imposé. L'avantage, néanmoins, c'est un foisonnement d'avis et de lectures, qui laisse une latitude dans le jugement des situations. Des musulmans ont toujours résisté en s'appuyant sur une lecture plus affinée des textes, même si on doit reconnaître que les politiques oppressives offrent parfois, malheureusement, des légitimations religieuses aux positions les plus extrémistes.

L'avantage essentiel de ne pas avoir de clergé musulman réside dans l'existence de ces zones de résistance. En cela, il faut noter les évolutions en Iran où il existe une sorte de hiérarchie religieuse : ceux qui développent une pensée réformiste très conséquente remettent en cause, comme je l'ai déjà dit, l'autorité incontestée du *Velayat e-faghih*. Les positions des réformistes, chiites et sunnites, se rejoignent sur ce point : tous disent que la consultation, le débat et la réelle représentation politique doivent partir du peuple. Donc, il n'y a pas le juste d'un côté et l'injuste de l'autre, mais finalement des lectures rationnelles et raisonnables, souples, cherchant la voie du mieux.

A. G. – Ce qui me frappe parfois, c'est la lecture très étroite que font un certain nombre de juristes musulmans de ce qui est important ou non.

Exemple : ce prédicateur à la télévision égyptienne qui répond à des questions du type : "Est-ce qu'une femme peut être en jeans devant son mari ? Est-ce licite ?" "Est-ce qu'une femme peut répondre au téléphone quand son mari est absent ?" Sont-ce vraiment les questions essentielles ? Ce qu'on a appelé "le retour du religieux" se concentre sur des pratiques très ritualistes. Non que je méprise ces interrogations des croyants, mais celles-ci occupent beaucoup de place, pour ne pas dire toute la place dans la réflexion de nombreux musulmans. Ou alors ils se mobilisent contre des "écrivains sacrilèges", que ce soit Salman Rushdie ou, plus récemment en Egypte, contre Haydar Haydar.

T. R. – Je suis entièrement d'accord. C'est le constat de l'état de la réflexion parmi de nombreux musulmans. Ils ont envie de solutions extrêmement simples sur des questions très précises et très élémentaires. Même ici, en Europe, les gens viennent poser ce type de questions. Mais il existe aussi d'autres penseurs, pas encore majoritaires. Très souvent, ces prédicateurs n'ont pas le droit à la télévision. En Egypte, par exemple, la télévision ne donnera pas la parole à un savant du droit venant contester la non-élection des maires, mais on en verra qui expliqueront sans crainte : "Ne salue jamais un chrétien le premier." Les pouvoirs légitiment ainsi leur caractère "islamique" et ils acceptent, voire encouragent, les propos traditionnels ou réactionnaires tant que ceux-ci ne sont pas directement politiques. Le rituel est utilisé pour étouffer le politique.

Je me suis opposé à la fatwa contre Salman Rushdie, mais j'aurais aimé que, dans la défense de la liberté d'expression, on ne s'arrête pas au symbole du face-à-face entre "l'Occident des libertés" et "l'Islam de la contrainte". J'aurais aimé que l'on rappelle le nombre de Salman Rushdie musulmans qui, depuis des années, croupissent dans les prisons et qui ne reçoivent aucun soutien politique et encore moins médiatique.

On assiste, c'est vrai, à une surenchère entre les pouvoirs et les oppositions encore acceptées autour de la légitimité "islamique" : le cas de Haydar Haydar que vous citez est patent. Certains veulent, ici et là, se présenter comme les garants et les protecteurs des valeurs de l'islam. Ils appellent à la mobilisation sur une base émotive très discutable et très dangereuse et tous les acteurs sont embarqués et prennent des positions finalement peu sages, qui sont plus politiques que réellement "islamiques". Les Frères musulmans, par exemple, se sont sentis obligés de publier un communiqué critiquant, à travers l'œuvre, le gouvernement : c'est une démarche politique mais, à terme, elle me paraît contre-productive et je n'y adhère pas. Le livre de Haydar Haydar n'est finalement qu'un livre et à mon sens il ne fallait pas intervenir contre sa publication et sa diffusion. Il fallait éviter de tomber dans le piège de cette polémique stérile et tellement éloignée des vrais problèmes sociaux et politiques de l'Egypte. Tout cela est bien attristant et l'opposition islamiste nous présente ici des prises de position bien appauvrissantes. Même s'il ne leur reste que peu d'espaces d'expression, ce n'est en tout cas pas en galvanisant les populations sur des questions de ce type qu'un avenir pluraliste et tolérant pourra se construire.

L'utilisation des références religieuses, donc le sacré, n'explique-t-elle pas ce blocage ?

T. R. – Les références religieuses dans les sociétés musulmanes, pour aujourd'hui et pour l'avenir, sont une dimension incontournable. Ce n'est pas l'appartenance qui pose problème. Ce n'est pas le rapport au texte. C'est l'utilisation qui en est faite. Je dirais d'ailleurs que nous trouvons le même problème entre ceux qui se réfèrent aux textes de la laïcité. Pour certains, ils permettent la pratique religieuse alors que d'autres l'utilisent pour la combattre. La question est de savoir quel type de rapport à ces références on veut promouvoir et laisser se développer. J'ai été confronté à quelqu'un de ma famille en Egypte qui m'expliquait sans y percevoir de problème : "Quand un chrétien demande un poste à l'université, nous hésitons." J'étais choqué ! Alors qu'on se bat, en Europe, contre les discriminations dont sont victimes les musulmans, ils en reproduisent le même type. Ce n'est pas acceptable.

Est-ce que tout cela n'interroge pas sur la responsabilité de l'individu dont vous disiez qu'elle était pour les musulmans le fondement de l'humanisme ? Est-ce que ce n'est pas nier sa responsabilité que d'aller, pour des docteurs de la loi, se mêler de la façon dont une épouse doit s'habiller devant son mari ? N'y a-t-il pas là une déresponsabilisation ?

A. G. – C'est un signe de la crise des sociétés musulmanes. Plus elles s'enfoncent dans la crise, plus les gens se raccrochent à des références connues, à des rituels.

T. R. – Je fais ce même constat et j'utilise très souvent le terme d'infantilisation des sociétés et des communautés musulmanes. Ce même phénomène existe en Europe, chez les musulmans : ils ont l'impression d'être envahis par la culture dominante, et ils se raccrochent à des petits détails rituels. Comment en sortir ? Il ne faut jamais mépriser ces interrogations, mais il faut leur donner des réponses qui responsabilisent les gens.

A. G. – Face à cette situation, la position de certains intellectuels de gauche – en Europe notamment, mais aussi dans certains pays musulmans (notamment en Algérie) – est qu'il faut mener la guerre à la société pour que la religion y soit moins prégnante. Le verbe "éradiquer" l'exprime bien. Il s'agit d'utiliser l'Etat contre la société. Outre que les méthodes utilisées sont détestables et moralement condamnables, on arrive au résultat contraire. Et cela revient à cautionner les dictatures militaires au nom de la démocratie.

Mais je voudrais revenir à la question de la souveraineté. A qui appartient-elle ? Aux êtres humains ou à Dieu ? Je partirai du slogan inventé, je pense, par les Frères musulmans : "Le Coran est notre constitution." Que je comprends comme : "Le Coran peut répondre à toutes les questions de notre société." D'un autre côté, j'ai lu un texte de votre père, Saïd Ramadan, expliquant que le Coran et la Sunna ne fixent pas des règles d'action politique, ni sociale, mais essentiellement les rapports entre Dieu et sa créature. Ce point de vue est-il influent ?

T. R. – C'est un grand débat dans le monde musulman. Il a d'abord existé dans le monde médiéval, puis il est réapparu au moment de la décolonisation. Avec deux tendances : l'une consiste à affirmer : "La souveraineté appartient à Dieu" au sens que Dieu révèle et que ma lecture de Sa révélation est proprement ce qu'Il a dit. Je dois donc appliquer Sa pure souveraineté, sans médiation entre Dieu et mon travail interprétatif, dans une fidélité littérale à l'expression d'un ordre qui serait le Sien. L'autre tendance est celle des savants et des penseurs qui ont affirmé qu'il y a certes dans le texte révélé des principes qui dépassent notre rationalité, mais que la raison sert à leur interprétation, dans leur formulation et dans leur application.

L'approche du droit par les objectifs *(maqâsid)* ne s'arrête pas à la lettre des textes mais à la finalité recherchée derrière l'énoncé. Cela nécessite la médiation incontournable de la raison humaine afin d'adapter tant les méthodes que les moyens pour rester fidèle à la finalité. Cette approche, qui est celle des réformistes, a ses partisans depuis les premiers siècles de la révélation : il s'agit donc, à partir des grands principes présents dans le texte coranique, d'élaborer rationnellement les modalités de leurs applications dans un temps ou une région donnés.

Déjà Ghazâlî* (1058-1111) soutenait que ces principes étaient à la fois révélés et rationnels. Il demeure une marge interprétative qui relève de la "vice-gérance" de l'homme sur la Terre et lui donne souveraineté, dans un travail de structuration du cadre légal, social et politique, en essayant d'être fidèle au sens du texte, à sa finalité, en demeurant en phase avec son contexte.

Mais que signifie le slogan de Hassan al-Banna : "Le Coran est notre constitution" ?

T. R. – On a souvent volontairement réduit le sens de ce mot d'ordre. Lorsqu'il le lance, dans les années trente, Hassan al-Banna veut signifier : "Nous avons notre référence, à partir de laquelle nous pouvons réfléchir. Nous ne voulons pas nous

* Théologien et juriste, il a réconcilié soufisme et orthodoxie.

soumettre à la colonisation légale et culturelle produite par le colonialisme." Il ne dit pas que le Coran contient le détail des éléments nécessaires pour l'élaboration d'une constitution moderne : au contraire, il est d'avis que les grands principes sont inscrits dans la révélation mais que l'intelligence humaine doit élaborer leur "contextualisation". Cela est tellement vrai que, lorsqu'en 1941, alors qu'il se présente aux élections législatives, on lui reproche de soutenir ainsi la Constitution égyptienne non islamique (le slogan que vous citez était déjà en vogue et l'on voyait donc une contradiction), il rétorque que ladite Constitution comporte des acquis qui sont loin d'être en désaccord avec les principes islamiques. Le slogan est trompeur et il a bien réduit la pensée originelle du fondateur des Frères.

Vous me demandiez tout à l'heure quel était l'impact ou la représentativité de l'opinion exprimée par mon père et l'ensemble des réformistes : eh bien, cette conception n'est pas du tout minoritaire. Prenons l'exemple du principe de concertation. Le Coran exige que nous nous consultions dans la gestion de nos affaires et la rationalité nous dit de chercher la meilleure voie de concertation dans le cadre de l'époque dans laquelle nous vivons. Appliquer au XXe siècle les principes d'une concertation exercée au VIIe, c'est trahir le texte et son esprit. Cette démarche interprétative fait confiance à la raison pour chercher le meilleur moyen, au moment où nous vivons, dans le lieu où nous vivons, d'être fidèle aux principes. L'idée d'un "ordre de

Dieu", ou d'une "cité de Dieu", au sens formulé par saint Augustin, nous est étrangère. Nous voulons la cité de ceux qui portent le dépôt de la foi et qui font de leur mieux. S'exclamer : "C'est l'ordre de Dieu ! Cela ne se discute pas ! C'est saint ! C'est sacré !" ne correspond à rien. Cette attitude est le fait d'un courant minoritaire chez les musulmans, même s'il s'appuie sur des forces politiques qui cherchent leur légitimité au moyen de continuelles citations coraniques ou prophétiques : on connaît, dans le monde musulman et en Europe, Hizb attahrîr (le Parti de la libération), Al-Muhâjirûn (les Exilés), Al-Muwwahhidûn (les Partisans de l'unité) ou les groupements comme les Gamâ'ât islamiyya et ceux du jihâd en Egypte ou même l'école des talibans en Afghanistan. Il faut y ajouter aujourd'hui les "'salafî littéralistes" qui sont les produits de l'école saoudienne et que certains appellent les "wahhabites".

Il faut aller loin dans ce débat. Le concept de "charia", par exemple, n'est pas compris de la même façon par tous les musulmans. Pour certains, comme tous les groupes que je viens de citer, il s'agit de se borner à ce que Dieu dit sans médiation critique ; pour d'autres, de l'école de pensée réformiste, au contraire, l'interprétation est impérative et c'est à cette école que j'adhère.

Prenons encore un exemple controversé sur l'héritage et les femmes. Le texte coranique est sans ambiguïtés. Il donne à la femme la moitié d'une part contre une part entière à l'homme dans le cas précis du fils et de la fille. Le principe se comprend par rapport à la conception de la famille en Islam où l'homme doit supporter totalement les charges financières d'entretien de la famille au sens large. Je ne vais pas essayer de bricoler le texte. Mais l'appliquer à la lettre, sans aucune mesure compensatoire, dans une société complètement déstructurée produit immanquablement une discrimination terrible. Dans des pays musulmans, des femmes n'ont plus rien, parce qu'elles ont été parfois délaissées par leur mari et qu'elles assument toute la charge financière de la famille ou de leurs enfants. Les pouvoirs publics doivent compenser ces inégalités pour leur venir en aide. La souveraineté, dans ce cas, appartient à la rationalité humaine : le texte visait la justice, son application aveugle peut devenir injuste, il faut donc revoir son application pour être fidèle au principe de justice. C'est ce travail-là que font les réformistes et je ne crois pas que ce point de vue soit minoritaire. Des savants et des intellectuels musulmans ont proposé des mesures compensatoires en faveur des femmes pour rééquilibrer les charges : salaire pour les femmes au foyer, allocation compensatoire versée par l'Etat pour les femmes en charge de leur famille, etc. Nous en sommes à l'étape de l'expérimentation théorique et la question est cruciale et urgente : l'état de la société et des mœurs fait que la fidélité littérale aux textes est productrice de discriminations et d'injustices que l'on ne peut tolérer. D'autre part, la réflexion sur l'héritage ne suffit plus, il faut reconsidérer le problème globalement et en amont : la famille, la place des femmes dans nos sociétés, le travail, etc.

A. G. – En Occident aussi, la souveraineté du peuple a ses limites. Nous acceptons des principes qui ne sont pas soumis au vote populaire. Par exemple, on en a fini avec la peine de mort en Europe et aucun membre de l'Union européenne ne peut rétablir la peine de mort, même s'il se dégage dans un pays une majorité des deux tiers en sa faveur. Ce qui se passe en Autriche est également intéressant. Le vote a été démocratique mais l'Europe affirme, à juste titre, qu'il existe des principes qui sont au-dessus du suffrage universel. On peut, dans certaines circonstances exceptionnelles, refuser la loi.

C'est aussi ce qu'ont dit ceux qui, en Algérie, ont estimé qu'il ne fallait pas tenir compte du vote pour le FIS en 1991.

A. G. – Il y a des cas exceptionnels – la guerre d'Algérie menée par la France en était un – où la gravité de la situation justifie une transgression de la loi, même si c'est celle de la majorité, du gouvernement légal. Il n'y a pas de recette simple pour différencier les situations. Nous ne sommes pas obligés de nous plier à un gouvernement d'extrême droite parce qu'il est issu du suffrage populaire. Sur l'interruption du processus électoral en Algérie, les défenseurs du coup d'Etat auraient dû démontrer que ce choix répondait au sauvetage de la démocratie. Les pratiques de l'armée et le développement de la guerre civile durant ces dernière années n'ont pas démontré qu'ils aient eu raison.

T. R. – Ce que vous avez dit tout à l'heure à propos de la référence fondamentale est exactement ce qu'avaient d'abord compris ceux qui ont affirmé : “Le Coran est notre constitution.” Certains musulmans en ont réduit considérablement la portée. Ils en ont fait une référence fermée, alors que cette démarche aurait dû décupler l'énergie rationnelle quant à la recherche des voies de la fidélité face aux défis de nos sociétés contemporaines. Le slogan a d'abord agi comme un électrochoc, mais certains ont fini par étouffer sa portée par une lecture très littérale. Pour le croyant, néanmoins, il est des principes fondateurs qui peuvent faire naître une confrontation entre sa conscience et la loi. Vous l'avez dit, même votée par la majorité, une loi n'est pas forcément la meilleure ni une garantie absolue d'application de la justice... la question alors demeure même après vous avoir écouté : où est la limite pour vous, au nom de quoi, et qui décide ?

A. G. – C'est la conscience individuelle qui fixe les limites, à partir des principes universels des droits humains. Par exemple, lorsqu'il y a eu les lois Pasqua sur l'immigration, des gens ont affirmé : “Nous accueillerons des illégaux.” J'approuve ce choix. Je sais très bien qu'au nom de cette conscience, les commandos anti-avortement mènent une bataille ignoble. Mais, dans nos sociétés, nous assurons le droit des individus à pratiquer leur religion et à agir selon leur conscience. Un catholique pratiquant n'est pas obligé d'accepter l'avortement.

N'êtes-vous pas en train d'affirmer tous les deux que la responsabilité revient à l'individu, et de poser la question de sa liberté et de ses limites ? Est-ce qu'on a le libre choix de son mode de vie, de sa religion, de la façon de se comporter, de manger, de s'habiller, de se marier ou non ? N'y a-t-il pas des limites précises posées à ces libertés individuelles en Islam ?

T. R. – Une femme ou un homme doit pouvoir faire librement ses choix, que ce soit en matière religieuse ou en ce qui concerne son mode de vie. Lorsque l'on adopte une religion, on doit aussi avoir le droit de la pratiquer selon les normes et les prescriptions qui y sont stipulées. Chacun, en ce sens, décide de son degré d'implication et de pratique et il n'appartient à personne de l'extérieur de dire quelles sont les prescriptions acceptables ou non. Le droit et le respect de la liberté de conscience et de culte doivent aller jusque-là. Quelqu'un qui décide de pratiquer sa religion s'impose des règles de vie, en matière de nourriture ou de tenue vestimentaire. La liberté d'autrui ne se mesure pas à l'aune de la représentation que je me fais de la mienne. Le principe de liberté est un, mais il n'est pas une seule façon d'être libre et il faut se méfier de ce paradoxe qui confine à la dictature d'un seul modèle de liberté. On ferait bien, en Occident, de mettre en doute ces penchants culturels toujours dominateurs et quelque peu arrogants.

Quant aux limites dont vous parlez, elles existent : dans la mesure où quelqu'un fait un choix de pratique religieuse, il ou elle va s'imposer des règles à plusieurs niveaux. L'idéal serait que ce choix soit libre et consenti. Cela n'est pas toujours le cas, ni chez les musulmans ni d'ailleurs dans aucune société à cause de la pression sociale, des modes ou des courants majoritaires.

Des questions très sensibles demeurent cependant qu'il ne faut pas chercher à esquiver, dont celle du choix de la religion pour les musulmans. Est-on libre de changer de religion ? Question délicate. Selon les savants ou selon les circonstances historiques, vous trouverez des lectures extrêmement restrictives. Je suis en train de mener une étude sur la question du changement de religion en Islam, *ar-ridda*, l'apostasie. Rien dans le texte coranique n'est explicite et l'on sait que le Prophète de l'Islam n'a jamais demandé que l'on exécute un être pour le seul fait qu'il ait changé de religion. Deux thèses s'expriment chez les savants musulmans : l'une, très vite majoritaire, est une lecture littérale de deux traditions prophétiques dont l'une affirme : "Qui change de religion, tuez-le !" Notons que le degré d'authenticité de cette tradition est relatif puisque c'est un *hadîth ahad**. Ce courant majoritaire a abouti à une remise en cause de la liberté de conscience de l'individu. Dès le VIIIe siècle pourtant, un autre courant s'exprime et propose une interprétation différente en démontrant que le texte coranique ne va pas en ce sens, ni d'ailleurs l'exemple de Muhammad. La première figure de référence de ce courant, dès le VIIIe siècle, est Abou Sufyan ath-Thawri, qui avance qu'il appartiendra à Dieu de juger dans l'au-delà. Il propose une analyse extrêmement précise de situations concrètes et il montre que ce qui était condamné par le Prophète était le fait que certains changeaient de religion, dans une situation de guerre, après avoir récolté des informations sur la communauté musulmane.

En fait, c'était de l'espionnage !

T. R. – Et surtout, dans ce contexte, une trahison de guerre. Thawri s'est attaché à montrer que c'est seulement dans ces cas-là qu'il a pu y avoir exécution. Et il conclut – dès le VIIIe siècle, je le rappelle – qu'on ne peut s'en prendre à quelqu'un qui

* Dans la classification classique des *hadîth*, se dit d'une tradition transmise par une voie : il peut être considéré comme authentique mais son degré n'est pas le plus élevé. C'est le cas de ce *hadîth* rapporté par Bukhârî, mais non par Muslim qui écartait systématiquement un certain rapporteur (Ikrima) quant à l'authentification d'un propos.

change de religion à partir du moment où il ne le fait pas contre l'intérêt de la communauté. C'est une interprétation minoritaire historiquement. Elle m'apparaît la plus légitime. Cette position de principe accepte la liberté de conscience, qui va jusqu'à reconnaître le droit de changer de religion.

A. G. – Vous acceptez cela dans une situation où l'islam est minoritaire. Mais que se passe-t-il là où il est majoritaire ? Lorsqu'il y a la pression de toute la société ? Défendez-vous le même droit en Egypte ou en Arabie Saoudite ? Nous avons mis très longtemps, dans les sociétés occidentales, à accepter que les minorités aient le droit de vivre comme elles l'entendent.

T. R. – Je précise que c'est pour moi une position de principe fondamentale, qui n'est pas uniquement valable en situation minoritaire. Si j'ai à m'exprimer sur ce sujet, où que je sois, je dirai qu'il est autorisé et légitime, sur la base des références musulmanes, de changer de religion. En demandant à celui qui fait ce choix d'avoir le respect de ceux qu'il quitte. Simplement. J'ai défendu ce principe en Jordanie, au Pakistan ou au Maroc. Quant au fait que les minorités vivent comme elles l'entendent, cela ne fait pas débat parmi les savants : la liberté de conscience et de culte doit être protégée partout.

Il est donc licite de changer de religion, ce que m'avait d'ailleurs dit l'imam d'Al-Azhar en 1998.

Mais est-il licite d'abandonner toute religion ? Car s'il y a, dans les pays musulmans, un respect évident pour les autres religions, il n'en existe apparemment aucun pour ceux qui n'en ont pas.

T. R. – L'athéisme est, dans les pays musulmans, une réalité très marginale. On aimerait faire naître un débat qui, dans le monde musulman, est bien artificiel. Je suis depuis très longtemps en contact avec des athées et le dialogue doit être basé sur le respect mutuel et sur les valeurs. Il existe une formule coranique très prégnante chez les musulmans – et il est bon qu'elle le soit – qui commande : "Pas de contrainte en religion." C'est le respect fondamental de l'autre qui doit l'emporter.

A. G. – On a parfois tendance, en Occident, à poser des questions qui ne se posent pas vraiment. Mais il y en a une qui est bien réelle, c'est celle des femmes.

T. R. – C'est une question fondamentale : l'islam offre un cadre de référence dans lequel se dessine une conception globale de l'être humain, de l'homme, de la femme et de la famille. Deux principes sont essentiels : le premier fonde l'idée d'une égalité entre l'homme et la femme devant Dieu, le second celui de leur complémentarité sur le plan social. Selon cette conception, c'est l'homme qui est responsable de la gestion de l'espace familial mais le rôle de la mère y est central. Elle en est véritablement le noyau. Il ne faut pas tergiverser : l'organisation de la famille, en islam, obéit à des règles qui s'articulent autour de fondements très forts. Au nom de cette conception, une femme peut, dans une société musulmane, ne jamais travailler, c'est son droit. Sa famille, celle de son père d'abord puis celle de son mari, ne peut en aucune façon la contraindre à travailler. Néanmoins, on ne peut lui interdire de travailler. Il s'agit bien d'un droit de ne pas avoir à travailler et non pas d'une obligation de demeurer au foyer. Cette dernière relève d'une interprétation tronquée qui a été celle, à un certain moment, de certains courants islamistes comme en Algérie. J'ai eu, pour ma part, des débats très virulents, en Europe, avec certains représentants du FIS sur la place des femmes et de leur lecture de la réalité économique : interdire aux femmes de travailler, affirmer que le chômage était dû à la présence des femmes sur le marché du travail et présenter le fait de les renvoyer à la maison comme "le" remède islamique m'a fait réagir. J'ai critiqué sans détour ces lectures réductrices et simplistes. Ils refusaient mes arguments et me présentaient comme un "musulman occidentalisé", *soft* ou *light*... Cocasse, puisque pour certains je représenterais un islam "dur", *sharp*. De toutes les façons, ma position est claire : les femmes peuvent travailler et le chômage endémique en Algérie ou ailleurs n'a rien à voir avec leur travail. Ce genre d'arguments relève de la politique à la petite semaine, il est du même type que le discours d'extrême droite qui prétend que le chômage en Europe est dû à la présence étrangère. Stupide.

La conception générale de l'islam que je présentais tout à l'heure a deux conséquences importantes : la possibilité, et souvent la réalité, d'une dépendance de la femme sur le plan financier et l'impossibilité pour une femme musulmane d'épouser un non-musulman, alors qu'un homme musulman peut épouser une juive ou une chrétienne. Ces deux thèses peuvent paraître discriminatoires. Comment les expliquer ? La situation de relative dépendance dont je parlais rend le respect de sa religion problématique : un musulman reconnaît le caractère révélé du judaïsme et du christianisme mais l'inverse n'est pas vrai puisque ni le judaïsme ni le christianisme ne reconnaissent l'authenticité de l'islam. De plus, un homme juif ou chrétien peut avoir des ressources financières provenant d'activités économiques illicites (du point de vue islamique) : tractations financières, commerce d'alcool, etc., inacceptables pour une musulmane. Dans les sociétés musulmanes, l'interdit est le plus souvent appliqué à la lettre : le mariage est impossible si l'homme ne se convertit pas. Dans les sociétés européennes, les choses sont différentes et en France, par exemple, on sait que 25 % des jeunes filles maghrébines se marient avec des non-musulmans. C'est un constat. Si l'on veut rester fidèle aux principes religieux, cette tendance est à considérer négativement mais, à mon sens, la liberté de chacun doit être respectée. Reste la question des sociétés musulmanes : il n'y a souvent que le mariage religieux et il existe une réalité contraignante dans ce domaine mais qui, une fois encore, doit être mesurée à l'aune des réalités de ces sociétés.

A. G. – Sur le statut personnel des femmes, qui est l'un des points sur lesquels l'islam est le plus attaqué, est-ce qu'il n'y a pas dans le Coran des principes discriminatoires ?

T. R. – L'application concrète et littérale des textes peut devenir, devient et est dans certains cas très discriminatoire. Elle est liée à des lectures très patriarcales, très coutumières. Dans le registre du statut personnel, on trouve par exemple des lectures extrêmement fermées des règles de mariage, comme c'est le cas spécifiquement dans certaines prescriptions du rite malikite, avec la tutelle imposée à la femme. Comment procéder ? Je m'oppose à certains de nos interlocuteurs qui affirment qu'il faut ne plus être fidèle aux textes. Cela n'est pas raisonnable et l'on risque la rupture au sein des sociétés musulmanes. En revanche, il faut pousser ces sociétés à faire un travail sur les références, de l'intérieur : se demander ce que dit le texte en fonction de la réalité et quelles sont les modalités nouvelles d'une adaptation cohérente et plus juste : je pense à la reconnaissance de l'autonomie des femmes, de leur statut social, du mariage, du divorce, etc. Se cramponner frileusement à une interprétation restrictive par crainte de l'occidentalisation est peut-être compréhensible mais ce ne peut être une attitude légitime, surtout si cette façon de faire produit, comme je l'ai dit, des injustices patentes. Notre priorité n'est pas de protéger les femmes "contre l'Occident" mais de leur garantir la justice, l'équilibre et l'épanouissement qui sont le minimum de leurs droits devant Dieu. Il faut lire nos textes avec cet esprit, ce souffle, et non pas dans la crispation de la confrontation qui enferme et cloisonne. Dans le même sens, toutes les peines du code pénal – mutilations, lapidations, etc. – ne correspondent plus à la réalité de la justice et sont utilisées contre les plus démunis. Dans les sociétés de la péninsule arabique par exemple, 90 % des gens qui sont touchés par l'application de ces peines sont des Philippins et des Pakistanais issus des masses opprimées et non pas les riches, corrompus très souvent, qui volent leur peuple et viennent déposer leur argent dans les banques en Occident. Dans ce contexte, une application de ce que l'on présente comme la charia est une trahison et les musulmans qui se taisent en sont complices.

Nous devons susciter une dynamique dans tous les domaines : le choix du mari, la protection des droits, le divorce qui existe depuis l'origine, contrairement à la lecture patriarcale que l'on a voulu rendre prédominante. Un jour, une femme est allée voir le Prophète : "Je ne veux plus de cet homme pour mari." Il ne lui plaisait pas. Le Prophète lui a demandé : "Es-tu prête à lui rendre le douaire ?" Elle était d'accord et les époux furent séparés. Notre lecture des textes de même que leur application restent très liées à la coutume patriarcale. Cela n'est pas très différent de l'interprétation faite des références chrétiennes dans le sud de l'Italie ou dans certaines régions d'Espagne.

A. G. – Cela est vrai. On dénonce, à juste titre, la situation faite aux femmes au Pakistan. Mais on l'attribue un peu trop simplement à l'islam, alors que les mêmes pratiques discriminatoires – et parfois proprement barbares – existent en Inde. Ce qui prime, plus que les croyances, ce sont les sociétés et leur évolution. L'Arabie Saoudite compte plus d'étudiantes que d'étudiants et cela facilitera les évolutions de cette société particulièrement conservatrice. On peut regretter que les organisations qui se réclament de l'islam se mobilisent contre l'élévation de l'âge du mariage des femmes au Maroc ; mais ce qui m'a d'abord frappé dans les manifestations récentes, c'est la participation des femmes. Même si elles ont tort, à mon sens, de se mobiliser pour cela, il est important qu'elles descendent dans la rue, qu'elles ne soient pas confinées chez elles.

T. R. – C'est un cas intéressant. J'ai parlé avec les gens des deux courants. En Europe, on affirme trop vite : Il y a les forces progressistes (qui défendent nos valeurs) et les forces réactionnaires (tous les islamistes confondus). Cette vision ne rend pas compte des dynamiques dans la société marocaine ;

nombre de femmes qui sont descendues dans la rue contre le projet du gouvernement n'étaient "islamistes" ni de près ni de loin. Celles et ceux qui manifestaient contre ce qu'ils perçoivent comme "une attaque contre l'islam" le font en fonction de la vision qu'ils ont de leur propre situation par rapport à l'Occident et de ce qu'ils considèrent comme une invasion culturelle. Mais on doit se réjouir du débat à l'intérieur de la société marocaine : beaucoup sont pour que les choses évoluent mais ils veulent être eux-mêmes porteurs de ces changements, de l'intérieur, à leur rythme. Ils veulent un débat et c'est finalement cela qui est important. Il faut laisser aux Marocaines et aux Marocains la liberté de déterminer leurs propres choix, non pas en prenant depuis la France ou ailleurs le parti des uns ou des autres, mais plutôt en s'engageant pour que l'espace de ce dialogue leur soit offert : c'est-à-dire un Etat de droit, la liberté de critiquer et de s'exprimer, le pluralisme et de véritables espaces de citoyenneté. Raison pour laquelle il faut regretter que le débat ait été interrompu et que la décision incombe désormais au roi seul. On ne fera pas avancer la société ainsi.

Qu'avait-on vu au Maroc ? Des femmes qui se mobilisaient pour que l'on ne fasse pas dire aux références islamiques n'importe quoi. D'un point de vue strictement islamique, défendre le libre choix des femmes en matière de mariage, déterminer un âge limite qui protège de façon cohérente l'exercice de ce libre choix, fixer les règles du divorce pour la femme comme pour l'homme est tout à fait légitime. Je ne cesse pas de soutenir ces positions, comme d'ailleurs de nombreuses militantes musulmanes. Cela n'a rien d'"occidental" ni d'occidentalisé, cela concerne nos sociétés et nécessite de convoquer toutes nos énergies intellectuelles : des musulmanes et des musulmans s'y sont engagés et il faut, en Occident, les y encourager sans prétendre, sous l'impulsion d'une arrogance contre-productive, avoir déjà les seules bonnes réponses.

D'autant que, dans les faits, on ne peut pas dire que l'Occident soit un modèle d'égalité, de bien-être et d'épanouissement. Restons, les uns et les autres, modestes.

J'aimerais que vous approfondissiez un peu le thème des femmes dans les sociétés musulmanes : elles y sont en général considérées comme des mineures et c'est dans ces sociétés qu'elles ont le moins de droits à la fois sociaux et individuels et qu'elles souffrent le plus.

T. R. – Effectivement, on ne peut pas en permanence se cacher derrière les textes en disant : "Ils ne disent pas cela." Le constat qui s'impose est celui d'une réelle et profonde discrimination à l'encontre des femmes. Je suis le dernier à le contester. Mais dire que l'islam est le facteur déterminant de cette discrimination est réducteur. Qu'une certaine lecture de l'islam ait légitimé, voire accentué cette discrimination, c'est évident. Mais qu'il en soit la cause première, je ne pense pas ! Ces sociétés sont liées à des cultures et à des histoires. Les sociétés, qu'elles soient chrétiennes, bouddhistes, hindouistes ou musulmanes, sont marquées par des filiations patriarcales, surtout dans les campagnes. Il faut prendre en compte l'histoire et les dynamiques internes. On ne peut pas demander à des sociétés de produire autre chose que ce que l'histoire de leur dynamique sociale détermine. On fait ces distinctions pour l'hindouisme, comme disait Alain Gresh, mais quand il s'agit d'islam, on verse dans l'essentialisme : cela, c'*est* l'islam, par nature, par essence, et l'islam serait seul responsable.

Je rejette, je l'ai souvent dit, le discours sur la nécessité pour les sociétés musulmanes de se dissocier de l'islam. C'est de l'intérieur, à partir des références musulmanes, que les peuples trouveront les moyens d'enclencher des dynamiques sociales qui leur permettent de libérer tant les femmes que les hommes, d'ailleurs. Car certes, les femmes sont opprimées, mais quel est l'état général de ces sociétés ? On ne peut se borner à observer la seule situation des femmes ou des chrétiens. On ne peut séparer leur sort de l'oppression générale.

A. G. – Les femmes ne peuvent pas être libres dans une société où tout le monde est opprimé. La Tunisie a adopté des lois très positives pour les femmes, mais c'est l'ensemble de la société, hommes et femmes, qui est asservi par le régime actuel. Et en prison, on torture des hommes comme des femmes.

T. R. – C'est un bon exemple. Le président tunisien, comme tant de despotes arabes, a bien compris comment fonctionne les représentations en Occident. Il présente en vitrine des femmes qui sont "libres" et épanouies alors que, derrière ce paravent, c'est une société entière qu'on opprime. L'espoir réside dans les mouvements de femmes extrêmement puissants qui se créent dans tous les pays musulmans. Mais qui écoute leurs voix en Occident ? Le seul "féminisme" accepté sous nos latitudes est celui qui se fonde sur les valeurs occidentales. On n'imagine pas qu'il soit possible à une femme de tenir un discours de libération dans le respect de ses principes islamiques. C'est une erreur dangereuse. Il faut se mettre d'accord sur un point : qui est réformateur ? Qui est progressiste ? Qui est féministe ? Celle ou celui qui parle comme un Occidental en étant complètement déconnecté d'avec sa société (mais qui cependant fait plaisir aux oreilles des intellectuels européens) ? Ou plutôt celle ou celui qui est enraciné dans ses références, lutte de l'intérieur, au rythme des émotions et des intelligences de son peuple et de sa société, pour que la pensée évolue, mûrisse ?

A. G. – Le terme de féminisme a en France une connotation péjorative. Le seul cas où il prend une acception positive, c'est lorsqu'on parle des féministes algériennes. C'est assez troublant. Je reviens à la vision de l'islam. Quand un intellectuel ou un journaliste écrit ou prononce le mot "islam", il a l'impression d'avoir donné une explication, alors qu'en fait, il n'a rien dit du tout. De quoi parle-t-il ? De la religion, avec toutes ses interprétations ? D'une histoire de près de quatorze siècles ? De la civilisation islamique ? Ou de la réalité du milliard de musulmans qui vivent dans des dizaines de pays différents avec des valeurs parfois complètement contradictoires ? En fait, l'islam est un concept aussi vide que celui de terrorisme. Ce simplisme déforme toute notre vision du monde musulman.

T. R. – C'est vrai, mais c'est également aux musulmans de faire ce travail d'explication et de dénonciation. Je prends le cas de l'Afghanistan. L'application par le régime des talibans de prétendues lois musulmanes fut une horreur : il n'y avait presque plus d'écoles, plus d'hôpitaux pour les femmes. Il fallait dénoncer ces pratiques avec force et détermination, je l'ai fait depuis 1996. C'était à mon sens une obligation morale. Tous les musulmans, y compris ceux qui vivent en Occident, doivent s'exprimer davantage dans des situations analogues touchant les pays musulmans. Récemment, le cheikh Qardawi, mondialement connu, est intervenu publiquement pour dire, en substance : "Nous avons tout faux ! Où sont ces femmes qui vont parler de leur réalité, ces dirigeantes qui vont se dresser pour défendre les droits des femmes ?" Il n'a pas hésité à mettre en cause le monde musulman pour avoir produit un leadership presque exclusivement masculin. C'est, paradoxalement, en Iran que le leadership féminin a le plus de poids.

Quant à la réalité de la souffrance des femmes que vous évoquiez, il n'y a aucune discussion sur ce point. Je n'ai pas les moyens de mesurer l'intensité des tourments mais je constate que les discriminations dans le monde musulman sont très nombreuses et prononcées et provoquent des situations de famille pénibles, que ce soit dans les cas de divorces ou dans ceux des mères délaissées par leurs maris, qui se retrouvent à la rue. Mais il faut aussi apprendre à nuancer. Les femmes du Maroc qui descendent dans la rue en disant : "Je ne veux pas qu'on touche à des lois que je considère comme musulmanes" doivent aussi être prises en considération. Ce n'est pas parce qu'elles pratiquent leur religion, qu'elles portent le foulard qu'il faut les mépriser. Certaines de ces femmes ont envie de faire évoluer les choses mais à partir de leurs références, non contre elles. En France, par exemple, pendant les affaires du foulard, toutes les jeunes filles qui le portaient étaient traitées de "pauvres filles". Dès qu'il y a contrainte et discrimination, il y a souffrance. Mais quand il y a libre choix, il faut admettre qu'il puisse y avoir épanouissement, même si cela ne correspond pas à l'idée que l'on s'en fait.

A. G. – Cela dépend des situations et des problèmes. Prenons l'exemple de l'âge du mariage ; on ne peut pas marier les filles à dix ou douze ans. Que des femmes, des mères, manifestent pour qu'elles puissent le faire ne me suffit pas pour l'accepter.

T. R. – Vous avez raison, mais encore une fois les femmes marocaines ne manifestaient pas pour cela d'abord : il s'agit de décoder la portée politique du message : dire à une monarchie ou à une élite, perçues comme très soumises à l'Occident en matière politique ou culturelle : "Nous résisterons." Elles ne veulent pas qu'on leur impose un modèle extérieur mais beaucoup sont conscientes, à l'instar de nombreux savants, qu'il faut réformer les pratiques liées au mariage et particulièrement en ce qui concerne les très jeunes filles. La mobilisation des musulmans ne doit pas être perçue de façon monolithique... Je ne peux prétendre, à partir même de mes références, que la femme doit avoir la liberté de se marier et de choisir son mari et en même temps fermer les yeux sur le fait que l'on marie des enfants de dix ans : il faut être cohérent et légiférer dans le sens de la protection du droit des femmes.

A. G. – Des valeurs universelles sont en train d'émerger, et il faut les prendre en compte, dans leur rapport complexe aux réalités nationales et locales. Je me souviens d'un débat sur les droits de la personne ; tout un coup, un Africain prend la parole : "Si nous parlions un peu de la situation des vieux en Europe, de la façon dont ils sont rejetés par les familles, et de la manière dont nous, dans les sociétés africaines, nous nous en occupons." Il avait raison de refuser que toute la discussion tourne autour de la vision occidentale des valeurs universelles.

Il est vrai, et paradoxal, que l'universel s'identifie largement, depuis le XIXe siècle, au monde occidental, et qu'il a parfois justifié des pratiques impérialistes. Mais une partie des valeurs universelles appartiennent désormais à tous. Et il faut les défendre, y compris contre les puissances occidentales qui les manipulent. C'est un exercice difficile. Je me sens parfois pris au piège : quand je suis en France, j'explique qu'il faut respecter les autres sociétés et je combats ce que j'appelle une "vision coloniale" ; quand je suis au Proche-Orient, j'ai plutôt tendance à mettre l'accent sur l'importance des valeurs universelles que l'Occident défend, même si c'est avec des arrière-pensées politiques et des pratiques souvent inacceptables comme en Irak ou au Kosovo.

T. R. – Il en va de même avec les valeurs de l'islam. Les pratiques inacceptables de certains musulmans ne suffisent pas à disqualifier les valeurs islamiques. J'insiste sur la qualité de ces valeurs universelles dont vous parlez et je sais que, dans la conception de l'islam, il y a une confiance tranquille dans la raison humaine. Ce que la raison humaine a produit dans l'histoire occidentale a donné naissance, à partir du XVIe, à la formulation par étapes de ces valeurs universelles et je ne les rejette pas.

Il reste que l'on est face à deux approches. Prenons la Déclaration universelle des droits de l'homme de 1948. Certains musulmans se sont dit qu'il fallait produire une déclaration islamique des droits de l'homme ! Ils se sont inspirés du texte des Nations unies et ont stipulé que certains articles étaient contestables. Dans la version "islamique", on a ajouté une petite phrase : "dans le respect de la charia". Cela ne veut pas dire grand-chose, même si je comprends la démarche. Il est nécessaire de demander aux musulmans de formuler eux-mêmes des valeurs universelles à partir de leurs références, de leur conception de l'homme et de leur propre rationalité : c'est alors que l'on parle vraiment d'égal à égal. Dans les comités d'éthique auxquels je participe, notamment sur les questions médicales comme l'euthanasie, nous devons les uns et les autres nous exprimer sur notre conception de l'être humain. La forme que prend notre formulation fait partie du fond du débat. Il ne faut rien simplifier…

En ce sens, il faut faire un vrai travail qui permette aux musulmans, à partir de leurs références, de produire des concepts qui soient réellement endogènes et non le résultat d'une crispation frileuse par rapport au modèle occidental. Se dessineront alors des convergences fondamentales. Trop souvent, on confond le principe universel avec son modèle d'application. On ne peut pas exporter et plaquer le modèle de démocratie française, sans aucune adaptation, sur les réalités d'un Etat africain...

A. G. – L'apport de chaque société est indispensable. Les valeurs universelles ne sont pas données une fois pour toutes. Elles ne sont pas nées *ex nihilo*. Elles sont le résultat d'une histoire qui, dans la dernière période, a été dominée par l'Occident. Il est bon que d'autres sociétés et d'autres cultures apportent leur pierre à cet édifice, et cela contribuera à les "désoccidentaliser". Au lieu d'apparaître dans le Sud comme un gadget que l'Occident manipule, elles prendront une nouvelle dimension. Il y a en Occident un grand débat sur les droits individuels et collectifs, sur les droits économiques et sociaux, ou encore sur de nouveaux droits, comme ceux de l'environnement. Ces droits doivent être définis par tous, et non par une petite fraction de l'humanité.

Certains droits humains qui nous paraissent acquis en Europe ne le sont pas pour l'ensemble des sociétés occidentales. Je pense à l'interdiction de la peine de mort. Les Etats-Unis, eux, l'appliquent. Est-ce que d'un point de vue islamique, le refus de la peine de mort peut entrer dans les valeurs universelles ? Est-ce que le droit à la vie et l'interdiction de tuer ne figurent pas dans l'islam ?

T. R. – Aucun savant n'a formulé les choses ainsi. En revanche, nombreux sont ceux qui réfléchissent sur l'application et, au regard de l'état des sociétés musulmanes, l'idée d'un moratoire a été évoquée. Mais personne, à ma connaissance, ne s'est aventuré plus avant, si ce n'est en affirmant que le moindre doute, le plus petit indice doit jouer en faveur du prévenu. On a considérablement simplifié le problème dans les communautés musulmanes : le droit est stipulé, il prévoit la peine de mort, donc il ne se discute pas. Toute interrogation est considérée comme une volonté de l'idéologie occidentale d'imposer sa marque. Il faut en débattre, mais il est imprudent d'en faire le point de départ de la discussion, car celle-ci risque de s'arrêter très vite. Je me suis exprimé contre la peine de mort aux Etats-Unis, comme en Arabie Saoudite et ailleurs, pour tout ce que son application confirme de traitement discriminatoire entre les Noirs et les Blancs, les pauvres et les riches. Elle est devenue la caution définitive d'injustices inacceptables.

Dans le débat sur les valeurs universelles, il faut promouvoir la participation et la contribution des musulmans. On est trop souvent dans une logique d'imposition de la conception et de la formulation occidentales des droits humains. Il faut forger des alliances transversales entre des intellectuels, des penseurs, des philosophes dans les sociétés occidentales et les sociétés musulmanes pour en faire un enrichissement et non un combat idéologique. C'est cela, somme toute, le défi qui nous attend.

VIII

L'ISLAM CONTRE L'EUROPE ?

La perception des musulmans et de l'Islam par les Européens, et notamment les Français, est très fortement marquée par l'Afrique du Nord. Les premiers contacts datent de la conquête par les guerriers musulmans venus du Maghreb, de l'Espagne et d'une partie de la France aux VII*e et* VIII*e siècles. Aujourd'hui encore, l'immigration des musulmans provient surtout d'Afrique du Nord – du moins en ce qui concerne la France, car elle vient aussi de Turquie, vers l'Allemagne et la Belgique notamment – et d'Asie, vers la Grande-Bretagne ou les Pays-Bas. Il reste que le Maghreb est très présent dans la perception que l'on a des musulmans.*

A. G. – Des "strates" successives d'histoire ont contribué à former cette vision. Il y a, à l'origine, le sentiment très ancien d'une menace liée à l'expansion foudroyante de l'Islam entre le VIIe et le IXe siècle. Et la "mémoire", si l'on peut dire, de Charles Martel arrêtant les Sarrasins à Poitiers. Les croisades et les tentatives de "reconquête" du tombeau du Christ entretiendront une chronique de frictions religieuses entre musulmans et chrétiens. Et puis, il ne faut pas l'oublier, l'histoire des relations avec l'Empire ottoman qui, aux XVe et XVIe siècles, est une grande puissance européenne, dont les troupes avancent jusqu'à Vienne. Ceci étant, nous avons connu aussi des moments de coopération, y compris d'alliances militaires "contre nature", entre puissances chrétiennes et musulmanes. D'autre part, les échanges économiques et culturels n'ont jamais cessé, et le rôle de l'Espagne omayyade dans la culture "occidentale" n'est plus à démontrer. La mémoire de ces longs siècles a fait l'objet d'une réécriture permanente, en fonction d'enjeux actuels.

Mais ce qui pèse le plus désormais dans la perception que l'on peut avoir des musulmans en Europe, c'est la "mémoire coloniale". La France a longtemps occupé une grande partie du Maghreb – cent trente ans pour l'Algérie. C'était l'époque du colonialisme triomphant, sûr de lui et dominateur, convaincu d'apporter la civilisation aux "peuples inférieurs". Prévaut alors une vision raciste, fondée sur la science de l'époque, j'en ai déjà parlé. Cette histoire pèse beaucoup plus que la religion dans notre appréhension des sociétés du Maghreb comme des immigrés.

Ce qui différencie l'immigration actuelle des immigrations successives que la France a connues, ce n'est pas qu'elle est musulmane, mais qu'elle est issue de pays anciennement colonisés. L'historien Pascal Blanchard, directeur de l'agence Les

Bâtisseurs de mémoire, fait une remarque très juste lorsqu'il dit que la société française regarde les quartiers difficiles, les banlieues, comme elle regardait ces jardins zoologiques humains de l'époque coloniale, avec un mélange de curiosité trouble, de fascination et de peur. La France ne banalisera son rapport à ces jeunes qu'on qualifie de "deuxième génération" – on n'a jamais employé ce terme avec les jeunes Français dont les parents étaient italiens ou polonais – que si elle règle ses comptes avec sa mémoire – il faudrait plutôt dire son amnésie – coloniale.

Nous refusons de nous pencher sur une des pages les plus sombres de notre histoire. C'est pourtant un domaine où le "devoir de mémoire" devrait agir à plein. Nous avons refoulé tout cela, pas seulement la guerre d'Algérie – dont nombre des acteurs sont encore vivants –, mais les crimes innombrables du XIXe siècle. C'est toujours Pascal Blanchard qui met côte à côte deux photos, l'une montre l'entrée des troupes allemandes à Paris en 1940 et l'autre celle des troupes françaises dirigées par Lyautey à Rabat, au début du siècle. Il veut faire comprendre le choc de la société marocaine en le comparant à celui qu'a connu en 1940 la société française. Et pourtant, nous ne faisons jamais ce parallèle, parce que nous pensons : "Ces gens-là ne sont pas tout à fait comme nous." J'ai souvent entendu dire : "Les Arabes ne pleurent pas leurs morts", ou encore : "Ils ont tellement d'enfants qu'ils n'attachent pas d'importance à leurs vies.” Ces schémas irriguent la perception qu’ont d’eux-mêmes beaucoup de jeunes Français d’origine maghrébine ou africaine.

Est-ce que le facteur “islam” ne joue tout de même pas un rôle dans la vision qu’on a de ces immigrés ? Les vagues d’immigration précédentes, que ce soit les Polonais ou les Italiens, étaient composées de chrétiens. C’est la première fois qu’il y a des immigrés d’une autre religion, d’une autre culture.

A. G. – Non, ce n’est pas vrai ! Il y a eu aussi les juifs d’Europe centrale ! Chaque vague d’immigration a suscité des haines, des clichés qu’on a de la peine à imaginer. Au début du XXe siècle, les ouvriers belges dans le Nord étaient dénoncés avec une violence inouïe : “Ils sentent mauvais, ils ne se lavent pas !” On expliquait que les Polonais ne s’intégreraient jamais parce qu’ils étaient trop catholiques. Et que les juifs ne s’intégreraient pas parce que… ils n’étaient pas catholiques ! Il est vrai que l’islam est une religion nouvelle, les minarets détonnent dans un paysage français. Mais, dans cinquante ans, ils ne choqueront plus personne. D’autres religions “nouvelles” sont largement acceptées, bien qu’étrangères. Je pense au bouddhisme, qui suscite une surprenante sympathie. Mais les bouddhistes ne sont pas perçus comme d’anciens colonisés…

T. R. – C'est vrai qu'on ne peut oublier cette dimension. Pour la France, la Belgique et les pays d'Europe du Nord, l'immigration musulmane provient essentiellement du Maghreb ; en Grande-Bretagne, l'immigration est surtout indo-pakistanaise ; en Allemagne ou en Suisse alémanique, elle est en majorité turque. En Europe, la réalité d'un ancien rapport de dominants à dominés perdure. Pour les musulmans, qu'ils soient du Maghreb, de la Turquie ou du Pakistan, il y a en Occident un déficit de reconnaissance de leur histoire. La première revendication des Noirs aux Etats-Unis – dont certains se sont convertis à l'islam –, c'est la reconnaissance et la réévaluation de leur passé africain et de la traite d'esclaves. Je ne cesse depuis des années de répéter qu'il faut revisiter et étudier les histoires successives de la colonisation et de l'immigration et surtout revaloriser la civilisation d'origine et la longue mémoire des enfants d'immigrés nés en Europe.

Il reste pourtant qu'on ne peut pas non plus omettre les images liées à l'islam. Quand vous dites que le bouddhisme suscite une sympathie, c'est plus par la représentation, souvent d'ailleurs très partielle, voire tronquée, que l'on en a en Europe, que par l'absence d'épisode colonial dans la relation. Le facteur "islam" – ajouté à "Arabes" ou "immigrés" –, pèse de manière négative sur la vision que l'on a des immigrés en Occident.

A. G. – Je voudrais citer un sondage qui a été réalisé en France en 1998, par le quotidien *Le Monde*.

On demandait aux musulmans, qu'ils soient français ou étrangers, ce qu'ils souhaitaient le plus du gouvernement. Les résultats sont très éclairants : 58 % désiraient qu'il fasse mieux connaître les valeurs de l'islam, 36 % qu'il favorise la construction de mosquées et seulement 14 % qu'il autorise le port du voile à l'école. La reconnaissance par la société française et par l'Etat, non seulement religieuse mais culturelle, est fondamentale. Les enfants des banlieues qui visitent l'Institut du monde arabe sont enthousiasmés et transformés : ils voient, pour la première fois, la civilisation dont ils sont issus reconnue et appréciée, comme partie de la culture universelle et donc de la culture française.

T. R. – Nous devons effectuer un double travail, qui est la réponse à un double problème. D'un côté, en Europe, la reconnaissance de ce passé lourd et houleux. Pour les populations musulmanes, cela représente à la fois la mémoire du pays d'origine et la revalorisation de la trajectoire de leurs pères et de leurs mères. On exige souvent des jeunes de la deuxième ou de la troisième génération de s'intégrer, que ce soit en France ou en Grande-Bretagne, en oubliant le rôle de leurs parents dans la construction du Vieux Continent. Cette frustration est celle de toute émigration, certes, mais le besoin de réévaluation est encore plus fort quand on a un passé colonial. Le travail de mémoire est donc incontournable.

D'autre part, il faut poser la question crûment : y a-t-il une spécificité des attitudes européennes à l'égard de la population musulmane ? Sur un certain nombre de dimensions, il n'y en a pas. Les musulmans ont vécu les mêmes difficultés que les autres vagues successives d'immigrés. La frustration est un passage obligé, et l'on perçoit des évolutions patentes dans le rapport que les deuxième et troisième générations, désormais citoyens de confession musulmane des divers pays européens, entretiennent avec leur environnement. Les réalités changent, comme cela s'est passé pour les autres vagues d'immigration dont vous parliez. Demeure cependant la spécificité de la religion. L'islam est une religion perçue comme nouvelle en Europe, il faut le reconnaître, et la représentation que l'on en a est nourrie de plusieurs sources bien différentes : la mémoire longue de l'histoire médiévale et de la colonisation que vous avez évoquée, mais également, plus près de nous, depuis 1979, dans tout l'Occident, l'émergence sur la scène médiatique, à partir de la révolution iranienne, de forces islamistes radicalisées. Plus profondément encore, il faut relever que l'Europe a évacué de sa propre mémoire, de sa représentation d'elle-même, la très profonde et très active participation de l'islam à son identité. On peut faire des études de philosophie occidentale dans n'importe quelle université en Europe sans jamais rencontrer l'islam. Tout se passe comme si c'était une pensée étrangère, extérieure, s'inscrivant dans la pure altérité. Il y a des universités en France, comme c'est le cas chez nous en Suisse, mais aussi en Allemagne, ou en

Grande-Bretagne, où on n'étudie jamais ni Ghâzâlî, ni Shâtibî, ni Averroès ni aucun autre penseur inscrit dans la tradition musulmane. Quelle amnésie sélective…

Cette représentation tronquée alimente les interrogations récurrentes sur la double allégeance – qui furent longtemps valables aussi pour les juifs – que l'on pourrait résumer ainsi : "A qui appartenez-vous vraiment ? Ou plutôt à qui appartenez-vous d'abord ? Etes-vous d'abord musulman ou français, allemand ou anglais ? Comment vous définissez-vous ?" Sous-jacente est tapie l'idée d'un islam immuable et d'une *umma* monolithique, qui ne permettent aucune adaptation aux réalités. Il est important que les musulmans s'en rendent compte, car ils doivent répondre à ce type d'interrogations.

Le flou des images, de même que celui des réactions musulmanes d'ailleurs, entretient la suspicion. La moitié des musulmans de France sont français. En Grande-Bretagne, un tiers sont britanniques. En Allemagne, la situation est un peu différente car la nationalité était, jusqu'à l'année dernière, très difficile à obtenir. Dans tous ces pays, on met en doute leur citoyenneté, qui ne serait que de circonstance… Au fond, leur appartenance à la *umma* en fait des dangers potentiels pour les sociétés d'accueil. Des chevaux de Troie, des loups dans la bergerie. Plus grossièrement parfois, on les perçoit comme l'avant-garde d'une future invasion.

On soupçonne effectivement leur loyauté à l'égard du pays d'accueil.

T. R. – Vous avez raison. Et les musulmans doivent clarifier leurs positions mais cela ne doit pas se faire sur le mode de la justification ou de la culpabilité mal assumée. Il leur appartient d'élaborer un discours, d'expliquer leurs convictions et leurs positions et de faire en sorte d'être entendus. Comme n'importe quel citoyen vivant en Europe. Il faut surtout dépassionner le débat.

Laissez-moi vous donner un exemple de ces dérives, ailleurs qu'en Europe. A l'île Maurice un match de football opposait l'équipe nationale à celle de l'Egypte. Dans les gradins, des Mauriciens de confession musulmane se sont mis à soutenir l'Egypte contre leur propre équipe. Après la rencontre, les choses ont dégénéré gravement. L'un des éditorialistes les plus en vue sur l'île, choqué, s'est interrogé : "Etes-vous d'abord musulmans ou mauriciens ?" Cet épisode, parmi d'autres, a contribué à miner la cohésion culturelle et sociale de l'île. On m'avait consulté lors de l'une de mes visites et j'avais répondu qu'il fallait dans un camp comme dans l'autre dépassionner le débat : au fond, quand il est question de société comme de sport, les emportements irrationnels sont ceux qu'il faut stigmatiser. Le caractère sectaire d'une poignée de musulmans comme le chauvinisme de quelques Mauriciens devaient être dénoncés. La seule solution est de garder la tête froide et, quels que soient ses sentiments, de s'éduquer à comprendre que, en sport, il faut espérer que le meilleur gagne, musulman ou pas, mauricien ou égyptien. C'est une question d'apprentissage, de sagesse mais aussi de clairvoyance dans le discours.

Les jeunes musulmans de France ou d'Europe, et particulièrement ceux qui avaient dix-huit ans dans les années quatre-vingt, ont changé, leur analyse a évolué, forcément. A l'origine, il leur fallait vivre dans un pays où ils sentaient qu'on ne les aimait pas, où ils étaient en perpétuelle situation de conflit. Avec le temps, ils ont rencontré d'autres acteurs, d'autres réalités et des horizons de dialogue et de partenariat. Les mentalités ont mûri non pas, comme le pensent certains, par tactique mais à partir des réalités du terrain, de l'acclimatation et des nécessités. Le facteur temps doit être pris en compte. On a demandé aux Français issus de l'immigration musulmane d'aller plus vite qu'ils ne pouvaient le faire. D'autre part, il ne faut jamais oublier que la population concernée est d'origine très modeste. Les primo-migrants sont pour la plupart des ouvriers. Pendant une génération au moins, il leur a été absolument impossible de construire un discours sur l'appartenance, d'autant qu'ils pensaient retourner au pays. La volonté de devenir citoyen est récente, elle date de dix à quinze ans, tout au plus.

A. G. – La place des immigrés – il faudrait plutôt dire : des jeunes Français d'origine maghrébine et africaine – est liée à une double crise en France : celle du travail et celle des idéologies – aussi bien du "modèle républicain" que des grands "récits émancipateurs" de contestation, socialistes ou communistes. Les générations précédentes d'immigrés se sont intégrées au monde ouvrier, et par là à la nation. Mais désormais, le monde ouvrier s'est profondément transformé, le travail "flexible", les "petits boulots" n'offrent ni possibilité d'intégration, ni perspective d'ascension sociale. Les grandes concentrations ouvrières – que l'on songe à la forteresse ouvrière de l'Ile-Séguin (Renault) –, qui ont assuré l'intégration de générations successives de travailleurs étrangers, ont disparu. Un fort chômage frappe les classes modestes, en premier lieu les jeunes Français d'origine maghrébine. Cette marginalisation – qui touche aussi, il est important de le rappeler, une partie non négligeable de "Français de souche" – menace la cohésion sociale de la République.

D'autre part, le modèle républicain, idéal qui n'a sans doute jamais existé, est en crise. D'abord parce qu'il n'est plus capable d'assurer la promotion de chacun, indépendamment de son origine – il vaut mieux s'appeler Pierre que Muhammad quand on cherche un travail. Et puis, nous ne sommes plus à la fin du XIXe siècle quand il fallait "choisir" : on ne pouvait pas être breton et français. Désormais, de nombreux jeunes et moins jeunes se reconnaissent des identités multiples. On peut très bien être à la fois français, catholique, breton et, pourquoi pas, se sentir européen. “Et tout ça ça fait d’excellents Français”, chantait-on dans les années trente. On ne voit pas pourquoi les musulmans devraient renoncer à une partie de leur identité alors que la République accepte la diversité.

Cette crise de l’idéologie républicaine s’accompagne de celle des idéologies internationalistes de transformation du monde. L’intégration des générations précédentes d’immigrés s’est faite par le mouvement ouvrier, par les combats communs menés contre l’exploitation ou contre l’occupation nazie – que l’on songe au rôle de la Main-d’œuvre immigrée (MOI), section du parti communiste, dans la lutte armée contre les Allemands. Cette possibilité, pour un mineur polonais, pour un sidérurgiste italien, d’adhérer à une idéologie forte, internationaliste, favorisait, paradoxalement, son intégration à la nation. Le “récit épique”, transmis de génération en génération, sur les combats communs soudait la classe ouvrière. Le Parti communiste français a eu ce rôle historique pour des générations d’étrangers – Polonais, juifs d’Europe centrale, Espagnols. Le récit épique est rompu. Le parti communiste est en crise, de même que les syndicats. Le “repli nationaliste” du parti communiste dans les années quatre-vingt (affaire du bulldozer de Vitry, par exemple) a brisé une digue dans les classes populaires, facilitant la “légitimation” du racisme. Enfin, le parti socialiste arrivé au pouvoir en 1981 a accepté le débat piégé sur l’immigration lancé par Le Pen.

Je voudrais qu'on revienne au Maghreb. Les conséquences des guerres d'indépendance au Maghreb puis le développement de l'islamisme et les événements d'Algérie de ces dernières années ne pèsent-ils pas sur les difficultés d'intégration de l'immigration ?

A. G. – Chaque 8 Mai, nous commémorons la victoire alliée sur la barbarie nazie. Pour les Algériens, cette date a une tout autre signification. Le 8 mai 1945, ce sont les massacres de Sétif, commis par les colons et les autorités, contre des milliers d'"autochtones". On attend toujours que la France explore cet épisode refoulé de l'histoire. On découvre enfin, grâce notamment au procès de Maurice Papon mais surtout au travail d'un historien, Jean-Luc Einaudi, ce qui s'est passé le 17 octobre 1961, quand la police française a assassiné impunément, au cœur de Paris, des centaines d'Algériens qui manifestaient pacifiquement en faveur du FLN. Il a fallu plus de trente ans pour arriver à cette mise au jour – alors que, par exemple, la mémoire de Charonne, manifestation pour la paix en Algérie, durant laquelle sept jeunes Français ont été tués, n'a jamais été occultée.

Dans cette amnésie, les autorités algériennes portent aussi leur part de responsabilité. Le gouvernement et le FLN ont complètement manipulé cette histoire pour asseoir leur légitimité. C'est seulement maintenant que l'on commence à débattre sérieusement de tout cela en Algérie. Mais il faut reconnaître aussi que la violence de la guerre a amené les deux sociétés, française et algérienne, à vouloir rapidement "tourner la page". En 1962, au lendemain de l'accession de l'Algérie à l'indépendance, un mot d'ordre courait dans les bidonvilles algériens en France : "Sept ans, ça suffit !" On voulait oublier ces événements sanglants. Cette volonté d'amnésie est fréquente après un épisode traumatique. Il a fallu près d'une dizaine d'années après la fin de la dictature pour que la société chilienne accepte de se pencher sur la période Pinochet. S'il est vrai qu'il existe un moment où il faut savoir "tourner la page" – on ne peut vivre en permanence dans la rancœur et le souvenir –, encore faut-il que le travail de deuil ait été accompli. La récente guerre algérienne a relancé ce débat et, d'une certaine manière, tant mieux.

En France, notamment dans les médias audiovisuels, a dominé une image simpliste de cette "seconde guerre d'Algérie". Quelques intellectuels et journalistes, français et algériens, ont procédé à de véritables manipulations, réduisant ce conflit à un affrontement entre laïcs et religieux. On a entendu célébrer le "nouveau Valmy". La République algérienne en danger se battait contre ses ennemis comme la jeune Révolution française avait résisté aux agressions étrangères et contre-révolutionnaires. Dans ce contexte, il ne pouvait y avoir de liberté pour les ennemis de la liberté. Que le haut commandement algérien, profondément corrompu et dictatorial, puisse symboliser aux yeux de certains la liberté est quelque chose qui me dépasse.

Cette période, le début des années quatre-vingt-dix, a coïncidé avec l'émergence de la "menace islamiste". De l'Iran à l'Egypte, de l'Afghanistan à la Palestine, le monde musulman est perçu alors comme le lieu de tous les fanatismes qui, à terme, menacent aussi l'Occident. Avec la fin de l'Union soviétique, les stratèges et les appareils militaires et policiers sont à la recherche d'un "nouvel ennemi", qui puisse justifier leur survie et les budgets qu'ils engloutissent. C'est dans ce cadre que naît, défendue par Samuel Huntington, l'idée du "choc des civilisations". Même si cette théorie s'applique à toutes les civilisations qui sont censées être irréconciliables, c'est à l'Islam (et à son affrontement avec l'Occident) qu'il pense avant tout. Ce concept de "choc des civilisations" a d'ailleurs été inventé par l'universitaire américain Bernard Lewis, à propos de l'Islam et de l'Occident, dès septembre 1990. Il a été relancé après les attentats du 11 septembre 2001.

En France, cette campagne prend une dimension particulière : la "menace extérieure" peut être relayée par une "menace intérieure" que seraient ces jeunes musulmans français, relais "naturels" du terrorisme. C'est une thèse que développe notamment Jean-Louis Bruguière, premier vice-président chargé de l'instruction du tribunal de grande instance de Paris et de la coordination de la section antiterroriste. S'y ajoute une "vision coloniale" à laquelle participe une partie de la gauche française – qui s'est mobilisée contre le foulard "islamique" – et qui consiste à voir l'Algérie à travers notre propre histoire, à ne concevoir ces sociétés du Sud qu'en termes de "retard" par rapport à un idéal représenté par l'Occident. Et cette gauche est évidemment sensible aux parallèles simplificateurs : la guerre civile en Algérie comme répétition de la Révolution française ou de la lutte menée en France, au tournant du XXe siècle, contre l'Eglise. Ce "schéma" est facile à faire passer dans l'opinion, trop heureuse de régler ses comptes avec ces anciens colonisés qui ont eu le front de conquérir leur indépendance.

Mais ce n'était pas seulement une simplification, cette idée que la société française était particulièrement vulnérable. Il y a eu les attentats des Iraniens, ceux des Algériens, le groupe Kelkal.

A. G. – Le terrorisme international manipulé par les Etats – comme les attentats de 1985-1986 – s'inscrivait dans une logique de lutte contre l'Etat et le gouvernement français. Paris arme l'Irak et Téhéran le considère donc comme un cobelligérant de cette première guerre du Golfe. Les attentats des Groupes islamiques armés (GIA) sont d'une autre nature. Les GIA ne disposent pas de l'appui d'un Etat, mais ils dénoncent l'engagement de la France dans la guerre civile. Ils essaient de porter la guerre sur le territoire français. Mais leur succès sera limité, même si l'on ne peut que déplorer le nombre de victimes. Il faut insister d'abord sur l'échec des GIA à trouver des relais significatifs à l'intérieur de la société française. Le fameux procès du "réseau Chalabi", en 1999, mis en scène par le juge Bruguière pour faire croire à l'existence d'un vaste complot islamiste relayé par une cinquième colonne, s'est terminé en mascarade.

Lorsque je parle de vulnérabilité, je veux évoquer l'absence de frontières avec le monde musulman. La guerre civile en Algérie a de fortes répercussions en France.

A. G. – Encore une fois, ce qui est notable, c'est justement que le conflit a si peu débordé. Il a démontré que les jeunes Français musulmans n'étaient pas du tout prêts à s'enrôler sous la bannière des GIA ou de Ben Laden. Kelkal est une exception. Le plus important, c'est que la guerre n'oppose pas deux camps, l'un laïque démocrate et l'autre islamiste égorgeur. Non seulement il y a des égorgeurs des deux côtés, mais aucun des camps n'est homogène.

Mais cela est indifférent à l'opinion publique française. Il faut se souvenir de ce que les gens disaient dans la rue, quand on discutait avec eux. La peur que la guerre civile algérienne déborde sur le continent a contribué au rejet des musulmans en France. C'est une réalité.

A. G. – En fait, ce rejet, déjà ancien, a pris une nouvelle dimension avant la guerre civile algérienne, avec la guerre du Golfe de 1990-1991. Elle concrétise un tournant. Il devient encore plus difficile de se faire embaucher quand on a un prénom arabe. A l'époque, on a jeté la suspicion sur la communauté musulmane. Le plan Vigie Pirate s'est souvent identifié à une chasse au faciès. Et cela n'a pas changé avec sa version renforcée depuis le 11 septembre 2001. Dans la mesure où l'URSS n'existait plus, l'islam apparaissait comme un épouvantail utile qui pouvait regrouper les Algériens, Saddam Hussein, les Afghans, les terroristes palestiniens, etc.

Je ne sais pas si ce qui est prédominant, c'est la guerre du Golfe ou les événements d'Algérie, puisque de toute façon cela a commencé la même année, en 1991. Mais il est certain qu'à partir de cette époque est apparue une inquiétude née de la présence en France d'une communauté musulmane importante et des répercussions que ces guerres allaient avoir, ou du moins pouvaient avoir.

T. R. – Il y a une surévaluation chez certains chercheurs de l'impact de la guerre du Golfe sur l'image des populations musulmanes, notamment en France. La question de la représentation de l'islam et des musulmans est liée à l'Algérie, historiquement d'abord, et ensuite au climat de la fin des années quatre-vingt. Avec, en toile de fond depuis

1979, l'impact médiatique de la révolution iranienne. A partir des années quatre-vingt, la crispation va *crescendo*. Avec les attentats, puis avec les affaires du foulard, dont le premier épisode éclate à Creil en 1989, naissent le soupçon et la crainte : "Ils sont en train de nous coloniser."

Ces affaires du foulard ont eu plus d'impact en France que la guerre du Golfe, notamment chez les jeunes. Beaucoup ne tombaient pas dans le piège de défendre Saddam Hussein, voire étaient très critiques à l'égard et des Alliés et du dictateur irakien. Ils avaient une conscience assez claire de qui était Saddam Hussein, ce qui n'a pas été le cas de certains responsables arabes, notamment de Yasser Arafat. Une conjonction de phénomènes, à la fin des années quatre-vingt, en France et sur la scène internationale, attise une crainte et une méfiance dont nous ne sommes pas sortis. A la situation algérienne s'ajoutent les actes terroristes (les attentats répétés contre les touristes en Egypte, jusqu'à celui de Louxor), la situation en Afghanistan et bien sûr l'Iran. Il est un autre événement qui va être déterminant pour alimenter le sentiment d'un danger pour les libertés en Europe, c'est "l'affaire Rushdie", qui aura aussi plus d'impact négatif que la guerre du Golfe. Ces représentations ont été utilisées politiquement à maintes reprises.

Pendant cette période, la scène internationale produit et permet de fabriquer une représentation qui va donner corps à la théorie de Samuel Huntington. Se renforce l'idée que ces musulmans, devenus certes citoyens, représenteraient un cheval de Troie ; on ne sait où va leur allégeance ni quel est leur projet en Europe. D'autant que l'origine sociale de la plupart de ces musulmans ne leur permettait pas même d'élaborer un discours religieux ni l'ébauche d'un cadre politique de référence et qu'on leur posait des questions auxquelles ils n'étaient pas capables de répondre.

Tout cela a multiplié les zones d'ombre et de suspicion. Pourtant, la situation est en train de se modifier, la scène internationale n'est plus tout à fait ce qu'elle était et le discours des musulmans est plus responsable et bien plus clair : des intellectuels, des cadres associatifs, des femmes produisent un nouveau discours, développent de nouveaux rapports aux pays d'origine de leurs parents et pensent leurs actions dans leur pays européen. Certains d'entre eux, en Grande-Bretagne, en Allemagne ou ailleurs, sont plus "eurocentrés" ou plus "europhiles" que leurs concitoyens dits "de souche". C'est très clair en Grande-Bretagne, pays dont on connaît les résistances à l'intégration européenne… eh bien, les musulmans paraissent en avance sur ce dossier. Les attentats du 11 Septembre vont ralentir le processus mais je pense que, à terme, il est irréversible.

Il faut insister sur un autre aspect, plus social. Quand on est pauvre, d'origine étrangère et sans emploi et que, en sus, on est musulman, le rejet et la discrimination sont quasiment immédiats. Les musulmans doivent comprendre pourquoi. La haine, le racisme et les exclusions naissent au cœur de ces réalités et des rapports de force sociaux qu'il faut analyser. Pour éviter, en premier lieu, toute confusion et déterminer précisément ce qui relève de l'exclusion, du racisme ou du religieux. D'autre part, nous devons déconstruire les représentations de type paranoïaque et circonscrire la nature des problèmes : il faut, par exemple, mesurer la part de racisme ordinaire en la distinguant de l'islamophobie ou de ce que certains sociologues britanniques appellent le "racisme antimusulman".

Une telle analyse permet de trouver des solutions concrètes aux problèmes auxquels nous faisons face. Il ne s'agit pas, en effet, d'élaborer une analyse approfondie sur les représentations, mais surtout de s'engager à rééquilibrer les rapports de force dans les sociétés européennes. C'est ainsi que l'on se fait respecter socialement et politiquement. Etre partie prenante de la vie sociale, économique et politique d'un pays est le moyen le plus efficace de sortir du réflexe identitaire frileux. Prenons un exemple des plus significatifs, l'île de la Réunion. On est donc en France, mais dans un département où les musulmans sont riches, voire très riches. Ils participent de manière active à la vie économique. On ne trouve pas là-bas ces débats tendus et crispés sur une certaine lecture de la loi ou sur les modalités de la pratique religieuse. C'est le même pays, la loi est la même que dans le reste de la République mais les rapports de force et les mentalités diffèrent. Tirons-en les enseignements et engageons-nous à occuper une place dans les sociétés européennes pour être entendus et défendre nos droits légitimes. Les récents événements aux Etats-Unis doivent nous pousser à accomplir une sorte d'intégration revendicatrice : nous avons des responsabilités mais nous avons aussi des droits à faire respecter.

Un mot encore sur cette volonté que l'on a souvent en France d'opposer les modèles d'intégration – le modèle anglo-saxon au modèle français, notamment. C'est une approche vide de sens. On sait que le communautarisme ethnique britannique a d'énormes désavantages – comme l'installation de ghettos –, mais il faut aussi reconnaître en France la réalité de ghettos économiques, de ghettos d'exclus qui ne sont pas moins "clôturés". Je mettrai en avant, comme vous l'avez fait, la notion d'identité plurielle. C'est une réalité des sociétés européennes. Si on la rejette, cela veut dire que l'on demande à des gens de choisir entre, par exemple, la dimension républicaine et la dimension religieuse, entre être français et être musulman. C'est proprement invivable. Il faut donc évoluer des deux côtés : admettre cette idée d'identités plurielles d'un côté et de l'autre ne pas faire de son identité musulmane une identité fermée, mais une identité qui se façonne par interaction, fidèle à certains principes mais souple dans ses applications.

A. G. – L'exclusion ouvre un champ d'alliances, qui permettrait de dépasser le communautarisme.

C'est vrai que l'exclusion dans les cités, chez les jeunes notamment, touche d'abord les immigrés, mais pas seulement eux. L'un des reproches que l'on peut faire aux forces de gauche est d'avoir été incapables d'établir un front entre les différents exclus, qui se vivent comme concurrents, comme ennemis, souvent sur une base ethnique ou religieuse. C'est le parti socialiste qui, à un moment donné, a accepté que le débat sur la crise économique et sociale se situe en priorité sur le terrain de l'immigration. La maîtrise des flux d'immigrés était censée résorber les difficultés sociales ! On capitulait devant Le Pen qui, paraît-il, "posait les bonnes questions". Quant au parti communiste des années quatre-vingt – cela a heureusement changé –, il s'enferme dans un discours "national" à tonalité anti-immigré.

Je l'ai dit, 1989-1990 marque un tournant du débat sur l'islam et sur les immigrés en France. Durant la décennie précédente, le pays prend conscience que les travailleurs maghrébins "ne rentreront pas chez eux" et eux-mêmes le réalisent aussi. Alors que la crise économique et sociale accentue les tensions entre travailleurs, émerge l'idée d'une menace qui vient du monde musulman, avec tous les soubresauts que l'on connaît de l'Afghanistan à l'Algérie, en passant par la Palestine. Et on assiste alors à l'exacerbation de toutes les peurs, agitées par l'extrême droite, mais aussi, il faut le regretter, par une partie de la gauche et des intellectuels notamment. L'exemple du foulard est significatif.

J'ai réalisé une petite étude sur la première affaire du foulard, celle de Creil (octobre 1989). Le débat était évidemment légitime, il touchait à la laïcité, à un certain nombre de principes de la République. Mais, avec le recul, on est stupéfié par la disproportion entre les faits et leur retentissement ; comment expliquer ce délire verbal à propos de trois écolières du collège Gabriel-Havez de Creil, dans l'Oise ? Nées en France de parents marocains, Leïla et Fatima ainsi que leur camarade d'origine tunisienne Samira sont exclues du collège, quelques jours après la rentrée de septembre 1989, pour avoir refusé d'enlever leur foulard en classe. Les hebdomadaires consacrent à cette affaire des dossiers successifs, les télévisions s'en emparent, l'opinion est divisée. A relire les textes dix ans plus tard, on est frappé par le décalage entre ces trois jeunes filles et l'apocalypse que l'on annonce. Un texte me semble significatif, celui que signent dans *Le Nouvel Observateur* Elisabeth Badinter, Régis Debray, Alain Finkelkraut, Elisabeth de Fontenay et Catherine Kintzler, sous le titre : "Profs, ne capitulons pas !" Il est adressé au ministre de l'Education nationale de l'époque, Lionel Jospin, qui a osé affirmer que "le port d'un foulard ou de tel ou tel autre signe d'appartenance à une communauté religieuse ne peut constituer un motif d'exclusion de l'élève". "L'avenir, écrivent les cinq, dira si l'année du Bicentenaire aura vu le Munich de l'école républicaine. [...] Négocier, comme vous le faites, poursuivent-ils, en annonçant que l'on va céder, cela porte un nom : capituler." Diable ! Munich ? Capituler comme on a capitulé en 1938 face à Hitler ? L'école de la République au bord de l'effondrement ? Douze ans plus tard, tout cela prêterait à sourire, si cette campagne de la "gauche républicaine" n'avait pas été un élément essentiel de la stigmatisation des jeunes musulmans.

N'est-ce pas parce que la gauche défend la laïcité, et pas la droite ?

A. G. – Peut-être, mais j'ai des doutes sur ses motivations et sur ses analyses. On n'est pas en 1905 et l'influence des musulmans de France, partie la plus opprimée de la population, est bien éloignée de celle de l'Eglise catholique à l'époque. Je me demande si, dans tout cela, il n'y a pas encore des relents de colonialisme. Il ne faut pas oublier que la colonisation s'est faite au nom de la civilisation et, parfois, de l'universalisme. Cet universalisme abstrait bien français, qui rend invisible la mise à l'écart des femmes comme celle des immigrés. Il faut empêcher le port de ce symbole archaïque qu'est le foulard, comme il fallait civiliser les barbares. Ce point de vue est vraiment spécifique à une partie de la gauche française, on ne le retrouve nulle part en Europe. Et, même si je préfère le modèle laïque français aux autres modèles du Vieux Continent, n'oublions pas que la sécularisation de la société est, dans l'Europe des Quinze, largement irréversible – malgré les résistances ici ou là. Nous ne vivons pas sous la menace d'une dictature religieuse.

Encore un mot sur les femmes. Cette campagne sur le foulard s'est aussi menée sur le thème de la liberté des femmes. Mais comment défendre, avec Françoise Giroud dans *Le Nouvel Observateur*, que la solution passe par l'exclusion des adolescentes au foulard de l'école ? Pour leur bien, elles seraient renvoyées dans la sphère privée, dont on prétend vouloir les émanciper. Etrange paradoxe !

Il y a tout de même des différences entre la laïcité à la française, qui je crois n'existe nulle part ailleurs, et la conception qu'on en a par exemple en Allemagne ou en Belgique.

A. G. – Il y a des nuances importantes, certes, mais dans aucun de ces pays, l'Eglise ou les Eglises ou les religions ne dominent les Etats. C'est vrai qu'il y a des pays où les prêtres sont payés par les Etats, mais nous ne sommes pas au XVIIe siècle. Les libertés religieuses et d'opinion sont un patrimoine commun de l'Europe des Quinze. Et, encore une fois, l'islam en Europe est dans une situation de marginalisation telle qu'il ne représente sûrement pas une menace. Le vrai débat sur l'islam concerne le racisme à l'embauche, la marginalisation des “quartiers difficiles”, le droit de construire des mosquées, etc., sans parler de la réhabilitation de la civilisation islamique.

T. R. – Le débat en France s'est malheureusement souvent articulé autour de points de vue caricaturaux avec, effectivement, des craintes disproportionnées. On n'a cessé d'opposer le modèle français de laïcité au modèle britannique présenté comme la pire des solutions... Le seul modèle viable, pour ne pas dire le seul noble, était le modèle français qu'il fallait défendre coûte que coûte. La seule idée d'en débattre, de considérer ses origines, voire, pire, de proposer des réformes tenant compte des transformations du tissu social, a été considérée avec méfiance et rejet. Dans le prolongement, les "souverainistes" n'ont de cesse de jeter le discrédit sur toute personne qui ose parler de références identitaires autres que celle de la "République". Il faudrait être républicain et rien d'autre pour être un bon et loyal citoyen. C'est irréaliste, théorique et à tout le moins caricatural. Nous n'en sommes pas sortis.

Il faut distinguer. Il existe dans toutes les sociétés européennes un mouvement de sécularisation. Partout s'est affirmée la tendance à séparer la référence religieuse de l'expression de la vie publique. En revanche, les distances qui s'installent entre l'institution étatique et l'Eglise diffèrent selon les pays et sont fonction du modèle d'organisation des espaces et des institutions. En France, la laïcité est le résultat d'une histoire particulière, qui ne correspond pas à la réalité allemande, belge, hollandaise ou anglaise. Se demander quel est le meilleur modèle n'a aucun sens, si ce n'est par autoglorification. Il y a partout des expériences intéressantes : celle de l'Espagne, de la Belgique ou de la Suède, qui d'une façon ou d'une autre restent les produits de la prégnance chrétienne dans leur histoire. Penser son modèle comme le seul valable, vouloir l'imposer aux autres et vivre en état d'assiégé permanent – "il ne faut capituler ni face aux musulmans, ni face aux Britanniques" – relève de l'aveuglement et d'un enfermement d'arrière-garde.

Regardons les choses en face : en Europe, quel que soit le modèle, les musulmans prennent acte de la réalité légale et constitutionnelle du pays où ils se trouvent. Certes, les modalités de l'enracinement varient mais on assiste partout à une adaptation réelle et rapide. Au lieu de s'agripper à un modèle, promu au rang de dogme, il vaut mieux s'intéresser aux terrains français et européen et prendre le pouls du changement dans les communautés musulmanes : ces changements sont indiscutables comme il est indiscutable que les constituants de la population européenne se sont modifiés et qu'il faut, bon gré mal gré, l'admettre.

Les types de reconnaissance et d'intégration sont extrêmement différents selon les pays européens. En Espagne, le débat sur la place des musulmans a fait un grand pas en avant, sur le plan légal, en 1992. Pourquoi ? Parce que c'était le cinq centième anniversaire de l'expulsion des musulmans de la Péninsule, et qu'il fallait "faire quelque chose". La situation a aussi évolué relativement positivement – même s'il faut rester prudent en matière d'évaluation – en Suède et, plus récemment, en Italie, aux Pays-Bas et en Belgique. L'accès à la citoyenneté vient d'être modifié en Allemagne, ce qui change la donne pour la population turque. Partout, les musulmans ont pris la mesure et le rythme du pays dont ils ont la nationalité ou sur le territoire duquel ils résident : les faits sont là, les choses avancent.

La construction de nouveaux ponts entre les citoyens est à l'ordre du jour. L'effort doit s'effectuer à plusieurs niveaux : sur la mémoire commune, nous en avons déjà parlé, mais également dans le domaine social et politique. Il faut encourager des synergies entre les acteurs sociaux, politiques, religieux et bien sûr entre les intellectuels et les milieux associatifs. En Grande-Bretagne, en Belgique, aux Pays-Bas et en France, ces dynamiques s'enclenchent et on verra sous peu des alliances citoyennes d'un type nouveau, mais pleines d'énergie et très mobilisées autour des enjeux que vous soulevez. A être trop centré, en France, sur le débat franco-français et l'ombre de l'histoire algérienne, on oublie ces réalités. On aurait intérêt à faire connaître aux Français, comme d'ailleurs aux populations européennes, cette diversité d'expériences.

Un mot encore sur l'exception française par rapport à la laïcité : après l'affaire du foulard, la France a été perçue comme un pays très "antimusulman". Paradoxalement néanmoins, le débat a fait avancer les choses parmi les musulmans et a accéléré leur engagement politique et leur refus de s'enfermer dans des mouvements radicalisés ou communautaristes. Ils sont ainsi en avance sur leurs coreligionnaires de Grande-Bretagne. Dans ce dernier pays, la force politique est essentiellement communautaire : des maires sont certes élus, mais ils sont maires des musulmans, alors que le paysage est très différent en France, même si l'on subit encore le communautarisme électoraliste de certains acteurs politiques, qui promettent mosquées et autres avantages en période de campagne électorale. A terme, ces tentations devront cesser et ce sera la tâche des Français de confession musulmane de savoir se faire respecter.

Cette évolution des deux côtés, dans la conscience des musulmans et dans celle de la population française, est incontestable. Selon les plus récents sondages, une majorité des Français est favorable au vote des immigrés aux élections locales. C'est une courte majorité, certes, mais c'est nouveau.

T. R. – Sur de nombreux plans, je suis très optimiste. Il s'est produit dans les communautés musulmanes d'Europe une évolution phénoménale, j'utilise sans crainte la formule "révolution silencieuse" pour décrire le processus à l'œuvre. La notion d'intégration est complexe et doit comporter, à mon sens, quatre niveaux bien distincts : l'intégration doit être sociale, mais aussi légale.

Elle réussira quand des musulmans trouveront dans leurs références des éléments de concordance avec les législations des pays dont ils sont citoyens, car cela réglera la question de la double allégeance. Quant à la dimension culturelle de l'intégration, une évolution est en cours qui doit déboucher, à terme, sur l'idée qu'il peut y avoir un apport culturel et artistique des musulmans aux sociétés dans lesquelles ils vivent. C'est ce que j'appelle la promotion d'une "culture islamique européenne" qui marque le passage de la simple intégration dans une société où l'on a trouvé sa place au stade de la contribution à son enrichissement. Mais soyons lucides : les populations européennes sont encore majoritairement très loin d'avoir perçu ces dynamiques.

Comment faire évoluer la représentation que l'on a des musulmans ? Celle-ci n'est pas simplement liée aux événements internationaux, ni au rapport dominants-dominés, ni à la mauvaise image de l'islam. C'est tout cela à la fois. La question est facile mais la réponse éminemment complexe. Sans oublier la dimension et l'enjeu idéologiques. Cette mauvaise représentation n'est pas due seulement, comme le croient certains, à l'ignorance. Il serait bien naïf de s'en tenir à cette considération. Il existe des enjeux de civilisation, des affrontements idéologiques ou religieux et des intérêts économiques et politiques dont on aurait tort de minimiser la portée. La pensée de Huntington ne se nourrit pas de l'ignorance mais d'une vision géostratégique globale. Ceux qui tiennent le discours le plus dur à l'égard de l'islam ne sont pas tous "des gens qui ne savent pas". Que ce soit certains courants juifs ou chrétiens, que ce soit des tendances politiques de gauche comme de droite, le préjugé ou le positionnement idéologiques restent déterminants. Parler de "la mort des idéologies" est un mensonge.

A. G. – Vaste débat qui pourrait être le sujet d'un autre livre !

T. R. – Certainement, mais permettez-moi de conclure sur un autre élément important : l'expérience que les musulmans vivent en Occident a déjà, et aura encore davantage à l'avenir, une influence considérable sur la pensée et l'engagement que les musulmans développent dans les sociétés où ils sont majoritaires. Cela est vrai des intellectuels qui vivent ici, en exil. Le discours de ces militants a changé et ils accèdent à un nouveau type de rapport avec leurs partenaires. Cela ne signifie pas qu'ils acceptent les sociétés européennes comme prototypes universels mais qu'ils approfondissent leur analyse et se dégagent de la lecture binaire qui se borne à opposer les modèles.

A. G. – L'installation durable de musulmans en Europe, avec la possibilité de pratiquer leur culte mais aussi de développer librement leur pensée, sans être soumis à des régimes dictatoriaux ou à des interdits, pèsera sur le développement d'une pensée islamique. Confrontés aux problèmes que cela pose de vivre dans des sociétés sécularisées, dans lesquelles la religion est un choix individuel, ils vont devoir répondre à des défis sans précédent.

On retombe, encore une fois, sur les rapports entre universalisme et particulier. L'universalisme abstrait a souvent justifié le maintien des inégalités, quand ce n'était pas les pires crimes. Le particularisme peut nier les acquis de la longue histoire commune de l'humanité. Il faut donc s'installer dans l'inconfort d'un entre-deux, mais sans jamais perdre de vue la volonté de justice qui passe par la défense des opprimés, et non par leur stigmatisation.

T. R. – La culture de la défense des droits humains, désormais si répandue en Occident, ne correspond pas forcément à la conception originelle des musulmans. Ils raisonnent plutôt, traditionnellement, en termes de devoirs et de responsabilité. Mais elle nous pousse à relire les textes de façon différente et originale. Récemment, Muhammad Hashim Kamali, un juriste musulman de Malaisie, s'est lancé dans une étude des textes en inversant le mode de lecture ; sa question était : "Quels droits nous offrent nos textes de référence ?" Il s'est penché sur le droit à "la liberté d'expression en Islam". Cette nouvelle lecture, orientée par la logique des droits donnés à l'individu, n'a rien de contradictoire avec la lecture traditionnelle : c'est simplement une méthodologie de la mise en évidence des "droits humains" qui s'ajoute à celle des responsabilités, la complète et lui donne un éclairage original et plus large. L'intérêt, pour nous, réside dans la promotion d'une approche légale qui retrouve l'inspiration première des textes qui était, dans les affaires sociales, d'ouvrir des champs de possibles dans l'action et limitait l'interdit à quelques prescriptions spécifiques. Cette méthodologie peut s'avérer utile pour relever les défis de notre temps et dépasser le travail juridique frileux et loin des préoccupations du réel qui est encore le lot de très nombreux ulémas. Dans un récent colloque, je présentais cette perspective et l'intellectuel réformiste iranien Soroush articulait son propos dans le même sens.

Un mot encore sur nos responsabilités communes, à nous qui vivons en Occident, dans la conduite de ce dialogue autour du monde. La première se situe au niveau des droits humains et sociaux de tous, en faveur des populations exclues ici et ailleurs. C'est une posture intellectuelle à propos de laquelle je ne suis pas toujours compris, même au sein des populations musulmanes : l'exigence et la nécessité d'être et de devenir toujours davantage la voix des êtres et des peuples "sans voix". C'est notre responsabilité de nous faire l'écho de tous ceux qui sont soumis à des dictatures ou plus largement à ce nouvel ordre injuste dont nous avons tant parlé dans cet ouvrage. Ce travail doit partir d'Europe, ou des Etats-Unis, parce que nous y avons la liberté et les moyens de le faire. Sur l'Irak, par exemple, qui fait l'objet d'un silence presque total dans les grands médias : si nous n'avons pas compris qu'être “la voix des sans-voix”, c'est se prononcer sur des drames comme celui-ci, nous n'avons alors rien compris à nos responsabilités. Je suis certes optimiste, mais je pense qu'il existe un certain nombre de défis que nous devons relever en commun et pour lesquels nous avons à nous engager davantage. Une injustice est une injustice quel qu'en soit l'auteur, qu'il soit musulman, chrétien, juif ou humaniste. Notre dignité est dans le dialogue respectueux mais également dans la dénonciation ferme et courageuse de l'indigne. La route est longue avant d'accéder à ce sens de la responsabilité au cœur de sa foi, selon l'exigence de sa conscience, afin de construire un vrai partenariat, tout à la fois confiant et exigeant.

A. G. – Et notre dialogue est un signe de piste sur ce long chemin…

QUELQUES DATES…

1834-1859
Soulèvement des musulmans du Caucase contre les Russes. La guerre s'achève par la capture du chef tchétchène Chamil.

1881-1899
Insurrection des derviches mahdistes au Soudan égyptien.

1884
Création à Paris, où ils sont exilés, du *Lien indissoluble* par 'Abduh et Afghani, deux des premiers penseurs réformistes.

1896
Publication de *L'Etat des Juifs* par le Viennois Theodor Herzl.

1915
Génocide des Arméniens par les Turcs.

1916
Accords secrets Sykes-Picot entre la France et la Grande-Bretagne sur le partage du Proche-Orient après la guerre. Révolte arabe contre les Turcs (alliés de l'Allemagne), encouragée par la Grande-Bretagne, qui a promis la création d'un grand royaume arabe unissant tout le Proche-Orient.

1917
2 novembre. Le ministre britannique Lord Balfour propose la création d'un Foyer national juif en Palestine.
10 décembre. Prise de Jérusalem par les Britanniques.

1920
Le traité de Sèvres démantèle l'Empire ottoman et répartit le Proche-Orient entre les Alliés.

1922
Abolition du sultanat et création de la République turque par Mustapha Kemal Atatürk.

1924
Abolition du califat.

1928
Création des Frères musulmans par Hassan al-Banna.

1931
Ibn Badis crée l'Association des oulémas en Algérie.

1932
Proclamation par Ibn Saoud du royaume wahhabite d'Arabie Saoudite.

1936-1939
Soulèvement des Arabes de Palestine contre les Britanniques et les sionistes.

1947
29 novembre. L'Assemblée de l'ONU adopte à une majorité des deux tiers la résolution de partage de la Palestine en deux Etats, l'un juif, l'autre arabe.

1948
9-10 avril. Massacre de Deir Yassine par les troupes de l'Irgoun.
14 mai. Proclamation de l'Etat d'Israël par David Ben Gourion.
15 mai. Les armées arabes entrent en Palestine.

1948-1949

Guerre de Palestine et victoire d'Israël. En décembre 1948, l'Assemblée générale des Nations unies adopte la résolution 194 sur le droit au retour des réfugiés palestiniens. L'UNRWA les estime à 957 000 en 1949.

1949

12 février 1949. Assassinat de Hassan al-Banna.

1951

20 juillet. Assassinat du roi Abdallah de Jordanie par un Palestinien.

Octobre. Israël refuse le plan de paix de l'ONU, accepté par l'Egypte, la Syrie, le Liban et la Jordanie.

1952

23 juillet. Les "Officiers libres" prennent le pouvoir en Egypte.

1953

Hussein devient roi de Jordanie.

Renversement du Premier ministre iranien Mossadegh par un coup d'Etat de la CIA.

Rupture entre Nasser et les Frères musulmans.

1954

1er novembre. Début de l'insurrection algérienne.

1955

Février. Signature du pacte de Bagdad.

Avril. Naissance du mouvement des non-alignés à Bandung.

1956

26 juillet. Nationalisation du canal de Suez par Nasser.

Octobre-novembre. Agression d'Israël, de la France et de la Grande-Bretagne contre l'Egypte.

1957

Janvier. Présentation de la “doctrine Eisenhower”.

1958

1er février. Union de l’Egypte et de la Syrie au sein de la République arabe unie (RAU).
14 juillet. Chute de la monarchie irakienne, suivie d’interventions “préventives” (britannique à Amman, américaine à Beyrouth).
Octobre. Premier congrès du Fatah, créé au Koweït.

1961

28 septembre. Sécession de la Syrie d’avec l’Egypte dans la RAU.

1963

Mars. Un coup d’Etat militaire porte le Baas au pouvoir à Damas.

1964

13-17 janvier. Premier sommet des chefs d’Etat arabes au Caire.
29 mai. Création de l’Organisation de libération de la Palestine (OLP).

1966

26 août. Exécution de Sayyid Qotb et de plusieurs dirigeants des Frères musulmans par les autorités égyptiennes.

1967

5 juin. Israël attaque l’Egypte. Après une guerre éclair de six jours, occupation israélienne du Sinaï, du Golan, de la Cisjordanie, de Gaza, de Jérusalem-Est. Leur colonisation commence.
22 novembre. Le Conseil de sécurité de l’ONU adopte la résolution 242.

1968
Juillet. Le Baas s'empare du pouvoir à Bagdad.

1969
Février. Yasser Arafat devient président du comité exécutif de l'OLP.
25 mai. Nemeiri prend le pouvoir à Khartoum.
1er septembre. Kadhafi prend le pouvoir à Tripoli.

1970
Septembre. L'armée jordanienne écrase l'OLP.
28 septembre. Mort de Nasser.
16 novembre. Hafez al-Assad prend le pouvoir à Damas.

1970-1971
Expulsion de l'OLP de Jordanie. La direction de la Résistance palestinienne s'installe au Liban.

1972
5-6 septembre. Massacre des athlètes israéliens aux Jeux olympiques de Munich par un commando de l'organisation palestinienne Septembre noir.

1973
6 octobre. Offensive des troupes égyptiennes et syriennes contre Israël. C'est la guerre d'Octobre, dite aussi guerre de Kippour.

1974
13 novembre. Discours de Yasser Arafat à l'ONU. L'ONU reconnaît le droit des Palestiniens à l'indépendance et à l'autodétermination.

1975
Avril. Début de la guerre civile libanaise.

1976
Juin. Intervention des troupes syriennes au Liban contre l'OLP et le Mouvement national libanais.

1977
19-21 novembre. Voyage d'Anouar al-Sadate à Jérusalem.

1978
14 mars. Israël envahit le Liban sud.
4 mai. Assassinat d'Henri Curiel à Paris.
17 septembre. Signature des accords de Camp David entre l'Egypte, Israël et les Etats-Unis.
5 novembre. Le sommet arabe de Bagdad condamne Camp David.
Décembre. Mort du président algérien Houari Boumediène.

1979
Janvier. Le shah d'Iran fuit devant le soulèvement populaire.
Février. Retour de l'ayatollah Khomeyni à Téhéran et naissance de la République islamique.
26 mars. Signature du traité de paix entre l'Egypte et Israël à Washington.

1980
30 juillet. Le Parlement israélien proclame Jérusalem capitale d'Israël.
Septembre. Début du conflit irako-iranien.

1981
6 octobre. Assassinat du président égyptien Anouar al-Sadate.
14 décembre. Israël annexe le Golan.

1982
25 avril. Fin de l'évacuation du Sinaï par Israël.
6 juin. Invasion israélienne du Liban suivie du siège de Beyrouth.

21 août. L'OLP évacue Beyrouth sous protection internationale.
14-18 septembre. Assassinat du nouveau président libanais Bechir Gemayel. Entrée des Israéliens à Beyrouth-Ouest. Massacres de Sabra et Chatila.

1985
6 avril. Chute de Nemeiri au Soudan.
Juin. Retrait israélien du Liban, à l'exception du sud contrôlé par l'Armée du Liban sud.

1986
15 avril. Raid américain sur Tripoli et Benghazi, suivi de sanctions européennes contre la Libye, accusée par Washington d'organiser le terrorisme antioccidental.

1987
4 mars. Ronald Reagan reconnaît les livraisons secrètes d'armes à l'Iran. Début du scandale de l'Irangate.
Décembre. Début de l'Intifada, soulèvement palestinien dans les territoires occupés par Israël. Création du mouvement Hamas.

1988
16 avril. Un commando israélien assassine Abou Djihâd, à Tunis.
Août. Cessez-le-feu entre l'Irak et l'Iran.
Octobre. Emeutes violemment réprimées en Algérie.
13-15 novembre. Le Conseil national palestinien d'Alger reconnaît les résolutions 181, 242 et 338, et réaffirme sa condamnation du terrorisme.

1989
30 juin. Au Soudan, coup d'Etat militaire du général Oman Hassan al-Bachir, allié aux islamistes.
Octobre. Accords de Taëf mettant fin à la guerre civile libanaise.
Novembre. Chute du mur de Berlin.

1990
22 mai. Fusion des républiques du Yémen-du-Nord et du Yémen-du-Sud.
2 août. L'Irak envahit le Koweït.
29 novembre. Le Conseil de sécurité autorise le recours à la force à partir du 15 janvier 1991 pour contraindre l'Irak à se retirer du Koweït.

1991
17 janvier. Début des bombardements massifs sur l'Irak.
27 février. Bagdad accepte sans condition les douze résolutions de l'ONU.
Mars-avril. Soulèvements populaires en Irak (chiites et Kurdes).
30 octobre. Première conférence de paix israélo-arabe, à Madrid.
Décembre. Le FIS arrive en tête des élections législatives en Algérie.

1992
Janvier. Annulation des élections algériennes par les militaires.
15 avril. Embargo aérien contre la Libye décrété par le Conseil de sécurité.
23 juin. Yitzhak Rabin remporte les élections législatives israéliennes.

1993
13 septembre. Signature par l'OLP et le gouvernement israélien de la Déclaration de principes sur l'autonomie des territoires occupés.

1994
Mai-juillet. Guerre civile au Yémen.
1er juillet. Retour de Yasser Arafat à Gaza.
26 octobre. Signature du traité de paix entre Israël et la Jordanie.

1995
4 novembre. Assassinat de Yitzhak Rabin par un extrémiste juif.
13 novembre 1995. Attentat antiaméricain à Riyad.

1996
Mars. Série d'attentats du Hamas en Israël.
Avril. Opération israélienne "Raisins de la colère" contre le Liban. Une centaine de civils réfugiés dans le camp de l'ONU de Cana sont tués.
24 avril. Le Conseil national palestinien élimine de sa Charte tous les articles mettant en cause le droit à l'existence de l'Etat d'Israël.
26 avril. Le Conseil de sécurité des Nations unies prend des sanctions contre le Soudan, accusé de soutenir le terrorisme.
29 mai. Benyamin Netanyahou remporte les élections israéliennes.
25 juin. Camion piégé contre la base américaine d'Al-Khobar en Arabie Saoudite, qui coûte la vie à dix-neuf soldats américains.
Juillet. L'islamiste Necmettin Erbakan devient Premier ministre en Turquie.

1997
Juin. Le Conseil de sécurité national turc contraint Erbakan à démissionner.

1999
6 février. Mort du roi Hussein de Jordanie. Son fils Abdallah II lui succède.
17 mai. Le général Ehud Barak est élu Premier ministre en Israël.
23 juillet. Mort du roi Hassan II du Maroc. Son fils Mohammed VI lui succède.

2000

25 mai. Israël évacue le Liban sud, sous la pression d'une résistance menée par le Hezbollah.

10 juin. Mort du président syrien Hafez al-Assad. Son fils Bachar lui succède.

Septembre. Début de la deuxième Intifada.

2001

Février. Victoire d'Ariel Sharon aux élections israéliennes.

11 septembre. Attentats contre le World Trade Center et le Pentagone.

Octobre. Début de l'attaque américaine contre l'Afghanistan.

2002

Janvier. Le président Bush dénonce l'Axe du mal.

Février-mars. Escalade militaire en Palestine.

TABLE

BABEL

Extrait du catalogue

339. GÉRARD DE CORTANZE
Giuliana

340. GÉRARD GUÉGAN
Technicolor

341. CHARLES BERTIN
La Petite Dame en son jardin de Bruges

342. INTERNATIONALE DE L'IMAGINAIRE N° 9
Deux millénaires et après

343. NINA BERBEROVA
Le Livre du bonheur

344. PÄLDÈN GYATSO
Le Feu sous la neige

345. FÉDOR DOSTOÏEVSKI
Le Double

346. FRÉDÉRIC H. FAJARDIE
Querelleur

347. ANNE SECRET
La Mort à Lubeck

348. RUSSELL BANKS
Trailerpark

349. ZOÉ VALDÉS
La Sous-Développée

350. TORGNY LINDGREN
La Lumière

351. YÔKO OGAWA
La Piscine / Les Abeilles / La Grossesse

352. FRANZ KAFKA
A la colonie disciplinaire et autres récits (vol. II)

353. YING CHEN
Les Lettres chinoises

354. ÉLISE TURCOTTE
Le Bruit des choses vivantes

355. ALBERTO MANGUEL
Dernières nouvelles d'une terre abandonnée

356. MIKA ETCHEBÉHÈRE
Ma guerre d'Espagne à moi

357. *
Les Cyniques grecs : Lettres de Diogène et Cratès

358. BERNARD MANDEVILLE
Recherche sur la nature de la société

359. RENCONTRES D'AVERROÈS
La Méditerranée entre la raison et la foi

360. MICHEL VINAVER
King *suivi de* Les Huissiers

361. ZOÉ VALDÉS
La Douleur du dollar

362. HENRY BAUCHAU
Antigone

363. NANCY HUSTON
Tombeau de Romain Gary

364. THÉODORE MONOD
Terre et ciel

365. FÉDOR DOSTOÏEVSKI
Les Carnets de la maison morte

366. FREDERIC PROKOSCH
Le Manège d'ombres

367. MICHÈLE LESBRE
Que la nuit demeure

368. LEIBNIZ
Réfutation inédite de Spinoza

369. MICHEL TREMBLAY
Le Premier Quartier de la lune

370. JACQUES POULIN
Jimmy

371. DON DELILLO
Bruit de fond

372. GUSTAV REGLER
Le Glaive et le Fourreau

373. INTERNATIONALE DE L'IMAGINAIRE N° 10
Nous et les autres

374. NAGUIB MAHFOUZ
Récits de notre quartier

375. FRANCIS ZAMPONI
Mon colonel

376. THIERRY JONQUET
Comedia

377. GUY DARDEL
Un traître chez les totos

378. HANAN EL-CHEIKH
Histoire de Zahra

379. PAUL AUSTER
Le Diable par la queue *suivi de* Pourquoi écrire ?

380. SIRI HUSTVEDT
L'Envoûtement de Lily Dahl

381. SAND ET MUSSET
Le Roman de Venise

382. CHARLES BERTIN
Les Jardins du désert

383. GEORGES-OLIVIER CHÂTEAUREYNAUD
Le Héros blessé au bras

384. HENRY BAUCHAU
Les Vallées du bonheur profond

385. YVES DELANGE
Fabre, l'homme qui aimait les insectes

386. YING CHEN
L'Ingratitude

387. INTERNATIONALE DE L'IMAGINAIRE N° 11
Les Musiques du monde en question

388. NANCY HUSTON
Trois fois septembre

389. CLAUDE PUJADE-RENAUD
Un si joli petit livre

390. JEAN-PAUL GOUX
Les Jardins de Morgante

391. THÉODORE MONOD
L'Emeraude des Garamantes

392. COLLECTIF
Triomphe de Dionysos

393. B. TRAVEN
Dans l'Etat le plus libre du monde

394. NORBERT ROULAND
Les Lauriers de cendre

395. JEAN-MICHEL RIBES
Palace

396. ZOÉ VALDÉS
Café Nostalgia

397. FRANÇOISE MORVAN
La Douce Vie des fées des eaux

398. BERNARD ASSINIWI
La Saga des Béothuks

399. MICHEL TREMBLAY
Les Vues animées

400. FÉDOR DOSTOÏEVSKI
Le Rêve de l'oncle

401. ANDRÉ THIRION
Révolutionnaires sans Révolution

402. GÉRARD DE CORTANZE
Les enfants s'ennuient le dimanche

403. RENCONTRES D'AVERROÈS
La Méditerranée, frontières et passages

404. RUSSELL BANKS
Affliction

405. HERBJØRG WASSMO
La Véranda aveugle

406. DENIS LACHAUD
J'apprends l'allemand

407. FÉDOR DOSTOÏEVSKI
Nétotchka Nezvanova

408. REZVANI
Le Vol du feu

409. JEAN-JACQUES ROUSSEAU
L'Etat de guerre

410. SERGE QUADRUPPANI
Colchiques dans les prés

411. JEAN-PAUL JODY
Stringer

412. FRANCINE NOËL
Nous avons tous découvert l'Amérique

413. DAVID HOMEL
Il pleut des rats

414. JACQUES POULIN
Chat sauvage

415. MICHEL TREMBLAY
La Nuit des princes charmants

416. ALBERTO MANGUEL
Une histoire de la lecture

417. DANIEL ZIMMERMANN
Les Virginités

418. CAMILO CASTELO BRANCO
Amour de perdition

419. NIKOLAJ FROBENIUS
Le Valet de Sade

420. DON DELILLO
Americana

421. GÉRARD DELTEIL
Dernier tango à Buenos Aires

422. FRANCIS ZAMPONI
In nomine patris

423. INTERNATIONALE DE L'IMAGINAIRE N° 12
Jean Duvignaud

424. INTERNATIONALE DE L'IMAGINAIRE N° 13
Jeux de dieux, jeux de rois

425. CLAUDE PUJADE-RENAUD
Le Sas de l'absence *précédé de* La Ventriloque

426. MICHEL LIS
Le Jardin sur la table

427. MICHEL LIS ET PAUL VINCENT
La Cuisine des bois et des champs

428. FÉDOR DOSTOÏEVSKI
Le Crocodile

429. FÉDOR DOSTOÏEVSKI
Le Petit Héros

430. FÉDOR DOSTOÏEVSKI
Un cœur faible

431. NANCY HUSTON
L'Empreinte de l'ange

432. HELLA S. HAASSE
La Source cachée

433. HERBJØRG WASSMO
La Chambre silencieuse

434. FRANÇOISE LEFÈVRE
La Grosse

435. HUBERT NYSSEN
Le Nom de l'arbre

436. ANTON TCHEKHOV
Ivanov

437. ANTON TCHEKHOV
Pièces en un acte
(à paraître)

438. GÉRARD DE CORTANZE
Les Vice-Rois

439. ALICE FERNEY
Grâce et dénuement

440. ANNE-MARIE GARAT
L'Insomniaque

441. FÉDOR DOSTOÏEVSKI
Humiliés et offensés

442. YÔKO OGAWA
L'Annulaire

443. MENYHÉRT LAKATOS
Couleur de fumée

444. ROGER PANNEQUIN
Ami si tu tombes

445. NICOLE VRAY
Monsieur Monod

446. MICHEL VINAVER
Ecritures dramatiques

447. JEAN-CLAUDE GRUMBERG
La nuit tous les chats sont gris

448. VASLAV NIJINSKI
Cahiers

449. PER OLOV ENQUIST
L'Extradition des Baltes

450. ODILE GODARD
La Cuisine d'amour

451. MARTINE BARTOLOMEI / JACQUES KERMOAL
La Mafia se met à table

452. AMADOU HAMPÂTÉ BÂ
Sur les traces d'Amkoullel l'enfant peul

453. HANS-PETER MARTIN / HARALD SCHUMANN
Le Piège de la mondialisation

454. JOSIANE BALASKO *et alii*
Le père Noël est une ordure

455. FÉDOR DOSTOÏEVSKI
Premières miniatures

456. FÉDOR DOSTOÏEVSKI
Dernières miniatures

457. CH'OE YUN
Là-bas, sans bruit, tombe un pétale

458. REINALDO ARENAS
Avant la nuit

459. W. G. SEBALD
Les Emigrants

460. PAUL AUSTER
Tombouctou

461. DON DELILLO
Libra

462. ANNE BRAGANCE
Clichy sur Pacifique

463. NAGUIB MAHFOUZ
Matin de roses

464. FÉDOR DOSTOÏEVSKI
Le Bourg de Stépantchikovo et sa population

465. RUSSELL BANKS
Pourfendeur de nuages

466. MARC de GOUVENAIN
Retour en Ethiopie

467. NICOLAS VANIER
Solitudes blanches

468. JEAN JOUBERT
L'Homme de sable

469. DANIEL DE BRUYCKER
Silex

470. NANCY HUSTON
Journal de la création

471. ALBERTO MANGUEL
Dictionnaire des lieux imaginaires

472. JOYCE CAROL OATES
Reflets en eau trouble

473. ANNIE LECLERC
Parole de femme

474. FÉDOR DOSTOÏEVSKI
Les Annales de Pétersbourg

475. JEAN-PAUL JODY
Parcours santé

476. EDUARD VON KEYSERLING
Versant sud

477. BAHIYYIH NAKHJAVANI
La Sacoche

478. THÉODORE MONOD
Maxence au désert

479. ÉRIC LEGASTELOIS
Adieu Gadjo

480. PAUL LAFARGUE
La Légende de Victor Hugo

481. MACHIAVEL
Le Prince

482. EDUARD VON KEYSERLING
Eté brûlant

483. ANTON TCHEKHOV
Drame de chasse

484. GÖRAN TUNSTRÖM
Le Voleur de Bible

485. HERBJØRG WASSMO
Ciel cruel

486. LIEVE JORIS
Les Portes de Damas

487. DOMINIQUE LEGRAND
Décorum

488. COLLECTIF sous la direction de JEAN-MICHEL RIBES
Merci Bernard

489. INTERNATIONALE DE L'IMAGINAIRE N° 14
Eros & Hippos

490. STEFANO BENNI
Le Bar sous la mer

491. FRANCIS ZAMPONI
Le Don du sang

492. JAMAL MAHJOUB
Le Télescope de Rachid

493. FÉDOR DOSTOÏEVSKI
Les Pauvres Gens

494. GUILLAUME LE TOUZE
Dis-moi quelque chose

495. HEINRICH VON KLEIST
Théâtre complet

496. VIRGINIE LOU
Eloge de la lumière au temps des dinosaures

497. TASSADIT IMACHE
Presque un frère

498. NANCY HUSTON
Désirs et réalités

499. LUC SANTE
L'Effet des faits

500. YI MUNYŎL
Le Poète

501. PATRÍCIA MELO
Eloge du mensonge

502. JULIA VOZNESENSKAYA
Le Décaméron des femmes

503. ILAN DURAN COHEN
Le Fils de la sardine

504. AMINATA DRAMANE TRAORÉ
L'Etau

505. ASSIA DJEBAR
Oran, langue morte

506. V. KHOURY-GHATA
La Maestra

507. ANNA ENQUIST
Le Chef-d'œuvre

508. FÉDOR DOSTOÏEVSKI
Une sale histoire

509. ALAIN GUÉDÉ
Monsieur de Saint-George

510. SELMA LAGERLÖF
Le Banni

511. PER OLOV ENQUIST
Le Cinquième Hiver du magnétiseur

512. DON DELILLO
Mao II

513. MARIA IORDANIDOU
Loxandra

514. PLAUTE
La Marmite *suivi de* Pseudolus

515. NANCY HUSTON
Prodige

516. GÖRAN TUNSTRÖM
Le Buveur de lune

517. LYONEL TROUILLOT
Rue des Pas-Perdus

518. REINALDO ARENAS
Voyage à La Havane

519. JOE BRAINARD
I Remember

520. GERT HOFMANN
Notre philosophe

521. HARRY MULISCH
Deux femmes

522. NAGUIB MAHFOUZ
Le Mendiant

523. ANNE BRAGANCE
Changement de cavalière

524. ARTHUR SCHOPENHAUER
Essai sur les femmes

525. INTERNATIONALE DE L'IMAGINAIRE N° 15
Les Spectacles des autres

526. FÉDOR DOSTOÏEVSKI
Les Frères Karamazov (vol. I)

527. FÉDOR DOSTOÏEVSKI
Les Frères Karamazov (vol. II)

528. ANNE GUGLIELMETTI
Le Domaine

529. STEFANO BENNI
Bar 2000

COÉDITION ACTES SUD – LEMÉAC

Ouvrage réalisé
par l'Atelier graphique Actes Sud.
Achevé d'imprimer
en avril 2002
par l'imprimerie Hérissey
à Evreux
sur papier des
Papeteries de la Gorge de Domène
pour le compte
d'ACTES SUD
Le Méjan
Place Nina-Berberova
13200 Arles.

N° d'éditeur : 4472
Dépôt légal
1re édition : mai 2002
N° impr. : 92158